BLUE BOOK OF
CHINESE ENTERPRISE
INTERNATIONAL COMPLIANCE
2023

中国企业国际合规蓝皮书（2023）

大企业“走出去”的实战经验

Practical Experience of Big Enterprises' Going Global

中国企业评价协会、中国对外经济贸易会计学会⊙组织编写

总顾问 侯云春　季晓南

主　编 陶朗逍　于　越

中国经济出版社
CHINA ECONOMIC PUBLISHING HOUSE
北京

图书在版编目（CIP）数据

中国企业国际合规蓝皮书：2023／中国企业评价协会，中国对外经济贸易会计学会组编；陶朗道主编．--北京：中国经济出版社，2024.1

ISBN 978-7-5136-7586-4

Ⅰ.①中… Ⅱ.①中… ②中… ③陶… Ⅲ.①企业法-研究报告-中国-2023 Ⅳ.①D922.291.914

中国国家版本馆 CIP 数据核字（2023）第 231655 号

责任编辑　邓媛媛
责任印制　马小宾
封面设计　华子图文

出版发行　中国经济出版社
印 刷 者　北京富泰印刷有限责任公司
经 销 者　各地新华书店
开　　本　710mm×1000mm　1/16
印　　张　16
字　　数　200 千字
版　　次　2024 年 1 月第 1 版
印　　次　2024 年 1 月第 1 次
定　　价　88.00 元
广告经营许可证　京西工商广字第 8179 号

中国经济出版社　**网址** www.economyph.com　**社址** 北京市东城区安定门外大街 58 号　**邮编** 100011
本版图书如存在印装质量问题，请与本社销售中心联系调换（联系电话：010-57512564）

《中国企业国际合规蓝皮书》编委会
（2023）

序言

PREFACE

"合规"的定义有广义和狭义之分，广义指的是"合乎法律规定"，狭义则指的是一种新型的企业管理制度，即"企业为防范外部的法律风险而建立的内部管理制度"①。在法律视角下，企业合规可以分为"行政合规"和"刑事合规"两大主要类型，"行政合规"指的就是企业为了防范因构成行政违法而被行政监管机关制裁的风险，而建立的内部管理制度，"刑事合规"指的就是企业为了防范因构成刑事犯罪而被刑事司法机关制裁的风险，而建立的内部管理制度。但是在一些情况下，也存在"民事合规"的概念，即企业对一些重大的民商事纠纷风险予以预防，以免企业遭受巨大损失。此外，按照合规所应对的法律风险集内含的风险点数量，企业合规还可以分为"大合规"与"专项合规"，前者是笼统地针对所有违法违规风险建立的合规体系，后者则是针对特定法律领域违法违规风险点而细化的合规管理制度。

企业合规制度起源于域外，是市场经济和法治建设现代化发展下的必然产物。以往，法律规范的主体仅限于自然人，但随着企业增多，其不当行为对社会的影响力逐渐增强，立法和司法的对象开始从自然人向企业转移。20世纪中叶，国际上针对企业的强立法、强监管法律环境基本形成，企业传统管理制度疲于应对复杂的法律要求，因此企业开始

① 参见全国"八五"普法学习读本编写组:《企业合规通识读本》,法律出版社2022年版,第3页。

自主产生了新型的合规管理实践。国家作为市场监管主体，在传统的单向监管理念下，有限的监管资源难以应对不端企业数量和法律规定数量，因此，开始探索推动企业自主承担一部分监管责任，即推动企业建立合规管理制度，在传统公司治理的基础上继续加强内控和自治。自此，企业合规成为国家治理和企业管理的重要组成部分，国家注重推动企业开展合规建设，企业也积极以合规管理制度防控外部法律风险。

随着社会主义市场经济体制的发展，“合规”开始频繁出现在我国国家治理、涉外法治、刑事司法、企业管理等领域，我国的企业合规建设经验逐步形成。但是，一直以来，我国企业具体如何开展合规建设，有哪些创新性探索，缺乏理论梳理和实践总结，本书旨在解决这一问题。以中国企业评价协会为组织平台，本书汇总了来自25家企业的26个合规实战案例，在这些案例中，除去3家律师或管理机构提供的合规服务案例外，其余23个案例均由企业内部合规工作负责人撰写，真实地呈现第一手的合规建设经验。这些案例中的绝大多数来自大型央企及其子公司，经营行业涉及能源业、工程业、服务业、金融业等，经营地域跨越美国、英国、法国、新加坡、匈牙利、印度、秘鲁等多个国家，属于我国“走出去”先锋企业实战经验的案例。通过分析这些案例，结合相关公开数据和研究成果，本书发现以下两大国内合规建设现象。

第一，在《中央企业合规管理办法》的推动下，绝大多数的中央企业及其子公司、分公司、分支机构等已基本实现“大合规”建设。在本书中，共有7家企业提交的案例围绕合规管理体系的搭建经验展开，这些企业包括中国华电海外投资有限公司、中国华电海外资产管理有限公司、国家能源集团国际发展有限公司、国能粤电台山发电有限公司、中国葛洲坝集团国际工程有限公司、湖北能源集团股份有限公司、中国广核能源国际控股有限公司。

第二，境外经营企业以及大型民营企业，注重探索“专项合规”，着重防范专门领域的法律风险。在本书中，有15家企业提供了专项合规建设的案例，涵盖了常见的专项合规类型。国核铀业发展有限责任公司、上海核工程研究设计院股份有限公司选择进行进出口专项合规建设。中国电力国际发展有限公司、中国华电科工集团有限公司、长江三峡技术经济发展有限公司为环保专项合规提供经验。中国大唐集团海外投资有限公司、中国长电国际（香港）有限公司注重反腐败专项合规。中国南方航空股份有限公司、奇安信科技集团股份有限公司在数据专项合规具有领先地位。富士康工业互联网股份有限公司、山东电力工程咨询院有限公司、中智国际商务发展有限公司、中国建筑股份有限公司埃及分公司、中国能源建设集团浙江火电建设有限公司、中国能源建设集团湖南省电力设计院有限公司6家企业提供了在贸易合规、税务合规、诚信合规等专项合规建设方面的探索经验。

全书分为8章来呈现这些合规建设经验，既可以宣导我国企业的优势做法、助力我国合规市场文化氛围的形成，也可以供从事合规建设工作的企业高管、合规官、合规顾问等人员参考和借鉴。第一章总览中国企业国际合规建设的情况，对企业开展合规建设的动力进行分析，对本书涵盖的合规案例进行梳理，再以要素为基础呈现合规管理的基本经验；第二章呈现企业“大合规”建设的案例；第三章至第七章分别总结进出口专项合规、环保专项合规、反腐败专项合规、数据专项合规、商贸专项合规的案例；第八章则从法律服务机构的视角呈现合规管理服务的案例成果。

目录

CONTENTS

第一章 中国企业国际合规建设情况总览

在政策引导层面，合规已经被多个重要涉企文件所提及。2015 年 8 月，中共中央、国务院发布的《关于深化国有企业改革的指导意见》强调："推进企业依法经营、合规管理。"2017 年 5 月，习近平主持召开中央全面深化改革委员会会议时，审议通过了《关于规范企业海外经营行为的若干意见》，提出规范企业海外经营行为，加强企业海外经营行为合规制度建设。2021 年 3 月，十三届全国人大四次会议表决通过了《中华人民共和国国民经济和社会发展第十四个五年规划和 2035 年远景目标纲要》，其中两次提及了合规问题：第一次是在第四篇"形成强大国内市场，构建新发展格局"的第十三章"促进国内国际双循环"中提到"引导企业加强合规管理，防范化解境外政治、经济、安全等各类风险"。第二次是在第六篇"全面深化改革，构建高水平社会主义市场经济体制"的第十九章"激发各类市场主体活力"中提到"推动民营企业守法合规经营，鼓励民营企业积极履行社会责任、参与社会公益和慈善事业"。2023 年 7 月 19 日，中共中央、国务院印发的《关于促进民营经济发展壮大的意见》指出，要深化涉案企业合规改革，推动民营企业合规守法经营，引导完善治理结构和管理制度。

在实践需要层面，随着越来越多的中国企业"走出去"，中国生产、中国制造、中国建设、中国服务等享誉国际，我国企业所面临的法律制裁风险不断加剧，诸多知名企业都曾在域外涉及行政违法或刑事犯罪问题。

为此，企业需要特别注重加强自治和内控，确保可持续地遵守国际和国内的双重法律要求，避免因触及法律红线而被执法机关制裁。一些具有央企、国企背景的重要子公司，以及一些知名的上市企业，都已经建立了“大合规”或“专项合规”管理制度体系。本章将全面分析中国企业国际合规建设的动力，在国际视野下总览25家企业的合规发展情况，并总结企业合规建设的经验，为后续章节的案例铺陈奠定基础。

第一节　中国企业国际合规的建设动力

企业建立合规管理制度需要花费成本，而企业是以追求经济效益为首要目标的社会组织，这使得中国企业国际合规的建设发展必然需要多方面的动力。总体来看，建设动力主要来自三个方面。第一，国际上针对我国企业的制裁力度增强，域外国家和国际组织均多次制裁我国企业，而且涉外经营面临着较为繁杂的法律要求，构成违法犯罪的风险增加，需要以合规防控国际法律风险。第二，国内出现了以推动合规为主要目标的多项法律改革，合规强制型、合规激励型、合规引导型法律制度规定增多，中央企业合规改革、涉案企业合规改革等的深化发展，促使越来越多的企业认识到合规建设的必要性。第三，合规市场信誉体系逐步形成，拥有合规管理制度的企业面临着更好的商业机遇，企业开展合规建设具有了内生动力。

一、国际执法和制裁的压力增加

随着越来越多的中国企业“走出去”，也伴随着国际局势的复杂化，美国、英国、法国、日本等国家开始针对中国企业实施制裁，以出口管制、工业安全等多重法律手段限制企业的经营能力。与此同时，“一带一路”系列政策落实使得中国企业能够开展经营的国家和地区增多，与东亚、西亚成员的商业贸易往来更加密切，这需要企业遵守更多该司法辖区的法律要求。另外，由于中国企业的经营情况对国际经济的发展影响日益显著，世界银行、世界贸易组织（WTO）、国际货币基金组织等对中国企业提出了更高的要求。在这三重压力下，我国企业在境外经营时面临着更高的法律制裁风险，需要以合规管理制度来加强风险防控能力。

（一）域外国家制裁力度增强

近年来，以美国为代表的国家频频利用“实体清单”“长臂管辖”等法律手段实施法律制裁。“实体清单”是美国为维护其国家安全利益而设立的出口管制条例，在未得到许可证前，美国各出口商不得帮助这些在名单上的企业获取受条例管辖的任何物项。仅 2023 年 6 月，就有 31 家新增中国企业被纳入“实体清单”，至今，“实体清单”中所包含的中国企业超过了 600 家，涵盖许多行业领先、国际知名的航天类、芯片类、软件类、网络技术类企业，从事实上剥夺了这些企业在美国的贸易机会。“长臂管辖”则指的是企业不需在美国设立，也不必在美国有业务经营，只要企业的经营行为与美国市场、美国企业、美国机构等有联系，那么美国的执法和司法机关就能够监管和制裁该企业。

我国中兴通讯事件就是美国制裁中国“走出去”企业的典型案例之一。中兴通讯股份有限公司（以下简称“中兴通讯”），是全球领先的综合通信解决方案提供商，是中国最大的通信设备上市公司，一直以来，中兴通讯的产品在美国市场备受好评，在全球市场占有的份额也不断增加。但是，2012 年，中兴通讯因向伊朗出口含有美国技术的芯片而涉嫌美国法律意义上的犯罪，美国商务部和司法机关联合对该行为展开调查，最终于 2016 年认定中兴通讯构成违法犯罪，美国商务部决定将其纳入“实体清单”，实施出口限制，司法机关就其犯罪事实进行起诉。经协商，2017 年中兴通讯以支付 12 亿余美元为代价，与美国商务部和司法机关同时达成和解。但不幸的是，2018 年 4 月，美国商务部认为，中兴通讯呈交美国政府的函件中存在虚假陈述，同时，中兴通讯没有对内部直接构成违法犯罪的自然人进行处罚，这再次触发了处罚。再次经过反复协商，2018 年 5 月，中兴通讯以支付 13 亿余美元和全面更换高级管理层为代价，再次与美国商务部和司法机关达成和解，解除了限制美国公司向中兴通讯出售产品的禁令。[①] 2022 年 3 月，中兴通讯最终以有效的出口管制合规管理制度说服了美国的司法机关，解除了法院对其为期 5 年的合规监管，摆脱了案件的刑事制裁。但是，中兴通讯与美国商务部工业和安全局的和解协议要求其接受合规监管 10 年，目前仍处于行政制裁的合规监管期内。

中兴通讯事件之后，华为、格力、字节跳动等企业也遭到了美国的制裁，未来，或许有更多的企业会面临此类挑战。我国法律与域外法律对一些商业行为的性质界定本就容易产生分歧，许多我们不认为是违法犯罪的行为，外国却将其看作违法犯罪，如果我国企业对域外法律不够了解，没有应对的合规管理体系，就很容易“不小心”被制裁。更何况，根源于紧张而复杂的国际局势，其他国家可能存在努力“找碴儿”以限制我国企业发展的行为，这更需要从企业管理体系上予以谨慎应对。所以，我国企业如果能建立合规计划，那么其首先能够降低面临国际制裁的风险，即使后续真的卷入这类纠纷，也能够将迅速完善合规计划作为协商筹码，说服执法主体解除制裁。

（二）“一带一路”拓宽司法域

随着“一带一路”合作迈向新的高度，我国贸易关联的司法辖区越来越多，企业在境外经营时需要符合的法律规范更加复杂。习近平主席在“一带一路”国际合作高峰论坛开幕式上强调：“我们要努力实现高标准、惠民生、可持续目标，引入各方普遍支持的规则标准，推动企业在项目建设、运营、采购、招投标等环节按照普遍接受的国际规则标准进行，同时要尊重各国法律法规。”这需要探索推动企业涉外合规法律制度建设，丰富应对国际制裁风险、化解涉外商贸纠纷的法律工具箱。

2022 年，我国与“一带一路”沿线国家贸易规模创历史新高，货物贸易额达 13. 8 万亿元，同比增长 19. 4%，高于整体增速 11. 7 个百分点。我国与沿线国家双向投资也迈上新台阶，涵盖多个行业，其中对沿线国家非金融类直接投资是 1410. 5 亿元，沿线国家对华实际投资是 891. 5 亿元，同

---

① 参见黎宏：《合规计划与企业刑事责任》，《法学杂志》2019 年第 9 期，第 9 页。

比分别增长 7.7%、17.2%，分别高于整体增速 0.5 个百分点和 10.9 个百分点。全年在沿线国家承包工程新签合同额是 8718.4 亿元，完成营业额 5713.1 亿元，分别占承包工程总额的比重是 51.2% 和 54.8%。中老铁路、匈塞铁路等重点项目建设运营稳步推进，一批“小而美”的农业、医疗、减贫等民生项目也相继落地。境外经贸合作区提质升级，截至 2022 年底，我国企业在沿线国家建设的合作区已累计投资 3979 亿元，为当地创造了 42.1 万个就业岗位。与此同时，新能源、节能环保、新型基础设施建设等领域合作蓬勃展开，我国全年与相关国家签署绿色发展、数字经济、蓝色经济等领域投资合作备忘录达到了 31 个，为共建“一带一路”拓展了更大的发展空间。①

在许多新形成贸易往来的“一带一路”国家，根源于语言、人员、地域文化等差别，当地的法律规范和商业惯例与国内通常有较大差别，在产品销售、工程建设、服务提供等过程中，我国企业存在较高的合规风险。需要通过合规管理制度予以整体防范，包括梳理域外司法辖区的法律要求、聘请熟悉当地法律的专家顾问、整合国内外的合规需要等，防止企业因“水土不服”而被执法机关制裁。

（三）国际组织逐步增强约束

随着我国企业进入国际市场，其与国际组织间的摩擦和纠纷难以避免。以世界银行、世贸组织、国际货币基金组织等为代表的一些国际组织建立了区域化、自治化的超国界组织管理体系，发布了相应的行为准则并明确了对应的制裁措施。

以湖南建工集团被世界银行制裁的事件为例。湖南建工集团有限公司（以下简称“湖南建工”）是我国的大型国有企业，其在参加世界银行资助的一项竞标项目时提供了虚假材料，构成了《世界银行集团企业诚信合规指引》中禁止的欺诈行为。2013 年 10 月，世界银行决定对湖南建工采取“附解除条件的取消资格”制裁，即若湖南建工能主动消除行为损害、采

---

① 参见中国政府网:《国务院新闻办发布会介绍 2022 年商务工作及运行情况》,载于 https://www.gov.cn/xinwen/2023-02/03/content_5739888.htm,2023 年 7 月 23 日访问。

取改进措施、建立诚信合规计划，那么就解除其参与世界银行项目的资格禁止规定，否则将一直将其置于“黑名单”之中。最初，湖南建工集团对这种国际制裁和合规管理缺乏认识，没有意识到问题的严重性，但在后续的经营中逐渐发现，这种制裁的附带后果非常严重，所有信任世界银行信用体系的外国银行、外国企业、外国政府都将拒绝与被制裁企业合作。可以认为，企业被世界银行制裁，就等于失去了国际市场。自 2014 年起，湖南建工开始重视诚信合规管理体系的建设。最终，2017 年 6 月，湖南建工以有效的诚信合规管理体系，说服世界银行彻底解除制裁，并将结果告知其他多边开发银行。自此，湖南建工集团从“合规黑户”变成了国内的“合规模范”。①

目前，世界银行正在制裁的中资企业约 200 家，其中包括 2011 年至 2018 年违规的中资企业 55 家，2019 年至 2022 年违规的中资企业 145 家。虽然国际组织的制裁措施不具有国际法层面的法律强制力，但其对我国企业经营资格和经营信誉的影响不亚于任何国内法律处罚，需要予以特别警惕。更何况，一般国际组织所发布的商业原则能够为大多数的现代法治国家所认可，包括反欺诈、反腐败等，其背后蕴含的商业共识和商业文化使得违背该类国际规则的企业更易受到各国抵制。在这样的国际商贸背景下，我国企业建立符合国际组织要求的合规管理体系，不仅是避免制裁的必要路径，更是联通我国国内营商文化与国际标准的桥梁。

二、国内合规改革和政策的扶持

除了来自国际的压力，我国国内也产生了推动企业开展合规建设的法律改革，全面推动企业治理的现代化。依据法律制度对企业合规的推动方式，我国主要建立了三种模式的法律规定：一是以建立法定合规管理义务为核心的合规强制模式，以中央企业合规改革为代表；二是以给予合规企业违法责任减免为核心的合规激励模式；三是以出台柔性政策鼓励企业自主合规为核心的合规引导模式。

---

① 参见陈瑞华：《湖南建工的合规体系》，《中国律师》2019 年第 11 期，第 88 页。

（一）合规强制模式：中央企业合规改革

我国于2018年进入“合规元年”，以国务院国有资产监督管理委员会发布的《中央企业合规管理指引（试行）》（以下简称《指引》）为标志，启动央企合规改革工作。《指引》明确了央企全面合规管理义务的强制性、全面性、层次性：央企“应当”加快建立健全合规管理体系；“全面”梳理和应对经营管理活动中存在的各类合规风险；根据董事会、监事会、经理层、合规委员会、合规牵头部门、业务部门等“层级”分配合规管理责任。我国有对银行、保险、证券等金融企业建立强制合规管理义务的先例，但在金融行业建立以财务为核心的内部风控制度是国际共识，难以体现新时代我国企业合规改革的特色。而央企是公有制经济的中流砥柱，其市场行为和管理结构对引导民营经济发展有示范作用，央企践行行政合规强制模式改革，充分体现了国有资本的责任与担当。

我国于2022年进入“合规管理强化年”，央企合规改革工作继续探索实现中国式现代化的前进道路。党的二十大报告明确了“从二〇二〇年到二〇三五年基本实现社会主义现代化”的总的战略安排，而《中共中央关于制定国民经济和社会发展第十四个五年规划和二〇三五年远景目标的建议》两次直接提及“合规”，揭示了企业合规在推动内向和外向经济高质量发展中的作用。在此背景下，国务院国资委于2022年9月推出了《中央企业合规管理办法》，对《指引》规定主要从四个方面进行优化升级：第一，从更高的政治和法治站位对合规管理义务的强制性进行解读，包括将“深入贯彻习近平法治思想，落实全面依法治国战略部署”纳入总体目标，将“党内法规”纳入央企所合之规的范畴等；第二，在合规管理义务的全面性诠释中纳入成本效益考量，包括强调“建立健全符合企业实际的合规管理体系”“充分利用大数据等信息化手段，切实提高管理效能”等；第三，重新分配合规管理义务的层次性，要求任命首席合规官，对企业主要负责人负责，并在组织结构中新增党委的合规管理责任；第四，新增监督问责规则，突出强制合规属性，明确国资委约谈违规企业、追究企业及相关人员责任的权利。这些变化显示，央企合规改革已经在三年的试行中总结出了一些具有中国特色的经验。

目前，所有中央企业都在持续深化合规改革，落实《中央企业合规管理办法》的合规要求，通过“大合规”对制裁性的法律风险进行一体化防范。除了中央企业本身，其下属子公司、分公司、分支机构等都需要根据合规改革的要求，在总公司的统筹和协调下，建立合规管理制度体系。

（二）合规激励模式：涉案企业合规改革

2020 年 3 月，最高人民检察院主导开展企业合规改革工作，遵循“依法督促涉案企业合规管理，将严管厚爱落到实处”的基本理念，以对涉罪主体决定不起诉的司法裁量权为依托，激励涉案企业进行合规整改、建立有效合规管理制度。这场改革被学者们总结为“合规不起诉”，达到了推动民营企业开展合规建设的效果。①

到目前为止，改革已经进行了三期。第一期改革于 2020 年 3 月至 2021 年 4 月进行，最高人民检察院选取了 6 家基层检察院作为试点单位，初步形成了检察建议模式和合规考察模式两种实践模式雏形。第二期改革于 2021 年 4 月至 2022 年 4 月进行，最高人民检察院将参与试验的试点单位扩展至北京、辽宁、上海、江苏、浙江等 10 个省份的检察院，并与其他单位联合出台《关于建立涉案企业合规第三方监督评估机制的指导意见（试行）》，探索以规范化的外部专业机制辅助解决检察机关的合规监管实施难题。根据最高人民检察院公布的数据，10 个试点检察机关共办理涉企业合规案件 766 件，其中适用第三方监督评估机制案件 503 件，案件类型不断丰富、拓展。② 第三期改革于 2022 年 4 月 2 日正式启动，改革试点在全国范围内全面推开，各个检察院都有权参与改革试验。在三期试点期间，改革所导向的法律修改目标逐渐清晰，最高人民检察院《“十四五”时期检察工作发展规划》指出“依法行使起诉裁量权，研究探索企业犯罪附条件不起诉制度”，是下一个阶段的工作重点。

这场改革将社会公共利益的考量纳入司法裁量，推动多机关联动参与

---

① 参见最高人民检察院网上发布厅发布：《最高检下发工作方案，依法有序推进企业合规改革试点纵深发展——第二期改革试点范围扩大至北京、浙江等十个地区（2021 年 4 月 8 日）》。

② 参见徐日丹：《如何让好制度释放司法红利——全国检察机关全面推开涉案企业合规改革试点工作部署会解读》，《检察日报》2022 年 4 月 6 日。

社会治理。由于企业是重要的市场主体，法律认定其构成犯罪的污名化标签易引发倒闭危机，带来“水漾式”的社会负效应，造成员工失业、合作方经营受损、行业信誉丧失等问题，致使无辜群众受牵连。[①] 正是基于这种对传统企业犯罪治理效果的反思，检察机关率先将“涉罪企业的经济和社会贡献”以及“企业定罪对经济和社会的影响”相结合，作为决定是否启动合规考察程序的重要因素。习近平总书记强调“市场主体是经济的力量载体，保市场主体就是保社会生产力”，这进一步引领我国企业合规改革从检察机关单一主导的改革向行政监管机构、公安机关、人民法院、监察机关等多方参与的综合性改革延伸。一方面，检察机关与行政监管机关、工商联等共同探索构建第三方监督评估机制，吸纳具有合规管理经验的业务专家辅助检察机关在合规考察的过程中评估企业合规整改的有效性。[②] 另一方面，公安机关、人民法院也开始在立案侦查和审判环节，将涉罪企业事后完善合规管理制度的情况作为对其从宽处理的重要考量，[③] 监察机关也在办理涉企案件的过程中注重提升监检衔接，帮助企业堵塞合规管理漏洞。[④]

在涉案企业合规改革的推动下，我国数千家企业已经通过合规整改获得了被司法机关从宽处理的机会，其中，绝大多数的企业为中小型民营企业，这进一步促进了企业合规制度在国内的普及。

（三）合规引导模式：其他法律政策支持

除了前述两项改革，我国也发布了许多规范、指南等文件，柔性地引导企业开展合规建设。尤其是在境外经营的问题上，我国主要采取合规引导模式，鼓励涉外企业警惕国际组织和外国政府的制裁风险。

在合规要求方面，域外主要有管理性合规标准和法律性合规标准两类

① 参见陈瑞华：《刑事诉讼的合规激励模式》，《中国法学》2020 年第 6 期。

② 参见最高人民检察院：《关于建立涉案企业合规第三方监督评估机制的指导意见（试行）》。

③ 参见杜静静：《一只内衬袋破解危废处置难题：上虞一企业因合规整改被从轻处罚》，《绍兴日报》2022 年 3 月 22 日。

④ 参见张昊：《严查精打行贿犯罪 提升惩贿治腐综合效能——国家监委最高检联合发布五起典型案例》，《法治日报》2022 年 4 月 21 日。

文件。前者以国际标准化组织发布的《合规管理体系要求及使用指南》（ISO 37301：2021）为代表，主要采用管理语言，注重在涉及合规管理流程方面进行指引，主要在日常行业规范和团体协作中发挥作用；[①] 后者以美国司法部发布的《企业有效合规标准》为代表，主要采用法律语言，注重将法律规定的义务、责任嵌入管理流程当中，在执法案件中可以作为有关机关评估合规管理有效性的直接依据。[②] 为帮助我国企业在涉外经营中更好地理解和贯彻这两类合规要求，我国国家发展改革委、外交部、商务部、人民银行、国务院国资委、国家外汇局、全国工商联于2018年共同制定了《企业境外经营合规管理指引》，将管理类合规标准和法律类合规管理标准进行融合，兼顾管理要素和权利责任分配，全面指引开展对外贸易、境外投资、对外承包工程等“走出去”相关业务的中国境内企业及其境外子公司、分公司、代表机构等境外分支机构。此外，我国也出台了许多有关合规的国家标准、行业标准、地方标准、团体标准等政策标准，包括“大合规”及“专项合规”标准，供企业依据自身的经营规模、行业领域、法律风险类型等选择参考，基本形成了层级分明的合规引导规范。

这些标准、指引虽然不具有法律强制力，但更加明确地指出了企业在相关领域的合规风险点，能够更加具体地指导企业，许多企业自愿参考其内容开展合规建设。

三、企业在信誉市场的发展需要

在国际压力和国内推动力下，我国的合规市场信誉机制已经初步形成，这使得合规成为重要的商业优势，甚至可以直接创造价值。表面来看，企业合规管理制度是成本消耗型制度，相关建设会增加企业的运行成本，降低利润率。其原因一是企业建立和维持合规管理制度运行，需要投入大量的人力、物力、财力。例如，需要花钱聘用企业合规师担任合规官。二是企业整体的经营效率会降低，因为合规管理制度增加了审批、备

---

① See International Organization for Standardization, Compliance Management Systems — Requirements with Guidance for Use.

② See U. S. Department of Justice Criminal Division, Evaluation of Corporate Compliance Programs.

案、监控等管控流程，这会降低决策落实的速度。实则不然，许多企业在建立合规管理制度以后，反而获得了竞争优势，提高了商业信誉，进而加快实现了盈利目标。

首先，企业建立合规管理制度，能够帮助企业赢得竞标及其他合作的机会，更容易在商业竞争中获得优势。政府、大型企业、国际组织合作项目都需要企业参与竞标，只有胜出的企业才能获得合作机会。例如，在水利工程施工建设的招标过程中，项目企业也会发布“评标标准”，其中除了“投标报价合理性”“施工方案与技术措施”等传统评分项目，还经常涵盖“环境保护合规管理体系与措施”“施工安全管理合规体系与措施”“投标企业信誉状况”等与合规有关的评分项目。显然，那些建立了有效合规管理制度的企业，更容易获得评标优势，也就更容易胜出。其他商业竞争亦然，在业务能力相当的情况下，政府、大型企业、国际组织等资源优势方都更愿意与合规管理水平较高的企业合作，这既能尽量避免合作企业涉嫌违法犯罪而耽误项目进程的风险，也能体现自身良好的商业视野和社会责任。

其次，企业建立合规管理制度，体现了其勇于承担社会责任的企业精神，更容易获得消费者、客户、合作方等社会各界的认可，带来更多潜在的商业机会。企业不只作为经济组织参与社会活动，还作为一个社会“实体”影响着社会生活的方方面面。早期的许多企业将“合规管理”作为企业“社会责任”或“可持续发展”项目的一部分，认为企业建立合规管理制度体现自主合法经营，也能够分担国家、社会的监管责任，是“良民”企业的良好表现。对于那些发展程度较高的企业而言，追求商业利益早就不是唯一目标，形成可持续发展的商业模式，服务社会和公益事业才是企业经营的深远意义。这时，企业建立合规管理制度就是其参与社会生活的重要方面，消费者、客户、合作方等利益相关方，乃至社会大众、政府等，都会对勇于承担社会责任的企业给予更高的评价。在选择商品、合作伙伴时，人们都会基于理性判断和情感推动，选择支持更加合规的企业，这会为企业带来更多潜在的商业利益。

最后，企业建立合规管理制度，塑造高水平、规范化的企业和品牌形象，会切实提高企业的商业信誉，有利于巩固市场地位。进入信誉社会，我们的经济形态和商业模式已经转型，“品牌形象”在企业发展战略中的地位不断提升，企业逐渐开始认识到追求长远的发展远比追求短期的利益更为重要。企业建立合规管理制度也是塑造“品牌形象”的重要措施。已有许多研究和调查发现，那些有合规管理制度的企业，经营流程更加规范，员工业务素质更高，实现了“合规创造价值”的基本目标。[①]

总之，在市场信誉机制逐步形成的当下，企业以建立合规管理制度塑造形象，能够切实提升经营收益，因此，越来越多的企业开始自主建立合规管理制度。

第二节　中国企业国际合规的建设情况

我国企业开展合规建设的时间较短，目前的合规研究缺乏以企业案例为基础的实证分析，为此，本书全面汇总25家企业的合规建设概况，这些企业大多为开展涉外经营的大型企业，属于中国企业“走出去”的典范，它们的合规情况具有代表性，能够较为完整地呈现中国企业国际合规的建设样态。本节先汇总25家企业的合规基本情况，再用维度分类法总结不同企业的合规建设情况。

一、25家企业合规建设的情况汇总

本书以中国企业评价协会为平台，对多家企业开展合规案例征集活动，最终返回26个合规建设案例，汇集来自25家企业（其中山东电力工程咨询院有限公司提交2个合规案例）的合规建设经验。在这些企业中，除去3家合规服务机构提供的客户咨询案例，其余22家企业均总结实践中的第一手合规建设经验，这些企业的发展历史较长，规模较大，业务板块较多，经营范围普遍涉及域外地区。在这22家企业中，有20家为中央企

① 参见陈瑞华：《企业合规基本理论》，法律出版社2022年版，第69页。

业及其子公司，有依据《中央企业合规管理办法》建立合规管理制度的法律义务，另有2家民营企业自主开展专项化的合规建设。在这些中央企业中，大部分企业属于能源行业或者工程行业，少数涉及商贸、投资、航空等行业。

在这22家企业中，有7家企业开展“大合规”建设，即以建立合规管理制度体系为主，拟将所有的制裁类法律风险进行一体化防范。其余企业均开展“专项合规”建设，有2家企业开展“进出口专项合规”，有3家企业开展“环保专项合规”，有2家企业开展“反腐败专项合规”，有2家企业开展“数据专项合规”，有6家企业开展“商贸专项合规”，涵盖“税务合规”“财务合规”“合同合规”“商业伙伴合规管理”等创新合规做法。具体情况如表1－1所示。

表1－1　本书25家企业的基本性质与合规类型

序号	企业名称	基本性质	合规类型
1	中国华电海外投资有限公司	中央企业	大合规
2	中国华电海外资产管理有限公司	中央企业	大合规
3	国家能源集团国际发展有限公司	中央企业	大合规
4	国能粤电台山发电有限公司	中央企业	大合规
5	中国葛洲坝集团国际工程有限公司	中央企业	大合规
6	湖北能源集团股份有限公司	中央企业	大合规
7	中国广核能源国际控股有限公司	中央企业	大合规
8	国核铀业发展有限责任公司	中央企业	进出口专项合规
9	上海核工程研究设计院股份有限公司	中央企业	进出口专项合规
10	中国电力国际发展有限公司	中央企业	环保专项合规
11	中国华电科工集团有限公司	中央企业	环保专项合规
12	长江三峡技术经济发展有限公司	中央企业	环保专项合规
13	中国大唐集团海外投资有限公司	中央企业	反腐败专项合规
14	中国长电国际（香港）有限公司	中央企业	反腐败专项合规
15	中国南方航空股份有限公司	中央企业	数据专项合规
16	奇安信科技集团股份有限公司	民营企业	数据专项合规
17	富士康工业互联网股份有限公司	民营企业	商贸专项合规
18	山东电力工程咨询院有限公司	中央企业	商贸专项合规

续表

序号	企业名称	基本性质	合规类型
19	中智国际商务发展有限公司	中央企业	商贸专项合规
20	中国建筑股份有限公司埃及分公司	中央企业	商贸专项合规
21	中国能源建设集团浙江火电建设有限公司	中央企业	商贸专项合规
22	中国能源建设集团湖南省电力设计院有限公司	中央企业	商贸专项合规
23	泰和泰（广州）律师事务所	律师事务所	合规服务
24	北京大成（上海）律师事务所	律师事务所	合规服务
25	北京中天恒管理咨询有限公司	管理咨询公司	合规服务

二、央企基本实现大合规建设

本书汇总了20家中央企业及其子公司的合规管理经验，统筹案例发现，这些企业均已认识到《中央企业合规管理办法》的要求，基本完成确定合规部和合规官、发布合规章程规定、实施合规培训、设立违规举报机制、开展合规审计等合规管理框架搭建工作。例如，国家能源集团国际发展有限公司深入落实国务院国资委及国家能源集团关于“合规管理强化年”的部署要求，建立由法律与审计部门牵头管理，公司各部门专项负责的合规管理工作机制，出台《合规管理体系建设工作方案》与《合规管理规定（试行）》，完成合规管理顶层设计，搭建起合规管理体系框架，明确各主体在推进合规管理体系建设中的权责，形成了关键合规风险信息法律、审计、纪检通报机制，有效整合资源，形成高效协同的“大合规”管理格局。

此外，还有许多中央企业依据自身特性，探索将党委领导融入合规管理制度体系。如国能粤电台山发电有限公司案例所示，其党委高度重视合规建设，注重自上而下的合规承诺引导和合规文化宣传。在公司章程里，明确董事会、监事会、经理层在推进法治合规管理中的职责。出台合规管理办法，成立合规管理委员会，负责组织领导和统筹协调公司合规管理工作，自上而下推动合规管理建设。同时，完善总法律顾问制度，推行公司律师制度，设立法律合规部、内控审计部，优化合规管理职责分工，筑牢合规管理“三道防线”。党委定期开展党委中心组集中学法、学规章制度，将合规文化建设的重要内容纳入党委中心组定期专题学法内容，不断提升企业领导人员的合规意识，带头依法依规开展经营管理活动。

宏观来看，合规建设结果与本书调研案例成果基本相符，即绝大多数的中央企业及其子公司、分公司、分支机构等已实现初步的“大合规”建设。官方数据显示，至2021年末，97家央企全部成立合规委员会，88家出台重点领域专项指引，90%的中央企业及时按照合规要求优化制度体系，全系统专兼职合规管理人员超过3万人。[①] 至2023年3月，68家中央企业集团和631家重要子企业设置了首席合规官，全系统合规管理人员超过2.8万人。68家中央企业探索建立了合规管理信息系统，将合规要求通过信息化手段嵌入业务流程。2022年是中央企业“合规管理强化年”，确定的44项重点任务，近九成完成率达到70%以上，其中28项的完成率超过90%，预期目标顺利实现，中央企业依法合规经营管理水平明显提升。[②]

但是，中央企业的合规管理仍有继续优化的空间。首先，《中央企业合规管理办法》提出了一些新的合规要求，有许多企业尚未达成。例如，中央企业需要设立首席合规官职位，但是，目前仅有近7成的中央企业设立了该职位，许多子公司尚且缺乏合规管理制度的第一责任人，或者其职能与其他管理职能混同。与之相符，本书涵盖的企业合规案例中，仅有少数企业明确设立了首席合规官。其次，需要精细划分总公司和子公司、分公司、分支机构的合规管理方法。《中央企业合规管理办法》仅笼统地对中央企业规定了强制合规义务，没有依据子公司、分公司等的性质和级别划分合规建设的要求，然而，绝大多数中央企业的子公司规模较大、业务领域差异较大，需要在遵守集团合规管理的同时依据自身的风险特性建立独立的合规管理制度体系，这还需继续探索规范化做法。最后，《中央企业合规管理办法》的强制性有待落实。该规定第三十七条明确：“中央企

① 参见侯建斌：《宪法宣传周国资委部署中央企业强化合规管理 有力保障央企改革发展任务在法治轨道稳步推进》，《法治日报》2021年12月6日。

② 参见财经日报公众号：《近七成央企已设首席合规官》，载于https://baijiahao.baidu.com/s?id=1760934517087282897&wfr=spider&for=pc，2023年7月23日访问。

业违反本办法规定，因合规管理不到位引发违规行为的，国资委可以约谈相关企业并责成整改；造成损失或者不良影响的，国资委根据相关规定开展责任追究。”第三十八条规定：“中央企业应当对在履职过程中因故意或者重大过失应当发现而未发现违规问题，或者发现违规问题存在失职渎职行为，给企业造成损失或者不良影响的单位和人员开展责任追究。”但是，目前尚无中央企业或相关人员因合规建设问题被追究责任，若是提高规定落实的强制性，能够切实提升企业落实“大合规”的压力，加速提升我国央企合规建设水平。

三、境外经营企业发展专项合规

对于境外经营的企业而言，其所面临的法律风险较为复杂，“大合规”在很多时候不足以防范企业所面临的国际制裁风险，因此，许多企业开展专项化的企业合规建设。在本书涵盖的 22 家企业案例中，有 15 家企业开展专项合规建设，对境外经营中的专门领域风险进行特别防范。

在进出口专项合规方面，国核铀业发展有限责任公司、上海核工程研究设计院股份有限公司由于经营行业的特殊性，面临着较高的进出口管制风险，因此，二者聚焦涉核进出口管制要素，围绕进出口管制业务场景具象化识别风险信号，将管控措施嵌入业务流程促进规则与场景融合，构建了符合国内要求和国际标准的进出口合规管理制度。

在环保专项合规方面，中国电力国际发展有限公司、中国华电科工集团有限公司、长江三峡技术经济发展有限公司 3 家企业为应对澳大利亚政府的强监管，或是为了获得境外电源投资项目，抑或是为了满足世界银行方面的要求，都选择建立这一专项合规管理制度，回应有关环境、社会、治理（ESG）的要求，建立完整化的合规管理制度体系，避免企业经营给自然和生态造成破坏。

在反腐败专项合规方面，中国大唐集团海外投资有限公司、中国长电国际（香港）有限公司主要为总公司承担境外投资、运营等资金往来关联性较高的业务，经营地涉及中国内地、中国香港、美国等不同法域，经营所面临的腐败风险较高，因此，二者选择建立反腐败专项合规管理制度，在礼品、业务招待、差旅、财会等方面建立较为细致的管理制度，以防止腐败资金以各种形式流出。

在数据专项合规方面，中国南方航空股份有限公司、奇安信科技集团股份有限公司因在航空或网络服务中需要处理海量的用户数据，选择围绕数据风险建立合规管理制度体系。通过数据分类分级、建立专门的安全管理团队等方式确保在整个数据生命周期都能够有效保护用户隐私权，并且确保数据存储、传输、流转等过程的安全性，防止用户数据泄露或被窃取。

在商贸专项合规方面，富士康工业互联网股份有限公司因跨国贸易体量较大而选择建立贸易合规管理制度；山东电力工程咨询院有限公司则针对境外工程建设项目和境外工程承包项目分别建立专门的合规管理制度，以确保工程的妥善完工；中智国际商务发展有限公司认为其合规风险主要存在于签证服务的海外业务，并对其建立专门的合规管理制度；中国建筑股份有限公司埃及分公司则针对埃及当地的财务管理要求建立财务合规管理制度；中国能源建设集团浙江火电建设有限公司因承建了印度尼西亚、埃及、越南、土耳其、孟加拉国、老挝、缅甸等电力工程，也专门依据各地法律建立了税务合规管理制度；中国能源建设集团湖南省电力设计院有限公司则基于世界银行诚信合规的要求建立了专门针对业务伙伴的合规管理制度。

总之，如这些案例所示，我国现阶段，涉外经营的企业在专项合规的探索方面最为积极，其一般需要关注经营相关域外国家的法律要求，围绕专项领域、专门业务环节等建立特别化的合规管理，才能确保在“走出去”的过程中不会被制裁。未来，还需要在继续开拓专项合规建设措施的基础上，规范专项合规的实施方法，注重将其与传统财务管理、经营管理相区分，以达到更为专业的合规管理效果。

四、大型民企自主探索合规建设

除了央企这类具有强制合规义务的企业，一些大型、上市民营企业也开始探索合规管理制度，虽然它们没有法律规定的强制合规义务，但是，出于审慎经营、响应市场机制、上市或项目需要等原因，其选择信任合规的价值。

例如，富士康工业互联网股份有限公司作为A股上市的台资民营企业，由于本身产业样态及全球供应链近年来日趋复杂的变化，需重点选择企业的合作对象，因此，其选择建立贸易合规管理制度。公司合规部借助公司现有法务线上体系的流程控制节点，将联合国、中国以及世界其他组织或国家（地区）有关的各类监管名单的筛查纳入公司合同审核流程，以确保对潜在的、正在进行交易的及已经成交的商业伙伴进行充分的身份核实与比对。公司通过加强对贸易对象的监管，避免因为与被监管的交易对象进行合作从而被主管机关进行处罚的情况发生。

又如，奇安信科技集团股份有限公司同为A股上市的民营企业，因其主要业务为提供基于大数据、人工智能和安全运营技术的网络安全产品及服务，专注向政府、企业用户提供网络安全解决方案，会收集和处理海量的用户数据。因此，其主要选择建立数据专项合规制度，特别关注数据安全风险的防范，具体开展数据分类分级、安全培训、数据安全加固等工作，依据国际和国内标准完成数据的存储、传输、跨境传输等工作，不仅自身实现了数据合规，还做到了将合规产品化，为存在同等需求的客户提供数据合规规划服务。

依据公开数据，我国一些大型的国企、民营企业等都自发地产生了与富士康和奇安信相似的合规实践，比亚迪、腾讯、阿里巴巴等企业每年公布合规管理情况，甚至公布违规人员和违规合作伙伴的名单。但是，这些合规建设仍然主要依靠企业自觉，还有一些大型企业依旧在经营规模、经营领域、人员数量等方面存在较为明显的合规风险，但尚未建立合规管理制度。也有一些中小型企业，在涉案之后才认识到合规管理的重要性，在检察机关、法院等司法监管下开展合规整改，而绝大多数未涉案的企业，尚未重视合规风险。未来，需要在尊重企业自主经营权的基础上，加强合规的激励和引导，推动更多企业参与构建以合规为重点的市场信誉机制。

第三节 中国企业国际合规的经验总结

无论是大合规还是专项合规，无论是哪种专项合规，企业合规管理制度都包括一些共性基本要素，可以概括为八个要素：合规风险的识别和评估、合规章程、合规组织的定位和架构、合规培训与沟通、合规举报与调查、第三方管理、合规审计、合规文化。虽然企业合规管理制度的建设是一个“因企而异”的实践过程，但基于企业管理制度和企业合规活动的相似性，本书涵盖的25家企业均围绕这些合规要素开展合规建设。本节旨在总结这些企业案例所呈现的合规建设经验，归纳实践中落实这些要素的常见方法。

一、合规风险的识别和评估

企业在建立合规管理制度以前，需要先识别和评估自身所面临的几项法律风险，形成等级分明的合规风险清单，以便对应地设计合规管理制度、配置合规管理资源。例如，中国大唐集团海外投资有限公司在识别腐败风险时，采取的方法包括问卷调查、访谈调研、头脑风暴法、检查法、合规管理评估、内部审计、员工举报等。总览25家企业的合规风险识别方法，可以归纳为以下几种。

第一，分析企业既往记录。企业的既往记录最能够呈现企业的合规风险分布情况，这些记录主要分为内部记录和外部记录两种类型。内部记录包括：企业的业务经营记录；企业往日员工进行的内部举报记录；企业高管、员工构成内部违规，被降薪、降职、警告等处罚的记录；企业管理层作出内部规则调整的记录；企业董事会、监事会等重大会议的决策记录；还有企业进行上市、竞标、贷款等重大经营活动的相关记录等。外部记录包括：企业被行政制裁或警告的记录，企业涉嫌犯罪案件的记录，企业解决民事纠纷的案件记录，企业受行业协会的监管情况，企业相关负面新闻报道，等等。

第二，与企业管理者进行详细交流。企业的董事、高管、经理等经营管理负责人是最了解企业状况的人，对于企业存在的问题及风险有基本预估和预判。实践中，如董事会决议没有合规审查一类的决策性合规风险只有企业高管才能发现。合规负责人员在识别合规风险阶段，需始终与这些管理者保持交流，对企业高层指出的问题进行风险溯源，以确定风险领域，并获得在相关领域实施细致化的风险识别工作的授权。

第三，对员工进行调查访问。员工是企业经营活动的主要执行者，绝大多数的合规风险隐藏于日常的业务场景中，员工是最容易发现合规风险的人，但他们经常因法律知识有限或者风险意识较差等原因而不能自行识别这些风险，这就需要专业人士的辅助。实践中，在识别合规风险时，可以依据企业员工的岗位类型，设计并发放风险调查问卷，或者组织员工进行谈话，能够切实了解业务中潜在的合规风险。

第四，分析同行业企业动态。同类行业、相似规模、相似地域的企业所面临的合规风险一般具有相似性，虽然企业自身尚未发生违法犯罪事件，但其他企业可能已经被司法和执法部门制裁或陷入相关纠纷。

第五，进行合规风险模拟测验。在基本了解合规风险领域后，也有一些合规人员会开展合规模拟测试，建立线上测试系统，模拟业务场景，测验风险点的发生概率。

除了以上手段，还有许多合规服务机构或者企业探索出了新型的风险发现手段，包括进行邮件敏感词筛查、员工交流系统监控、进行员工心理风险偏好测试等，协同实时性地完善和更新合规风险清单。一般而言，企业所面临的风险较多，在识别合规风险后还要对其进行评级和细化，抓住公司经营中的主要风险予以防控，并实时监测合规风险的变化。例如，中国华电海外资产管理有限公司在搭建合规管理体系时，就采取了如图 1－1 所示的指标化的风险评级和监测方法。

二、合规章程

不论是建立还是完善企业的刑事合规计划，都需要有书面化的总体规定将企业确立的规则、将要实施的措施、内部存在的程序整体呈现，做到

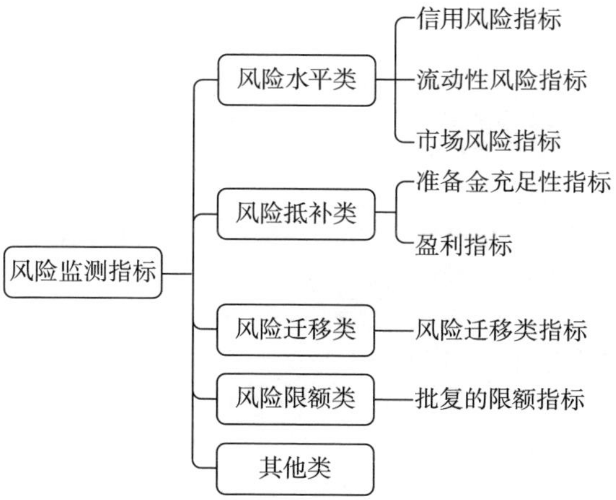

图 1－1　中国华电海外资产管理有限公司风险监测指标体系

企业层面的“有法可依”。合规总体规定主要以独立合规章程、公司合规管理规定、员工手册中的合规条款等文件形式呈现。

对于大多数企业而言，可能需要依据专项合规类型、分支机构所在地区、业务领域、员工数量等差异建立多个独立的合规章程。例如，山东电力工程咨询院有限公司发布《境外工程建设项目合规风险管理指南》作为其境外工程建设项目的合规章程，该指南分为六个部分，分别是总则、工程建设项目风险管理介绍、境外工程建设项目风险管理机制、建设项目主要风险论述和应对措施、EPC 合同风险审查要点、附录。又如，国核铀业发展有限责任公司在建立进出口专项合规计划时，建立了“三层架构”的合规管理制度，具体如图 1－2 所示。

此外，也有一些企业将合规管理规定以“合规条款”的形式纳入企业管理章程、董事会决议、员工行为手册等既有文件当中。例如，中国广核能源国际控股有限公司在成立之初即把“公司党委研究作为董事会、经理层决策重大问题的前置程序”写进公司章程，还将总法律顾问制度写进公司章程，明确其合规经营的职责，赋权其列席有关董事会、党委会并发表法律意见。

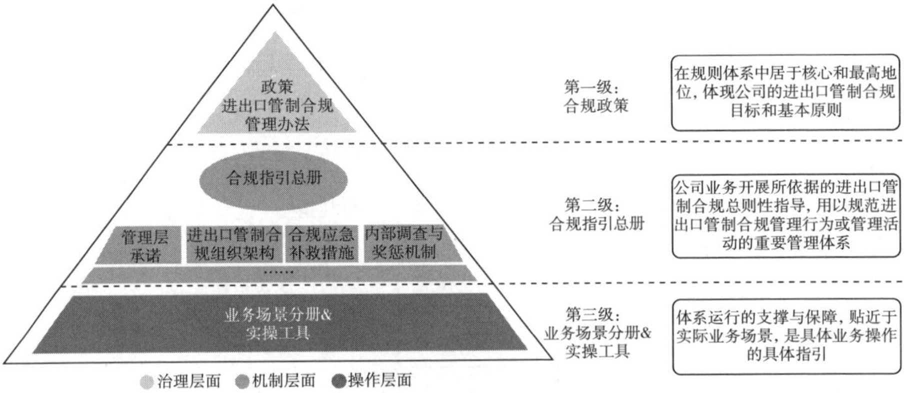

图 1－2　国核铀业规则体系“三层架构”

三、合规组织的定位和架构

合规组织就是企业内部负责履行合规职能、执行合规工作的有关系列人员和部门组织。合规管理制度从纸面变为实践，就需要依赖这些合规人员的实践。

企业合规管理制度最为重要的就是有“合规官”，即有人负责落实合规相关的政策和工作。合规组织体系的中心就是“合规部门”，在大企业中，其由多位合规官组成，受合规委员会和首席合规官的领导；在中小微企业中，合规的管理和执行工作经常由一人或几人负责，直接向首席执行官或董事会汇报工作。然而，“合规部门”只是合规组织体系的纽带，合规组织体系的形成需要管理层和业务部门的全面加入。

首先，管理层需要有明确的合规承诺，实践中经常以“总裁的一封信”“董事会合规声明”等形式包含在合规章程之中，阐明企业对于构建合规体系和落实合规工作的重视。例如，中国电力国际发展有限公司旗下澳大利亚太平洋水电公司在建立 ESG 合规管理体系时，明确董事会是 ESG 合规管理的第一责任人和决策中心，发挥定战略、作决策、防风险的作用，负责审议批准 ESG 合规管理基本制度、体系建设方案和年度报告等，研究决定 ESG 合规管理重大事项，推动完善 ESG 合规管理体系并对其有效性进行评价，决定合规管理部门的设置及职责。

其次，合规部门需要形成详细的合规工作细则，合规章程、管理层承诺通常难以将每一个合规工作的重点详尽表述，这时就需要由合规官牵头的合规部门结合各个业务部门的风险点建立合规工作的具体实施办法。例如，中国南方航空股份有限公司在数据专项合规中构建六级数据合规组织架构，划分数据合规官、数据合规主管部门、数据管理主管部门、数据安全主管部门、数据控制部门、数据使用部门的合规责任和工作内容。其中，法律标准部作为合规主管部门，牵头建立数据合规工作组，在将信息中心、科信部纳入矩阵式成员单位并规范其日常数据合规工作开展的同时，引导其与公司内其他具有合规管理职能的监督部门，如纪检监察部门、审计部门建立合作和信息交流机制，共同制定合规管理整体方针策略和实施计划，应对风险识别和评估中出现的风险敞口。

最后，业务部门要对其落实合规工作的职责有充分认识，业务部门的合规负责人或合规联络人需与合规部门保持常态化的工作沟通，定期汇报该部门开展合规工作的实际情况。例如，国能粤电台山发电有限公司在搭建合规管理体系时，注重设置兼职合规岗位，着力将合规建设融入企业、部门（车间）、班组三级队伍。

四、合规培训与沟通

企业自上而下地传达合规价值和合规规定主要通过培训实现，其目的在于使员工理解法律法规、内部政策的基本要求，并能够在他们日常履职的过程中遵守这些合规要求。而合规沟通是保障合规培训的必要常态化路径之一。一般而言，合规培训应当包含实施合规培训工作、验证合规培训效果、提供合规咨询服务三个组成部分。

第一，实施合规培训工作。合规培训工作的开展应当以“全覆盖”为原则，即不仅对员工进行培训，也要对企业的管理层进行相应的培训，包括董事、监事、总裁等企业执行层面的重要人员。培训的内容需要以简单易懂的方式进行设计，一般以企业合规章程的基本内容为基础并展开相关实施细则。例如，国家能源集团国际发展有限公司分级分层开展合规培训，力争做到重点突出、全员覆盖。将合规专项培训纳入公司年度培训计划，分类组织领导干部、重点领域、高风险岗位人员及基层一线人员、境外派驻人员、新入职员工进行合规培训；在线上学习平台增设“合规经营”模块，丰富合规培训手段，鼓励各层级员工利用碎片化时间进行合规知识学习，进一步使合规理念深入人心。

第二，验证合规培训效果。对于具体如何验证合规培训的有效性，尚无明确的规范和指引，常见的方式有员工在线答题、场景模拟考试、组织内部合规知识竞赛等。例如，奇安信科技集团股份有限公司在开展数据安全合规建设时，通过“现场、线上视频 + 在线考试”的模式，以基层一线管理团队组织为单位，每月开展一次团队全员的安全生产学习与分享会议，每季度进行一次安全生产考试，覆盖全部服务人员。

第三，提供合规咨询服务。合规培训难以包括员工日常所有可能预见的合规风险事件或者问题，而这些风险经常是突发的，员工需要能够在培训之外获得及时的专业知识帮助。例如，中国南方航空股份有限公司在数据专项合规建设时建立了内外部相结合的合规咨询机制，内部在有关数据出境等涉外场景，法律标准部列席业务部门例会提供法律支持、出具合规意见；外部与律师事务所建立 GDPR 顾问团队长效沟通机制，由专业机构定期分享个人信息保护国际发展趋势的相关研究，及时响应南航在业务开展中面临的合规咨询。

此外，还有许多企业探索在合规培训之后，让员工签署合规承诺书。例如，上海核工程研究设计院股份有限公司在进出口专项合规建设中，每年组织核进出口业务人员签署合规承诺书，将重点合规风险逐条纳入各相关岗位的合规指引，从正反两个方面做出提醒和警示，引导和促进业务人员依法合规开展业务。

五、合规举报与调查

在企业内部，保障信息的流通是实现所有形式管理的前提，企业内信息的流动分为两种，一是自上而下，从管理层到各部门员工，二是自下而上，从底层员工到决策层。合规工作需要贯穿两种信息流动程序，前者较为容易实现，日常工作管理、工作审批、各类培训等均可以实现，而后者则更易在我国企业的日常管理体系中缺失，这使得违规举报机制成为合规体系的核心之一。

建立违规举报机制应当遵循两项原则。第一，举报信息畅通。举报机制应当能够使底层员工的信息有效传达给企业管理层，首席合规官或合规管理委员会知情，由其主导依据举报信息展开合规稽查工作，保障每次信息的获取和处理流程都有详尽的工作记录。实践中，常见的举报机制包括设置举报邮箱、举报电话，也有许多企业建立了员工可以直接与任何高层取得联系的交流系统。第二，举报人信息保密。举报机制有效运行的基本前提是举报人能够在免于被知晓、被报复的情况下提供违法、违规相关信息。例如，中国长电国际（香港）有限公司在建立反腐败专项合规管理制度时，设置大股东举报热线，并规定由第三方管理，公司员工、供应商等人员和单位可直接进行举报，强化了反腐败监督。

违规举报机制也包含风险事件的后续调查和奖惩制度。在接到举报或发现风险事件之后，企业需要有具体的应对程序，不仅包括对事件进行初步调查、固定案件相关证据、咨询相关法律顾问，也包括在发现切实存在违法犯罪风险的情况下，主动地向执法机关检举和揭发有关行为，全面配合执法机关的调查或侦查活动。此外，违法犯罪事件的处理不应当只依赖于执法机关，企业也应当对内部人员建立奖励和惩罚制度。例如，中国葛洲坝集团国际工程有限公司在建立合规管理制度体系时建立了双重评价体系。一是开展内部信用评价。依据所属各单位报送的违法违规信息统计表，合规管理部门协同内控部，对各单位的诚信合规情况进行考核，如有失信行为，将进行内部责任制扣分。二是开展员工诚信合规行为奖惩。定期或不定期更新员工诚信合规信息，识别、评估和防范诚信合规风险，并将考核结果与干部任免、薪酬待遇、奖先评优挂钩。

六、第三方管理

在经营活动中，企业不是独立的个体，而是需要与其他商业主体产生联系，形成完整的商业链条。因此，企业的合规管理也不仅限于内部员工，还需要对第三方进行适当的管理。管理第三方的制度设计通常分为三个步骤。

第一，在法律关系成立前需有适当的尽职调查程序，即当企业与其他主体签署合同、形成业务关联时，需要充分审查目标主体是否存在违反合规管理的风险。第二，在法律关系成立时需明确第三方行为准则，即企业在与合作方达成合意、签署合同时明确对第三方的合规管理规定，如明确禁止第三方以企业名义从事商业贿赂行为。第三，在法律关系存续期间的合规监管，即在企业与第三方代理、合作等关系的存续期间，企业可以通过听取第三方汇报、走访第三方等方式了解其合规执行情况，如果发现违法犯罪风险则应及时解除法律关系。

例如，中国能源建设集团湖南省电力设计院有限公司在诚信合规的商业伙伴管理方面，规定所有合同均须进行合规评审，对合同的依法合规性进行审查，降低合规风险。合同签订前，签约责任部门应当将合同草案、合同相对人资信情况等资料一并送交业务归口管理部门或主管部门、法律部门及其他相关业务部门评审 。凡对外签订合同（仅表达合作意向的战略合作协议、意向协议等非实质性合作协议除外），原则上需要同时与对方签订《廉政合规协议书》作为合同附件，双方对于合规事项进行对等承诺。所有签署的合同，公司均对其履行过程进行监督，以尽可能地杜绝履行过程中的不当行为。作为对业务伙伴关系定期检查的一部分，同时对供应商、分包商的合规要求和履约情况进行监督。

七、合规审计

合规审计是企业发现自身合规管理制度存在问题的主要方法，其不同于财务审计，系对合规管理制度的设计、运行、效果等方面进行考察，旨在发现制度漏洞，以便建立应对措施。实践中，落实合规审计的方法主要有两种：内部审计和外部审计。二者经常配合落实合规审计工作，即常态化的合规审计工作由内部合规审计组织完成，而年度或几年度的大规模合规审计工作由外部合规审计组织完成。若企业采取外部审计方法，则通常由企业组织或聘请外部专业合规顾问团队、审计师团队、会计师团队等第三方对企业的合规管理工作开展审计。

例如，中国电力国际发展有限公司在ESG合规建设方面，要求其在澳大利亚的太平洋水电公司常规性开展内部自行或邀请外部专业机构进行合规自评价或审计。对于常规性合规事宜，一般采用内部自行合规自评价，对于消费者数据信息保护、职业健康与安全等含有较多专业内容的ESG合规领域，或者相关法律法规发生重大变化后的合规领域评价，一般聘请外部专业机构进行专项合规审计。专项合规审计报告将提交管理层、董事会专门委员会或者董事会审议，作为相关合规工作调整优化的重要依据，专项合规审计中发现的不符合项将被持续跟踪直至闭环。

八、合规文化

合规文化作为最为抽象的企业合规管理要素，经常被视为企业合规管理的内在价值目标，即企业建立合规管理制度就是为了培育和宣传企业合规文化，提升我国企业的软实力，以此共筑依法依规经营的营商环境。在本书涉及的26个案例中，几乎所有的案例都提及合规文化的培育和宣导问题，各个企业均有创新化的尝试。

例如，中国华电海外资产管理有限公司在北京及香港地区合适的场所以横幅、标语等形式展示合规规范要求，发挥各类媒介在合规文化建设中的载体作用，使合规文化成为企业文化密不可分的一部分，并不断加大合规文化的宣传力度。又如，国能粤电台山发电有限公司设立常态化党员教育活动室、廉政教育活动室、普法教育活动室，在职工书屋设法律类图书书架，上架千余册法律法规书籍、国家行业标准。在办公楼、食堂设置播放法治合规宣传的电视、电子屏，厂内“法治合规文化长廊”做到每季度切换宣传主题，让职工随处遇“法”，营造浓厚的合规文化氛围。同时，公司结合政府普法责任清单，借助政府部门进企业开展法治宣传教育等途径，补强职工公民守法类、政府执法类守法合规短板。在解决企业法律纠纷案件过程中，公司明确要求案件发生部门的负责人、业务管理直接责任人参加法庭旁听，现场观摩法庭审判活动，近距离感受法律的神圣与尊严。

总之，在本书涉及的25家企业开展合规建设时，基本形成了要素齐全的合规管理制度体系，虽然仍有少数企业需要在个别要素上予以强化，但瑕不掩瑜，这些合规案例充分证明了我国企业合规建设的飞速发展。至今，合规已经不再是舶来品，而是成了中国企业重要的经营和管理经验之一。特别是那些涉外经营的企业，它们合规建设水平较高，已经基本形成了兼顾国内外法律要求的合规制度，未来，只需在细节上继续完善，就可以持续为中国企业“走出去”保驾护航。

第二章 中国企业“走出去”之合规体系建设案例

企业开展合规管理一般都经历从“大合规”到“专项合规”的建设过程，先通过“大合规”搭建要素齐全的合规管理体系，再通过“专项合规”强化对核心法律风险点的防范。中国的能源类企业占有的国际市场份额较大，具有资金投入量大、技术难度高、产品与国计民生关系密切等特点，头部企业多为中央企业，一般参照《中央企业合规管理办法》开展“大合规”建设。本章选取七家行业头部代表企业，呈现合规管理体系建设的经验。

中国华电海外投资有限公司是中国华电集团有限公司从事海外业务的全资子公司，主要有电力投资、资产并购、资本运作、国际贸易四大业务板块，其合规管理的亮点主要有二：第一，关注境外的法律变化，由于公司本部及各下属公司分处五个法域，需要通过业务交流、实地调研等方式收集东道国有关投资、环保、电力等法律法规和监管要求，梳理出完整的经营相关的合规法律规范，必要时聘请专业机构和专业人员进行专项分析；第二，注重健全子公司风险防范制度，企业管理与法律事务部定期对下属公司的法律及合规管理工作进行全面稽查，及时发现和消除所属公司的合规隐患。

中国华电海外资产管理有限公司是中国华电集团有限公司的境外企业财资中心，代表集团公司开展境外成员单位账户及资金管理、资金结算、融资管理、风险管理及咨询业务。其独创了“专精特新”的合规管理制度。“专”指的是其建立专业化的内控体系，认真落实国资委、集团公司的工作部署，按制度效力分级、制度内容分类原则，实施内控体系建设。“精”指的是实施精细化的风险管控，精细管控各类金融风险。“特”指的是作为驻港企业代表，公司建立了一套符合两岸法规、适用于多类型员工的内控风险合规体系。“新”指的是新颖化的合规管理，包括“二横三纵”的合规依据、“五位一体”的归口管理、内控合规风险的一体建设等。

国家能源集团国际发展有限公司是国家能源集团直接管理的国际化投资平台，承担集团公司在境外的重大战略性项目，开展境外项目开发、股权收购，以及煤炭、天然气等国际能源贸易等业务。其合规建设的亮点包括：第一，将合规理念融入境外项目管理，公司因各境外单位涉及的司法辖区和项目类型较为复杂，自主研发境外项目立项研究评分系统，包含对多项合规风险的考量；第二，关注境外安全和环保方面的合规风险，印发《员工境外安全手册》，探索建立国际通行的 HSE（健康、安全与环境）管理模式，开展境外项目应急演练。

国能粤电台山发电有限公司隶属国家能源集团广东电力发展股份有限公司，是中国装机第四大、全球装机第十大燃煤发电厂。其合规建设的亮点包括：第一，将合规管理与党委管理相结合，党委定期开展党委中心组集中学法、学规章制度，将合规文化建设重要内容纳入党委中心组定期专题学法内容；第二，合理分配专职和兼职人员的合规工作，完善总法律顾问制度，推行公司律师制度，设立法律合规部、内控审计部，筑牢合规管理“三道防线”，同时，充分发挥专兼职合规管理岗位作用，着力完善合规文化建设暨企业、部门（车间）、班组三级普法队伍建设。

中国葛洲坝集团国际工程有限公司是中国葛洲坝集团有限公司的全资子公司，工程承包以水利水电、非电为主，兼顾电网、新能源领域。公司的合规建设注重搭建好“全员参与、各负其责、分级分类、形成合力”的合规管理组织架构体系和协同机制，坚持“风控合规管理是一把手工程”，构建由国际公司法定代表人牵头、以总法律顾问为核心、以合规与风险（内控）管理委员会为决策支持机构、法务与合规部归口管理、其他本部职能部门及所属单位分工负责的管理体制和工作机制。

湖北能源集团股份有限公司为中国三峡集团控股的二级子公司，业务板块包含水电、火电、核电、新能源、天然气、煤炭和金融等。公司于2019年收购秘鲁查格亚水电站项目，在收购后通过合规建设降低之前巴西公司因腐败丑闻所带来的负面影响。公司指导秘鲁查格亚水电站项目制定编写合规相关制度，形成合规组织体系，并根据秘鲁反腐败法律要求启动反腐败合规体系建设，同时，公司投身ESG，指导秘鲁查格亚水电站项目颁布环境管理政策，建立环境督察委员会，积极履行环评报告义务，并成立社区居民咨询与投诉中心。

中国广核能源国际控股有限公司是中国广核集团全资子公司，承担着中广核境外清洁能源项目投资经营的使命。在习近平法治思想的指导下，公司兼顾国内与国际的合规需要，按照“2018年搭建体系机制—2019年系统识别风险和培育文化—2020年成熟运作”的三年规划，建立适应国际规则的合法合规和廉洁风险防控管理体系，通过ISO 37001：2016反贿赂管理体系认证。同时，公司注重对子公司的合规管理，在并购域外K公司后，成立以总法律顾问为组长的专项工作组推进K公司专项合规治理工作，最终实现合规建设的有效对接。

总之，我国能源类企业在党的领导下，已经开始重视合规问题，头部企业大多已经搭建了较为完善的合规管理体系，甚至着手开展反腐败合规、环保合规等专项合规建设。这些企业的合规管理难题主要在于，其需横跨多个司法辖区开展境外经营，合规管理既要符合中央企业的要求，又要符合各个经营地的法律要求，还要针对子公司、分公司、分支机构、收购和并购的企业等调适和应用合规管理制度，本章所分析的七个企业在这些方面均有创新，可以为同行业企业或其他相似企业所借鉴。

第一节　中国华电海外投资有限公司

企业简介：中国华电海外投资有限公司（以下简称“华电海投”）是中国华电集团有限公司从事海外业务的全资子公司，公司成立以来，逐步形成电力投资、资产并购、资本运作、国际贸易四大业务板块协同发展的结构。公司下属全资子公司四家：华电环球（北京）贸易发展有限公司（以下简称“贸易公司”）、中国华电额勒赛下游水电项目（柬埔寨）有限公司（以下简称“额勒赛公司”）、华电西港发电有限公司和越南平顺太阳能发电有限公司；控股子公司四家：华电捷宁斯卡娅热电有限公司、华电（印尼）玻雅发电公司（以下简称“玻雅公司”）、华新电力有限公司和上海奉贤燃机发电有限公司。

一、合规管理体系建设的背景

近年来，各国和国际组织的合规监管日趋严格，反腐合规、诚信合规等法规及指引不断出台，执法力度日益加大，美国和欧洲的监管机构不时开出巨额罚单。与此同时，国际地缘政治冲突、贸易保护主义抬头，压力不断传向企业，伴随着中国企业“走出去”的浪潮，一些知名中国企业因“长臂管辖”原则在境外被罚，敲响了合规管理的警钟。应当认识到，“一带一路”项目“走出去”仍然面临各种各样的风险和挑战，出海之路经过的都是高风险的国家和地区，华电海投在海外业务拓展的过程中深刻感受到境内外法律及监管环境带来的压力，公司在海外投资风险控制、反腐败、反洗钱、出口管制、信息安全等领域面临的合规挑战不容忽视。

2018 年 11 月，国务院国资委印发了《中央企业合规管理指引（试行）》，同年 12 月，国家发展改革委等七部委联合发布了《企业境外经营合规管理指引》（以下统称“两个指引”），为企业开展合规体系建设、境外经营合规管理以及相关工作提供了政策指导。

在合规大环境深刻变化的背景下，企业必须顺势而为，深入研究国际法和东道国的法律法规，强化合规管理能力，有效化解法律政策风险，积极主动地运用合规管理服务企业发展。树立和加强合规管理应当成为拓展公司发展空间、服务公司国际化战略的题中应有之义。唯有以合规管理作为发展基石，提升合规管理水平，在法律法规框架下进行风险防范和内部控制，方能行稳致远。

二、合规管理体系建设的做法

“合规”之“规”既包括外部的法律法规、国际条约、监管规定、行业准则、商业惯例等，也包括企业的公司章程及规章制度。华电海投业务涉及境内外不同国家和地区，公司本部及各下属公司分处五个法域，各公司面临的法律环境和法律体系差异很大，决定了境外企业的合规管理工作不可能全面铺开，必须选好重点切入领域，根据“两个指引”的基本内容，结合华电集团的相关部署，从境外企业的经营范围和业务规模等实际出发，开展合规管理。

（一）明确以重点领域为切入点的工作思路

华电海投以华电集团合规管理方案为指导，结合公司实际，制定并发布了《中国华电香港有限公司合规管理体系建设工作方案》，明确了工作思路：在本部建立针对重点领域和重点环节、业务的合规审查机制，做好重要业务合规风险的事前审查；对于日常管理中的业务环节，通过建立不合规事项通报机制，进行事后监管；定期梳理不合规事项易发领域，提示合规管理风险，根据需要更新合规管理审查事项清单；对于公司系统的合规管理工作，从重点国别和重点领域入手，梳理重大合规风险，制定合规手册，由点到面逐步展开。

（二）开展调查研究，梳理合规管理重点领域

各境外公司在经营过程中一直注意收集东道国有关投资、环保、税收、电力、劳动、海关等法律法规和监管要求，结合项目经营管理实际进行研究，通过研究逐渐梳理出外部合规要求对企业经营活动的影响。

2019 年，公司总法律顾问分别前往额勒赛公司和玻雅公司调研，听取境外公司相关领导和员工对依法合规经营工作的意见和建议，实地考察和了解柬埔寨和印度尼西亚的法律环境及海外合规管理工作的特点和需求。

在研究境外法律法规和实地调研的基础上，公司系统各单位梳理出各自的合规管理重点领域：华电海投把重点放在市场准入、贸易管制、国家安全审查、行业监管、外汇管理、反垄断、反洗钱、反恐怖融资等方面，

着力完善绿地项目投资和并购的合规审查；贸易公司关注贸易管制、质量安全与技术标准、知识产权保护等方面的合规；额勒赛公司的合规管理工作注重劳工权利保护、环境保护、反腐败、反贿赂、财务税收等方面的要求；玻雅公司结合建设期项目特点，将合规工作重点放在招投标管理、合同管理、项目履约、劳工权利保护、环境保护、连带风险管理、反腐败、反贿赂等方面。

（三）针对合规管理重点领域开展工作

第一，组织下属公司排查涉外业务中的合规风险，对于复杂或专业性强的事项，如涉及美国出口管制和贸易制裁的事项、重大项目合作方合规背景调查事项等，聘请专业机构和人员进行专项分析，提出防范风险的措施。

第二，公司本部在经营中做好重要业务合规风险的事前审查；关注项目合规风险防范，对于公司开发的重点项目，列出风险清单，逐一制定风险防范措施。

第三，下属公司在研究外部合规要求的基础上，根据企业的具体需求和实际情况，将外部监管的要求体现在公司章程及相关制度中，为公司经营和员工活动设定行为指引。

玻雅公司结合印度尼西亚当地合规管理实践，制定了公司治理规范和员工行为规范。两个行为规范均包括总则和分则，总则部分宣示了公司的经营理念（透明、公平、责任、独立等）；分则部分涉及遵守法律、反垄断和不公平竞争、反腐败、环保与健康、利益冲突、商业秘密、知识产权与数据信息等各方面。

贸易公司针对自身业务聘请专业律师事务所开展培训，增强全员合规意识。

第四，受华电集团委托，2019 年 10 月，华电海投编制了《华电集团境外员工合规行为规范指引（试行）》，列举了安全、环保与健康，反商业贿赂与反腐败、反垄断等方面普遍适用的员工合规行为规范，并结合华电集团境外业务特点，进一步对国际工程、国际贸易、境外投资等重大领域的合规要求予以阐述。

第五，在上述普遍适用的境外员工合规行为规范的基础上，华电海投正在编写反腐败和反商业贿赂、反洗钱、贸易制裁与出口管制等重点领域的合规行为规范。重点领域合规行为规范的编写立足公司业务特点和发展状况，兼顾成本与效率，注重合规管理的实用有效性，同时将随着内外部环境的变化持续调整和改进；另外，加强合规管理的协调性，通过将合规管理融入日常业务管理，避免合规管理与业务经营相脱离，更好地为企业发展保驾护航。

（四）严格控制境外贸易及投资方面存在的法律风险

公司本部、贸易公司、额勒赛公司均将合同纳入了 ERP 管理系统。公司本部将积极推动下属公司 ERP 系统合同上线率和各环节审批流转效率，督办重大合同履行进度，严格把控风险。

（五）规范境外投资决策程序，督促境外企业依法合规经营管理

公司按照华电集团及华电海投的相关制度履行境外投资决策程序。下属公司按照注册地法律以及股东协议（合资协议）、公司章程完善公司治理架构，充分发挥“三会”在公司日常经营管理中的作用，维护子公司的独立法律实体地位，防止风险的层层传导。

公司本部连续三年对下属公司开展法务稽查工作，发现和消除所属企业的依法合规隐患，配合半年合同清理和年度法律体检，探索构建富有海外特色的法律风控体系。

（六）以制度建设为抓手，不断完善内控体系建设

华电海投参照华电集团现代化制度体系建设“三纵三横”的方法，不断完善公司规章制度体系，围绕历次巡视、审计、专项检查以及内控评价发现的问题，把各项管理要求嵌入业务活动、制度流程、信息管理系统，认真查找内控体系的短板弱项，不断完善内控制度体系。根据外部监管新规定以及企业新业务、新变化、新问题，及时做好相关制度留、立、废、改工作，明确重要业务领域和关键环节的内控要求、风险应对措施及违规经营投资责任追究规定。加大制度执行监督检查力度，强化责任追究，增强制度刚性约束。

三、合规管理体系建设的成效

经过实践和探索，华电海投初步建立了内控合规风险一体化管理体系，明确了合规管理职责；梳理了合规管理事项，按照华电集团要求把合规事项审查流程嵌入公司合同和制度审查、经营决策等日常管理活动；重点项目的法律及合规风险得到有效监控和化解；通过开展形式多样的合规培训，初步培训了合规文化，系统内各公司员工合规意识不断增强。

（一）内控合规风险一体化管理体系初步建立

内控合规风险管理一体化建设是补齐短板弱项、健全制度体系、夯实管理基础的重要手段，是切实增强企业化解防范风险能力的制度基础。近年来，国际环境错综复杂，我国面临着一系列新问题、新矛盾、新挑战。习近平总书记围绕防范风险挑战、应对突发事件，发表了一系列重要论述，要求坚持统筹发展和安全，增强机遇意识和风险意识，有效防范和化解各类风险挑战。国务院国资委就内控建设与监督评价工作提出了明确要求。为贯彻和落实习近平总书记关于防范化解各类风险的指示精神，落实国务院国资委关于建立内控及评价体系的工作要求，华电集团着力强化顶层设计，积极探索、创新推进一体化建设，从体系架构、制度建设、运行机制、监督评价等方面进行了整合优化、全面推进。华电海投作为华电集团境外业务骨干企业，按照华电集团关于一体化建设的要求，结合本企业的实际情况和所在国家的监管要求，建立健全内控合规风险管理体系，保障企业依法合规经营，提高抵御防范风险能力，为公司行稳致远提供支撑。

（二）基于企业现有管理体系的一体化建设有效开展

内控合规风险管理是企业管理体系的重要组成部分，与各类经营管理活动相互协调、相互促进。开展一体化建设，华电海投以企业现有的管理体系为基础，进行业务流程的规范化改造，将内控合规要求和风险防控嵌入业务管理活动之中，不另搞一套，避免出现“两张皮”。按照国企改革三年行动的相关要求，逐步完善权力清单，优化职责权限和审批程序，实行分事行权、分岗设权、分级授权，对重要岗位人员的授权、审批、执行、报告等方面，实现相互衔接、相互制衡、相互监督。

（三）整体推进基础上的重点合规领域建设不断深入

华电海投指导系统各企业以国资委的要求为指导，加强内控体系建设，促进内控、合规、风险管理的有机融合，完善包括合规行为准则、合规管理办法和合规操作流程三个层次的合规管理制度体系；按照华电集团统一要求，根据境外业务特点和公司所在国家实际，编写内控合规风险管理手册；完善风险评估、风险预警、风险应对的全过程风险管理机制，完善合规咨询、调查、培训等合规运行机制，将制度规定贯彻落实于工作实践中；完善全面管理与重点突出相结合。内部控制应覆盖全业务领域、全业务过程、全组织层级的内控体系，突出重要领域、重点环节、重点人员及重点单位的管理。

境外企业合规管理是一项长期、系统性工作，目前开展的工作仅仅是探索和起步，华电海投还需要不断深化、细化合规管理各方面的工作，法律合规部门将继续加强对域外法律的研究，培养内部法务人员以更宽的视角审视境外合规业务的能力；在公司系统内定期开展合规培训，牢固树立依法合规经营理念，使依法合规经营成为公司文化和价值观念的核心组成部分。

随着“一带一路”倡议的推进和全球化进程的加快，国有企业在“走出去”的过程中必须顺应外部监管的要求，通过建立完善的合规管理体系和深入人心的合规文化，应对、抵御合规风险，实现企业在新时代下的健康、持续、平稳发展。

第二节　中国华电海外资产管理有限公司

企业简介：中国华电海外资产管理有限公司（以下简称“华电海资”）作为中国华电集团有限公司（以下简称“中国华电”“集团公司”）境外企业财资中心，于 2018 年 3 月 21 日在中国香港特别行政区注册成立，注册资本5000万美元，是中国华电的境外全资子公司，主要承担集团公司境外唯一资金管理平台和重要融资平台等职能，属集团公司金融板块成员企业，代表集团公司开展境外成员单位账户及资金管理、资金结算（含国际代收付）、融资管理、风险管理及咨询业务，是中国华电全面践行“一带一路”倡议，深入实施国际化战略，积极参与粤港澳大湾区建设，认真落实国务院国资委关于强化境外资金管理要求的有力体现。

一、合规管理体系建设的背景

（一）驻港央企经营简况

中国香港作为国际金融中心，借助其特有的金融制度优势和行政区位优势，已发展成为“一带一路”倡议实施以来内地企业“走出去”的首选出发地。据国务院国资委公开披露信息，截至2020年底，80多家中央企业在港设有2915个经营单位，资产总额达3.8万亿元。驻港央企主要经营模式可分为境外实业类投资平台、金融类投融资平台（企业财资中心）、在港实体经营单位、贸易公司等四类。

（二）境外企业合规要求

合规是企业“走出去”行稳致远的前提，合规管理能力是企业国际竞争力的重要方面，合规管理应坚持独立性原则、适用性原则和全面性原则；倡导以合规经营价值观为导向，明确合规管理工作内容，健全合规管理框架，制定合规管理制度，完善合规运营机制，加强合规风险识别、评估与处置，开展合规评价与改进，培育合规文化，形成重视合规经营的良好氛围。

二、“专精特新”合规管理体系建设的做法

华电海资作为中国华电的境外全资子公司，自2018年在香港注册成立以来，深入贯彻落实集团公司温董事长作出的“把准定位、夯实基础、规范管理，加强账户、资金管理，注重风险防控，发挥好海外资产管理作用”批示精神，立足境外企业财资中心职能定位，着力开展境外经营合规

管理，逐步形成了具有华电特色的“专精特新”合规管理体系。

（一）专业化的内控体系

“专”，是华电海资作为集团公司专业直属二级单位的首要标识，其业务领域属于跨国集团内部金融产业境外细分赛道，涉及境外资金集中管理、境外投融资管理、利汇率管理、金融衍生业务等，需分析研判国际金融形势和境内外宏观经济走势，具有较强的专业性。

内控体系，是企业实现经营管理目标的客观需要，是遵循资本市场监管的必要条件。华电海资认真落实国资委、集团公司关于加强内部控制体系建设与监督的工作部署，按制度效力分级、制度内容分类原则，实施内控体系建设。

1. 协助集团公司建立境外资金管控体系

一级制度为集团公司《资金管理制度》，对资金管理做出总体要求，是集团公司资金管理纲领性文件。二级制度为集团公司《境外资金管理办法》，对集团公司境外资金管理做出纲领性要求，明确工作原则和职能分工，对账户管理、资金集中、资金收付、融资管理等作出规定。三级制度为分内容管理的各项管理办法、实施细则、指导意见、通知等，具体包括境外账户管理类、境外资金集中管理类、境外现金流量管理类和境外融资管理类。

2. 持续推进自身规章制度内控体系建设

从无到有建立健全自身规章制度内控体系，以各部门主要职责定位为基础，按专业特点建立资金管理、财务与风险管理、金融市场管理及综合行政管理等现行有效的规章制度95 项，汇总印有年度规章制度汇编。在开展新业务之前，严格按照“内控优先，制度先行”的原则，先定机制后执行，特别是在首次开展以套期保值为目的的金融衍生业务前，研究机制、细化操作细则、严格业务限制，在确保满足国资委、集团公司等各级内控要求后方与合资格交易对手开展业务。每年开展内控评价工作，根据内控评价结果并结合经营业务发展需求进行规章制度清理，据此汇总印发年度规章制度“废改立”工作计划清单，持续推进自身规章制度内控体系建设。

（二）精细化的风险管控

“精”，是华电海资按照国际金融企业标准对风险管理的精细化要求，其面临的主要风险是金融风险，具体表现为信用风险、流动性风险、市场风险及操作风险等，风险事件一旦发生，将涉及较大金额，或将影响中国华电的国际声誉，需实施较为精细的管控，不应放过任何细小隐患。

风险管控，是贯穿企业经营发展各环节的基础要求，也是迎接挑战和机遇的安全保障。华电海资始终坚持“风险中性”的管控理念，以稳健、审慎为基调，不断提升风险管控能力，不断完善风险偏好传导机制，保证企业风险偏好、风险容忍度和风险限额与经营目标有效衔接。

1. 在防范信用风险方面

严格执行《授信业务管理办法》《流动资金贷款业务操作规程》《贷后管理办法》等信贷制度，规范授信业务、贷款业务流程，加强贷后检查，保障贷款本息安全回收。授信业务实行双人双查双签，在客户信用评级、授信额度核定、尽调审查及贷后管理等过程中，严格由信贷经办人员和审查人员同时开展；在合同签署时严格执行《合同管理办法》，长期聘用京港两地法律顾问，重点是对合同相对方的主体资格审查和资信调查要求，对重大业务合同进行法律审核，防范合同违约风险。

2. 在防范流动性风险方面

严格执行《现金流量预算管理办法》《境外大额资金审核监管办法》，按照“事前申报、事中控制、事后监督”的原则，对境外成员单位国际业务经营活动、投资活动、筹资活动、现金流动及结存等情况进行动态监督，规范大额及重要资金支付管理，对境外现金流量进行预算管控，规范资金结算，强化流动性风险管控，保证项目资金规划合理、运营资金正常周转。同时密切国际金融合作，加大境外低成本授信储备力度，科学制定授信额度使用、接续方案，提高金融服务效率，与18家银行累计签订短期授信储备超过23亿美元，有效保障集团公司境外流动性需求。

3. 在防范市场风险方面

严格执行《资金运作管理制度》《限定性资金运作管理办法》《债务融资管理办法》等制度，明确资金运作项目发起、决策、执行、境外债券融资、增信措施、金融衍生业务等业务管理要求。同时牢固树立“风险中性”的管理理念，建立健全金融衍生业务制度体系，与6家国际金融机构签署ISDA（国际掉期与衍生工具协会）协议，加大金融衍生业务交易额度的储备力度，着重防范利率、汇率波动风险。重点跟进国际基准市场利率改革进展，结合LIBOR（伦敦同业拆借利率）退场时间表，及时编制系列分析报告并提出应对建议，在做好自有融资协议利率转换的同时，协助集团公司开展挂钩合约排查，防范合规与利率敞口风险。

4. 在防范操作风险方面

严格执行《境外账户内部审批管理流程》《境外资金集中管理操作办法》《现金管理办法》，明确境外账户开立、变更及日常监控，境外账户入网，资金归集、备付、监控等方面的管理要求。通过分析流动性比例、外汇总敞口比例、净利差等指标状态及变化情况，发布风险指标监测报告进行风险提示，使企业风险识别管控机制不断完善健全。

（三）特色化的文化氛围

“特”，是华电海资作为驻港企业的特色需求，其既有本地市场化聘用员工又有集团公司内部委派员工，建立一套既符合香港本地法律规定又满足中央企业合规要求、既适用于本地市场化员工又适用于集团公司内部委派员工的内控风险合规体系是其特色化需求。

合规文化，是营造合规经营环境的重要手段，也是全面推进依法治企的基础工程。华电海资坚持以集团公司文化为主，推动合规文化深植于心灵、融汇于战略、内化于制度、外化于行动，凝聚企业可持续发展的文化软实力。

1. 打造合规文化阵地

在北京及香港合适的场所以横幅、标语等形式展示合规规范要求，发挥各类媒介在合规文化建设中的载体作用，使合规文化成为企业文化密不可分的一部分，并不断加大合规文化宣贯力度。

2. 加强合规文化教育

通过组织开展多种形式的专业教育，加强“双法系”合规培训，开展与经营业务密切相关的《宪法》《民法典》等常用境内法律法规及《香港基本法》《放债人条例》等境外法律法规的培训，聘请专业机构开展国际金融市场形势、境外投资管理等宣讲，增强全体员工合法经营的规矩意识，提高依法依规经营的能力水平。

3. 建设合规文化团队

领导干部带头践行和宣讲合规管理规范，组织全体员工签署合规承诺书，引导全体员工从他律走向自律，自觉实践合规文化、恪守员工守则，自觉维护集团公司和企业自身利益，把外在的职业道德规范转化为内在的职业道德情感，培育出一支专业素质强、文化素质高、诚实守信、忠诚尽责的员工队伍。

（四）新颖化的合规体系

“新”，是华电海资作为成立不久的境外年轻企业打造新颖化合规体系的内生需求，以创新性和先进性引领企业高质量发展。

合规体系，是法治央企的重要建设内容，也是企业可持续发展的必然选择。华电海资针对境外复杂多变的国际金融环境，稳中求进、合规经营，结合集团公司国际业务布局，打造全新的合规管理体系。

1. “二横三纵”的合规依据

基于驻港央企境外企业财资中心的特殊定位，将合规依据分为“二横三纵”（如表2-1所示）。“二横”，包括外法和内规，外法分法律、行政法规、部门规章、规范性文件、行业自律准则五层；内规分公司章程细则、集团公司规章制度、企业自身规章制度。“三纵”，包括中国内地、中国香港、其他国别（地区）方面的法律政策。

表 2-1 “二横三纵”合规依据

<table>
<tr><th colspan="2">合规依据</th><th>中国内地</th><th>中国香港</th><th>其他国别（地区）</th></tr>
<tr><td rowspan="5">外法</td><td>法律</td><td rowspan="5">《宪法》《民法典》《证券法》《劳动法》等</td><td rowspan="5">《公司条例》《放债人条例》《雇佣条例》《税务规则》等</td><td rowspan="5">英国法、美国法、印度尼西亚法、越南法等</td></tr>
<tr><td>行政法规</td></tr>
<tr><td>部门规章</td></tr>
<tr><td>规范性文件</td></tr>
<tr><td>行业自律准则</td></tr>
<tr><td colspan="2" rowspan="3">内规</td><td colspan="3">公司章程细则</td></tr>
<tr><td colspan="3">集团公司规章制度</td></tr>
<tr><td colspan="3">企业自身规章制度</td></tr>
</table>

2. “五位一体”的归口管理

立足香港实体化运作，充分发挥言商言政桥头堡作用，不断优化法人治理结构，在董事常态化驻港工作的机制基础上，将财务、法律、内控、合规、风险五个职能纳入一个部门统筹管理，实现“五位一体”的归口管理，有力促进业财融合、业法融合、业规融合，强化合规集中审查，大大提高合规管控效率。

3. 内控合规风险的一体建设

在原有《内部控制指引》《风险控制委员会议事规则》等制度体系有效运行的基础上，制定印发《内控合规风险管理办法》《内部控制评价管理办法》《风险指标监测与预警办法（修订）》等制度，编制印发《风险评估与内控合规评价手册》《内控合规风险管理手册》，初步建成以《内控合规风险管理办法》为统领、以操作手册为支撑、以专项制度为重点的“1+N+X”内控合规风险一体化管控体系，为实现企业高质量发展和构建一流能源企业财资中心奠定坚实基础。

三、“专精特新”合规管理体系建设的成效

华电海资自成立以来，“专精特新”合规管理体系从无到有，逐步建立健全，有力保障企业持续健康发展。四年来，资产总额已增长至 120.83 亿元（截至 2022 年 6 月底数据，以下同），境外账户入网率由成立初期的

14.51%提升至72.18%，授信规模也由成立初期的0.6亿美元增至23.2亿美元，在境外资金集中管理、国际金融服务及企业经营发展等方面行稳致远。

（一）境外资金集中管理持续深化

资金作为集团公司主要经营要素，其集约化管控有利于防控财经风险并大大提高资金使用效率，境外资金集中管理更是财政部、国务院国资委近年来对中央企业要求管控的重点领域。华电海资肩负着集团公司境外资金集中管理的重要职能，通过不断实践探索，逐步对集团公司成员单位境外银行账户、资金及境外债券融资进行了统筹集中管理。

1. 境外账户资金集中管理手段不断健全

华电海资成立初期依托中银香港等香港本地银行，搭建物理资金池以实现集团公司成员单位银行账户可视及资金归集，该简易模式很快达到管理瓶颈，近一半境外银行账户无法实现账户入网。随着内控合规体系的不断建立健全，通过加入SWIFT（Society for World wide Interbank Financial Telecommunication，环球银行金融电信协会）会员并上线SCOPE（移动数据业务运营支撑系统）系统实现成员单位非物理资金池接口银行账户的入网，开辟境外资金集中管理2.0版。SWIFT SCOPE系统界面如图2-1所示。2022年初，正式启动集团公司境外资金集中管理3.0版的建设。

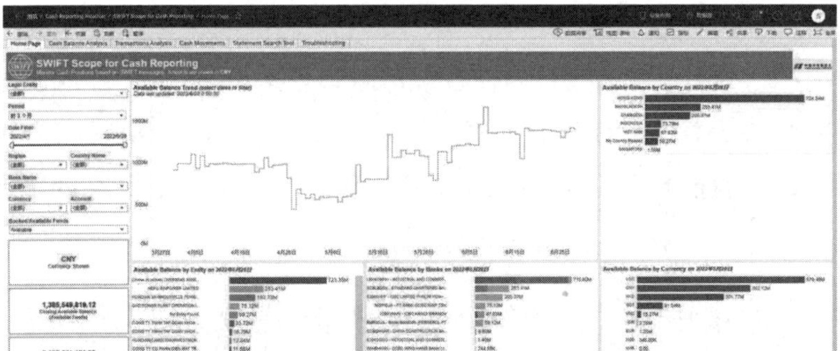

图2-1　SWIFT SCOPE系统界面示意图

2. 境外债券融资集中管控机制不断完善

中国华电自 2018 年登陆境外债券资本市场以来，以总部担保模式已累计募集 16 亿美元债券资金，华电海资全程参与各次债券资金募集。随着管控机制的不断健全，已辅助集团公司实现境外债券融资集中统筹管理，制定境外债券融资管理制度，明确境外债券融资管控流程、职责分工、风险管理等要求，形成以集团公司总部为统筹主体、中国华电财务（香港）有限公司为管理平台、中国华电海外发展有限公司为发行主体、华电海资为受托管理及执行主体的具有华电特色的境外债券管控体系，该体系实现集团公司境外金融资源集约化管控，统一信息披露、统一投资者维护、统一兑付管理、统一资金池管理，有效防控金融风险并提升境外债券募集资金使用效率。

（二）国际金融服务水平稳步提升

国际金融形势瞬息万变，在世纪疫情及百年未有之大变局加速演化的背景下，华电海资充分研判复杂严峻的金融形势，国际金融服务水平稳步提升，人才队伍不断充实，努力为集团公司及成员单位提供优质高效的国际金融服务。

1. 打通集团公司本外币跨境资金池

华电海资充分发挥境外融资平台作用，会同境内财务公司和成员单位实施内外联动，积极争取业务准入资质，把握跨境资金运作有利窗口期，2019 年先后打通人民币跨境资金池和外币跨境资金池，已累计开展跨境资金融通折合 112 亿元。通过建立跨境资金通道，推动实现集团公司成员单位离、在岸资金优化配置，提升了资金使用效率，建立了与集团公司高质量发展相适应的跨境资金通道。

2. 创新境外债券募集资金配置手段

为提升境外债券募集资金使用效率，华电海资发挥集团内部投资银行职能，深入研究债券募集资金配置手段，2020 年创新采用可赎回优先股模式进行境外债券募集资金配置，已累计为成员企业提供可赎回优先股权益资金 9 亿美元，满足成员企业降杠杆、优财报等多元化需求。

3. 国际代收支助力福新高效私有化

华电海资充分发挥境外资金管理平台作用，作为福新 H 股私有化项目境外资金代理收支主体，有效提升项目备付资金收益、规避汇率波动风险、保障项目代付资金衔接安全，配合集团公司高效完成福新 H 股私有化专项工作。通过把握有利窗口期，实现备付资金收益超过 600 万元、为吸收主体节约财务费用超过 2000 万元、协助集团公司节约汇兑成本超过 2 亿元人民币。

（三）企业经营发展保持稳健规范

合规管理体系的不断健全完善必定带来企业持续健康的经营发展，四年来，华电海资稳中求进、依法合规经营，加大风险监控执行力度，未发生较大金融风险事件，未发生损害企业及集团公司品牌形象的声誉风险，未发生资金链断裂事件，不良贷款率和不良资产率始终为 0。

1. 资金运作持续规范

华电海资建立健全资金协调会议机制，对自有资金、归集资金、债券募集及回收资金、境外授信储备资金等进行分类运作，存款运作及融资借款实施询价、比价，通过债券资金池和物理资金池的协调联动，在兼顾流动性、效益性和安全性的原则下，规范稳妥地开展现金及限定性资金运作，有效提升境外资金集中管控效益。

2. 财税筹划持续创效

华电海资严格执行香港税收法规，自成立以来连续（2018—2021 年度）取得印尼和中国香港的居民身份证明书；克服中国香港社会动荡及新冠疫情影响，取得合资格企业财资中心 8.25% 所得税税率的优惠政策，并通过香港税务局 2018—2020 年度所得税纳税申报复审；日常强化跨境业务预扣税基础信息收集，依法合规实施年度所得税汇算清缴预扣税应抵尽抵。通过业财融合，合法合规开展财税筹划，年均节约所得税费用超过 1200 万元。

3. 依法治企持续深化

华电海资坚持以习近平新时代中国特色社会主义思想为指导，深入学习习近平法治思想，紧紧围绕企业战略推进法治建设，制定印发《“十四五”时期法治建设实施方案》，明确构建起党支部顶层谋划、主要领导总体负责、总法律顾问直接领导、法律管理机构组织推动、各部门协同配合的法治建设责任体系，全面推进依法治企，促进企业合规管理。

第三节　国家能源集团国际发展有限公司

企业简介：国家能源集团国际发展有限公司（以下简称“国际公司”）于2020年10月12日在中国香港注册成立。国际公司作为国家能源集团直接管理的国际化投资平台，围绕集团公司国际化发展战略，重点布局海外新区域，开拓新市场，承担集团公司在境外的重大战略性项目，开展境外项目开发、股权收购，以及煤炭、天然气等国际能源贸易等业务，扩大国家能源集团在海外市场的品牌效应，加快创建世界一流示范企业。

一、合规管理体系建设的背景

合规管理是对外投资企业行稳致远的关键，也是创建世界一流示范企业的必要条件。新冠肺炎疫情加剧国际局势变革，国际政治、经济环境更加复杂，贸易保护主义、单边主义抬头，部分国家左右翼势力更迭，国际经贸规则重塑已成为全球经济秩序变革的突出体现。公司国际化发展战略正面临全球产业链改变、主要经济体发展分化、传统全球化瓶颈、潜在债务危机、金融市场不稳定、地缘政治及俄乌冲突等一系列复杂环境，境外投资风险防范压力进一步加大，合规经营的重要性也进一步凸显。

“工欲善其事，必先利其器。”2022年，国际公司深入落实国务院国资委及国家能源集团关于“合规管理强化年”的部署要求，不断加强合规管理体系建设，完善合规管理体制机制，建强法治合规管理队伍，同时立足公司国际化发展需要，在境外合规管理方面做了多方面探索。此外，国际公司利用相关业务领域合署办公及联合党支部的优势，着力推进法治、内控、审计、合规、纪检相辅相成、相互制约，为构建“大合规”管理体系奠定了坚实的基础。

二、合规管理体系建设的做法

（一）做实基础工作，高标准开展合规体系建设

1. 搭建框架体系，明确权责划分

建立法律与审计部牵头管理，公司各部门专项负责的合规管理工作机制，出台《合规管理体系建设工作方案》与《合规管理规定（试行）》，完成合规管理顶层设计，搭建合规管理体系框架，明确各主体在推进合规管理体系建设中的权责，形成了关键合规风险信息法律、审计、纪检通报机制，有效整合资源，着力构建分工负责、高效协同的合规管理格局。

2. 健全制度体系，加强责任落实

开展制度建设“回头看”工作，并根据“回头看”情况，组织开展制度“立改废”工作，进一步优化完善制度体系；密切关注国内外相关立法动态和集团公司制度的更新优化，及时将法律法规、监管规定及上级单位管理要求内化为公司内部管理要求。

3. 优化流程管理，强化制度刚性

为了防止发生有制度无执行或者制度执行不规范的问题，组织相关部门全面梳理了公司各层级权限、组织架构与境外投资战略布局，就公司现有管理模式、授权事项等开展针对性研究，初步形成了《内部授权及权责指引手册》，让各项流程都在制度的框架下运行，确保各项工作有据可依，有章可循。

4. 加强协同配合，做实事后监督

不断强化纪检监察、审计等部门的监督责任，加强相关部门在境外项目、财务资金、物资采购、招投标等重点领域监督检查中的协同配合与信息共享，定期开展联合监督检查，对发现的问题及时督促有关部门或所属单位立行立改，对违法违规造成损失的按照规定严肃追责问责，共同筑牢合规管理的“最后一道防线”。

（二）聚焦主责主业，将合规理念融入境外项目与境外所属单位管理体系

1. 加强对境外所属单位注册信息的管理与维护

由于国际公司所属各级境外公司（以下简称“境外所属单位”）涉及中国香港、俄罗斯、塞浦路斯及美国等多地，除确保各主体不违反注册地的法律规范外，还需警惕因违反当地监管机构合规管理规定而可能遭受的处罚。基于此，公司定期对境外所属单位的注册、年检、财务、税务等需定期申报的合规信息进行梳理、更新，防范潜在监管风险，确保各境外所属单位在合规的框架下运行。

2. 促进境外项目筛评规范化

综合考虑项目研究、开发、建设、运维、退出整个生命周期，自主研发境外项目立项研究评分系统。该系统涵盖了项目开发过程中需要关注的三个方面的关键因素及其项下的近20项指标，其中包含对多项合规风险的考量，不仅为项目开发人员快速筛评前期项目信息提供了指引，更加强了对项目合规风险的初步排查，迈出了项目评价定量化、规范化、体系化、科学化初步探索的第一步。

3. 建立境外项目法治合规沟通联络制度

定期召开境外项目法治合规沟通联络会，传达公司法治合规相关部署要求，指导境外子公司在东道国依法合规经营；及时掌握境外项目管理运营与法治建设情况，分享境外公司法治合规管理的经验，对境外项目合规风险事项进行研判，拟定风险应对预案，必要时组建专项工作组，推动境内合规风险防范机制向境外延伸。

4. 健全境外安全、环保管理

印发《员工境外安全手册》（以下简称《手册》），《手册》涵盖中国领事保护、公共卫生与健康、灾害防控、社会安全等内容，为境外基层一线员工提升安全意识、解决安全隐患提供了重要指引；探索建立国际通行的HSE管理模式，并初步完成了《HSE管理体系建设方案大纲》报告编

写，为安全管理实现科学化、体系化奠定坚实基础；开展境外项目应急演练，完善应急预案，组织境外安全风险防范培训；密切关注俄乌局势变化，重点保障驻俄员工安全。

5. 开展对境外重点国家、重点领域法律环境前瞻性研究

加强对投资目标国国家安全审查、数据安全、知识产权、反垄断等规则的分析研判，做好对相关风险的超前预防、全程管控；及时对西方国家经济制裁措施、突发疫情、地域冲突、社会事件等因素可能对在建项目造成的影响进行分析，全面排查项目风险，制定应对预案。

（三）紧盯重点领域，强化对经济合同的合规性审查及全过程管理

1. 加强各部门之间的衔接与配合

加强招标采购、合同管理、财务收付等部门之间的衔接与配合，畅通各部门间信息互联与共享渠道，实现经济合同从招标到履行终结的全过程管理。

2. 将合规性审查嵌入合同审批流程

敦促合规管理专项部门落实本业务领域合规管理责任，从本专业法律法规、标准规则、监管规定及集团制度等角度，加强对本业务领域经济合同的合规性审查。

3. 借助“外脑”加强合规审查

引入外部多法域、精准分工法律顾问团队，借力“外脑”强化对经济合同所涉各法域合规风险的精准排查，构建外部法律顾问初审及内部法律机构复阅的“双保险”合同审核机制。

4. 加强对合同相对方的信用调查与资信评估

编制《相对方资质审查指引》，指导合同承办部门在签署经济合同前充分掌握合同相对方的合法身份、信用情况以及资信情况，消除信息不对称，有效识别、防范商业伙伴风险。

5. 定期开展合同履行评估工作

每年对上一年度经济合同履行、变更、法律纠纷情况进行梳理、评估，并结合审计发现问题及时规范合同履行行为，形成对合同履行情况的动态管理机制，严控合同履行风险。

（四）强化管理提升，发挥合规工作对公司改革发展的支撑保障作用

以对标一流为手段，在对国家电力投资集团有限公司等企业的先进管理模式进行研究的基础上，探索建立以全面风险管理为目标，法律管理、风险管理、合规管理、内部控制、审计监督、纪检监察协同运作的管理模式，进一步明晰“大合规”体系界面，剔除职责交叉、重叠、冗余的工作，把系统防控风险融入业务实施全过程，实现法治合规管理方面的新突破，为本单位深化改革与高质量发展提供有力保障。

（五）培育合规文化，营造全员“主动合规”的良好氛围

1. 分级分层开展合规培训，力争做到重点突出、全员覆盖

将合规专项培训纳入公司年度培训计划，分类组织领导干部、重点领域、高风险岗位人员及基层一线人员、境外派驻人员、新入职员工合规培训；在线上学习平台增设“合规经营”模块，丰富合规培训手段，鼓励各层级员工利用碎片化时间进行合规知识学习，进一步促进合规理念深入人心。

2. 让全员重视合规、践行合规的理念深入人心

组织公司及所属单位全员签署《合规承诺书》，积极践行合规承诺，并将签署合规承诺作为新入职员工的“必修课”；向全体员工发放《国家能源集团诚信合规手册》，让员工进一步明确合规管理基本要求和行为规范，打造全员重视合规、践行合规的浓厚氛围。

三、合规管理体系建设的成效

（一）制度流程不断优化，合规理念深入人心

在健全合规管理体系的同时促进了各项制度、流程的优化完善与规范

运行，逐步实现了制度管人，流程管事，员工从“被动控制”到“主动合规”，合规理念深入人心。

（二）国际化经营能力稳步提升，境外合规风险得到有效防范

截至目前，国际公司境外所属单位均按照项目驻在国法律法规进行运营，未发生违法违规相关情况，也未发生涉外法律纠纷。各合规管理专项部门守土有责，严格落实本业务领域合规管理要求，保障境外项目的开发、管理与运营均在合规的框架下运行，不断推动合规管理向境外所属单位延伸。

第四节　国能粤电台山发电有限公司

企业简介：国能粤电台山发电有限公司（以下简称“国能台山电厂”）隶属国家能源集团广东公司，成立于2001年，注册资本46.695亿元，位于广东省台山市，总装机容量512万千瓦，是中国装机第四大、全球装机第十大燃煤发电厂。该厂坚持以质量效益为中心，努力打造安全高效、生态文明的一流电力企业，取得较好的经营业绩，实现国有资产的保值增值。截至2021年底，累计发电3448.75亿度、创造产值1312.34亿元，是广东省重要能源保障单位。

国能台山电厂将合规文化纳入企业总体文化建设范畴，坚持合规从高层做起，坚持全面合规、全员合规，坚持合规创造价值，坚持合规保障安全，大力倡导并践行《国家能源集团诚信合规手册》，营造较好的诚信合规氛围，积累有益的合规文化建设实践经验。

一、合规管理体系建设的背景

（一）外在监管要求必须开展合规文化建设

合规管理以及合规文化理念最初从西方发达国家传入，从传统的劳动用工、环境保护、财务税收、安全生产合规，到反贿赂、反腐败、反垄断、出口管制与经济制裁、数据与隐私保护等专项合规，逐渐形成合规管理体系。2003 年中国加入 WTO 后，合规管理建设明显加速：2006 年出台《商业银行合规风险管理指引》，2016 年中国移动等五家央企开始试点企业合规管理，2017 年出台国标 GB/T 35770《合规管理体系指南》（已修订）。中兴、华为事件让国内企业重新审视海外合规问题。2018 年被誉为中国央企合规元年，当年 11 月出台《指引》，央企系统开展合规管理体系建设。2020 年以来，最高人民检察院推动“合规不批捕”“合规不起诉”“合规从宽量刑建议”等合规不起诉制度，带动中小民营企业参与合规管理的热情。健全企业合规管理体系，建设企业合规文化，有效防控合规风险，是护航企业长远发展的必然要求。

（二）企业的内在力量驱动合规文化建设

经过 20 余年实践，国能台山电厂已形成一套较为完备、行之有效的生产、运营、管理体系，被列入国家能源集团第一批创一流示范标杆项目名单。不合规的文化容易导致不合规的行为，存在审计违规风险，也容易引发法律纠纷案件。为贯彻落实国家“四个革命、一个合作”能源安全新战略、“双碳”战略目标任务以及国家能源集团“一个目标、三型五化、七个一流”发展战略，创一流的内在需求也要求该厂抓实开展合规文化建设，稳妥推进法治合规建设取得实效。

二、合规管理体系建设的做法

（一）党委重视，合规从高层抓起

国能台山电厂党委高度重视合规文化建设，深刻认识到抓好合规文化建设工作是加强合规管理工作的一项重要内容，对促使全厂干部职工依法合规按章办事、加快推进创建世界一流电力示范企业具有重要意义。在企业章程中，该厂明确董事会、监事会、经理层在推进法治合规管理中的职责。该厂出台合规管理办法，成立合规管理委员会，负责组织领导和统筹协调公司合规管理工作，自上而下推动合规管理建设。该厂党委定期开展党委中心组集中学法、学规章制度，将合规文化建设的重要内容纳入党委中心组定期专题学法内容，不断提升企业领导人员合规意识，带头依法依规开展经营管理活动。

（二）健全企业的“规”，丰富合规文化内容

企业合规管理文化建设需要结合本行业特点、本单位实际业务，制定科学合理的、完善的法律法规、标准规范、规章制度以及合规操作流程，制定可供具体岗位人员使用的合规政策、行为手册和操作指引。该厂合规管理制度中明确合规中的“规”包括法律法规、监管规定、行业准则、国际条约和规则、商业惯例、公司章程、上级单位及公司的规章制度等。

国能台山电厂定期跟踪、分析与企业经营管理活动相关的立法动态，并结合企业业务以合规管理风险提示单等形式提示相关部门重点关注。定期更新企业常用法律法规数据库，按照业务板块、专业岗位进行细化分类，为快速查找法规条文提供便利。截至 2022 年 5 月，该厂数据库收录 1 部宪法，123 部法律，139 部行政法规、1 部监察法规、67 部广东省地方性法规，245 部国务院部委规章，17 部广东省、市政府规章，379 部各级政府规范性文件，以及党内法规、行业规定、团体规定等，共 1097 部法律法规数据，为合规管理提供全面的法律法规依据。

立足电力、能源管理所需的工程建设、安全生产、环境保护、技术管理等方面，该厂建立企业常用电力标准规范数据库。标准数据库收录国际标准、国家标准、广东省地方标准、行业标准、中电联标准以及包括国家能源集团企业标准在内的 4598 部标准规范，并提供部分标准的电子文本、纸质文本。

该厂持续完善以公司章程为纲的规章制度体系，开展制度执行后的评价工作，定期发布有效制度、废止制度 2 个清单，按照管理体系梳理内在逻辑关系，汇编成册。同时将《指引》和专项合规指南以及国家能源集团《火电板块业务合规指引》《通用法律禁止性、强制性规范指引》等纳入企业合规文化建设重要内容。

（三）完善合规文化的队伍建设，健全组织工作网络

现代企业的合规管理已从传统意义上的单一企业法务领域，扩大到企业专项合规部门、法律合规部门以及内部审计、党内纪检巡察监督的“三道防线”共同发力的大合规领域，单凭某一个部门不足以保障合规管理行稳致远。该厂完善总法律顾问制度，推行公司律师制度，设立法律合规部、内控审计部，优化合规管理职责分工，筑牢合规管理“三道防线”。同时，充分发挥专兼职合规管理岗位作用，着力完善合规文化建设暨企业、部门（车间）、班组三级普法队伍建设，实现合规文化建设与法治宣传教育工作深入部门（车间）、班组，实现覆盖全员的工作网络。

（四）创新合规文化建设的载体、方式

强化合规文化阵地建设。该厂设立常态化党员教育活动室、廉政教育活动室、普法教育活动室，在职工书屋设法律类图书书架，上架千余册法律法规书籍、国家行业标准。在办公楼、食堂设置播放法治合规宣传的电视、电子屏，厂内“法治合规文化长廊”做到每季度切换宣传主题，让职工随处遇“法”，营造浓厚的合规文化氛围。

注重与当地普法办加强联系。该厂结合政府普法责任清单，借助政府部门进企业开展法治宣传教育等途径，补强职工公民守法类、政府执法类守法合规短板。

在解决企业法律纠纷案件的过程中，该厂明确要求案件发生部门的负责人、业务管理直接责任人参加法庭旁听，现场观摩法庭审判活动，近距离感受法律的神圣与尊严。

签署《合规承诺书》，进一步推动“依法合规、诚信守约、忠诚敬业”的合规理念入脑入心。在国家能源集团《诚信合规手册》发布后，该厂第一时间组织全体干部职工以“线上＋线下”、集中学习、合规宣示等方式学习宣贯《诚信合规手册》内容，企业领导班子带头、全体职工签署《合规承诺书》，对遵守合规要求、履行合规义务作出郑重承诺。组织中层及以上管理人员集中开展认同合规理念、践行合规文化、履行合规责任、坚持合规从业的诚信合规宣誓，引导全体干部职工“树立正确的发展观和业绩关，不合规的事情不做，不合规的效益不求”，将诚信合规准则融入生产经营管理各个领域、各个环节，将具体要求落实到岗位日常业务工作中。

（五）开展年度合规性评价，纠偏合规管理

每年的8月至10月，该厂以法律法规数据库、强制性标准规范以及规章制度要求为依据，对生产经营管理所涉及的法律法规、强制性标准规范等相关要求的遵守执行情况进行识别及评审；分别从规章制度合规性、企业拥有的证照表合规性和企业业务遵守法律法规、强制性标准三个方面，评价本单位遵守、执行法律法规和上级单位规章制度情况，通过发现问题列出专项整改计划，进一步提升企业合规管理能力，持续推进合规体系建设，促进企业依法合规运营。

三、合规管理体系建设的成效

（一）诚信文化成果

2021年该厂被评为“广东省守合同重信用企业”。

该厂“十年树木、百年树人，诚信文化助力创建世界一流电力示范企业”“能源保供二十载，践行国资央企责任”案例，分别获商业信用中心（国务院国资委下属事业单位）2020年度、2021年度“全国优秀诚信企业案例”。

该厂积极参与电力行业信用建设，2021年通过中国电力联合会信用电力AAA级（最高级）公示。

（二）守法合规成果

2019年，该厂荣获国家能源集团党组“先进基层党组织”。2021年，该厂荣获广东省委“先进基层党组织”、国家能源集团“人才培养基地”“安全生产十周年以上优秀单位”。

2016年，因宣贯实施安全健康环保法规及文化建设工作突出，该厂被评为“广东省安全文化建设示范企业”。2017年，被评为“全国安全文化建设示范企业”。因组织全员参加全国安全生产和职业健康法律知识竞赛工作突出，2016年度、2017年度、2018年度连续获得全国“安康杯”优秀组织单位，2019年度获全国“安康杯”最佳组织单位。2020年4月，

该厂被广东省普法办等六部门共同评为“广东省法治文化建设示范企业”，10月荣获第六届“全国文明单位”。

第五节　中国葛洲坝集团国际工程有限公司

企业简介：中国葛洲坝集团国际工程有限公司（以下简称“国际公司”）是世界500强中国能建核心成员企业——中国葛洲坝集团有限公司（以下简称“葛洲坝集团”）的全资子公司。作为中国能建“一体两翼”海外优先发展体系的重要“一翼”，定位于“大履约、优布局、强市场”，形成了工程承包、海外投资“双轮驱动”业务格局。工程承包以水利水电、非电为主，兼顾电网、新能源领域，正全面开创国际业务高质量可持续发展新征程。

一、合规管理体系建设的背景

（一）强化合规管理体系建设顺应全球合规管理新趋势

一方面，中国企业在全球面临的合规风险明显增大，企业强化合规管理迫在眉睫。以美国为代表的发达国家凭借其经济实力继续挥舞制裁大棒，对伊朗、俄罗斯、中国等国家施加压力，我国多名个人和多个实体被列入制裁名单。此外，厄瓜多尔、阿根廷等国也在国内掀起反腐败、合规运动，波及中国公司。以世界银行为代表的金融机构不断加强合规监管，多家中国企业被列入黑名单，被禁止投标相关项目。

另一方面，国际合规管理的思路已从关注事后处罚转变为注重事前预防，对企业合规管理提出更高要求。按照《世界银行诚信合规指南》的要求，只要企业建立并运行有效的合规体系，就有可能获得解除或免除制裁等宽大处理。

（二）强化合规管理体系建设符合法治央企建设新形势

伴随法治央企建设，境内合规监管日趋严格，“走出去”企业合规管理情况备受关注，强化合规管理体系建设是题中应有之义。2021 年国务院国资委印发的《关于进一步深化法治央企建设的意见》明确规定，中央企业要着力健全合规管理体系，并特别强调要加大涉外机构合规管理力度。为进一步推动中央企业建立健全合规管理体系，国务院国资委将 2022 年确定为“合规管理强化年”，要求各中央企业通过一年的时间努力突破合规管理体系建设中的重点难点问题，并将“突出抓好境外合规”作为重点任务。

二、合规管理体系建设的做法

国际公司坚持“四位一体”统筹推进法律、合规、内控和风险管理工作，建立符合公司国际业务实际的大合规管理体系。

（一）搭好合规管理组织架构

国际公司搭建好“全员参与、各负其责、分级分类、形成合力”的合规管理组织架构和协同机制，坚持“风控合规管理是一把手工程”，构建由国际公司法定代表人牵头，以总法律顾问为核心，以合规与风险（内控）管理委员会为决策支持机构，法务与合规部归口管理，其他本部职能部门及所属单位分工负责的管理体制和工作机制。

（二）建好合规管理制度机制

国际公司通过建设合法、合规、合理的管理制度，奠定并夯实了合规管理基础。一是编制发布了诚信合规、合同、法务、风险、内控等专项制度，顶层设计公司合规管理体系，全面规范公司合规管理工作机制。二是在其他管理和业务制度中有机嵌入合规控制措施，实现合规管理对管理和业务的全覆盖，固化合规管理运行机制。

（三）立好合规管理运行机制

国际公司通过一个合规审查机制、四个合规重点事项、六大合规管理支撑，建立好合规管理运行机制。

1. 一个合规审查机制

国际公司高度重视风险事前防范工作，将合规审查嵌入企业经营管理的重要环节，努力做到应审尽审。

一是构建上下联动的合规审查机制。根据“业务谁主管，合规谁负责”的合规管理原则，围绕合规管理的重点领域、关键环节，结合所属各单位的职能定位和管理职责，编制《合规审查责任清单》，将合规审查程序有机嵌入业务管理制度和流程。法务与合规部开展综合性合规审查，对其他单位的合规性审查意见进行复核，并督促和监督其他单位履行合规审查责任。

二是建立全面的诚信合规审查机制。除法律三项审核和重要业务事项专项合规风险评估外，还将招投标文件评审、供应商入库信用审查、合作伙伴合规审查、员工诚信合规审查以及社招人员诚信合规审查等纳入合规审查机制，全面防范各类合规风险。

2. 四个合规重点事项

国际公司高度关注企业经营中的重点领域和关键环节的合规管理，努力识别关键业务和岗位风险内容、严格规范境外中介机构的使用、重视合作伙伴的合规管理、加强海外机构负责人授权管理。

一是识别关键业务和岗位合规风险。编制发布《员工合规行为规范》《合规负面清单》等规范性文件，全面梳理国家法律法规、国际惯例和行业的禁止性要求，明确禁止性规定，为公司的生产经营划定底线和红线。

二是严格规范中介使用。规范中介机构启用、咨询协议审批等主要程序，编制中介服务协议模板，明确反腐败和诚信合规要求。

三是严格合作伙伴合规管理。通过合同合规条款、尽职调查、合规承诺、合规培训等各种方式方法提高商业合作伙伴的合规意识，有效隔离第三方合规风险。

四是加强海外机构负责人授权管理。围绕海外机构负责人管理权限和职责，严格审核授权书内容，不定期排查授权管理风险。

3. 六大合规管理支撑

国际公司综合运用合同范本库，法律合规专题研究，召开合规（风险）会议，利用外部法律的专业力量，开展合规风险排查、评估与管理以及合规文化建设六大手段支撑合规管理体系有效运行。

一是建立并规范合同范本库。组织编写并推广涉及 EPC/PDB 合同、战略合作协议等几十种常用合同范本，并将合规条款、合规承诺、尽职调查等相关合规管理要求纳入合同条款。同时针对范本编制法律评审要点及使用指引，有效降低合同违法违规风险。

二是开展法律合规专题研究。重点围绕公司业务范围、商业模式和经营管理实际情况，针对涉及的内外部合规监管政策，尤其是国际组织、美国等制裁风险加强跟踪、分析和研究，编制印发《合规速递》，促进全员及时熟悉、掌握合规政策最新变化，为加强合规风险识别夯实基础。

三是定期召开合规（风险）会议。通过召开月度合规（风险）例会、季度和年度合规与风险（内控）管理委员会会议的方式，分阶段分析公司风险、合规管理现状，跟踪重大风险管控进展。

四是充分利用外部法律风控专业力量。除聘请常年法律顾问为公司日常提供法律服务外，还在全球60多个分支机构聘请当地法务人员或聘用当地律师事务所，保证项目法律顾问制度全面落地。

五是开展合规风险排查、评估与管理。持续监测公司及所属单位的信用状况，将相关信用信息详细登记在案。不定期组织开展境外合规经营风险排查，及时发现和整改合规隐患和问题，不断完善合规管理机制和流程，并将合规风险纳入年度评估范围。

六是开展合规管理文化建设。通过签署诚信合规承诺书、制度宣贯、法治企业建设、风险管理、合规研究、合规专项培训、合规知识竞赛等活动全面推进公司合规文化建设，营造合规氛围，提高全体员工特别是重点岗位员工的合规意识，不断提升公司治理水平。

（四）用好合规管理保障机制

国际公司充分发挥合规专项监督和“大监督”作用，强化违规考核，保障公司合规管理要求落在实处。

1. 专项合规监督检查

基于公司经营和业务实际，围绕合规风险易发领域环节，按年度排查海外合规经营风险，针对“三个不得、十个严禁”贯彻落实情况、合规负面清单执行落实情况、信用体系建设和开展情况、中介机构使用与管理、印章使用与保管、授权管理等开展专项监督检查，严格落实整改措施，堵塞合规管理漏洞，确保合规管理举措落到实处。

2. 开展内部信用评价和合规考核

一是开展内部信用评价。依据所属各单位报送的违法违规信息统计表，合规管理部门协同内控部，对各单位的诚信合规情况进行考核，如有失信行为，将进行内部责任制扣分。

二是开展员工诚信合规行为奖惩。定期或不定期更新员工诚信合规信息，识别、评估和防范诚信合规风险，并将考核结果与干部任免、薪酬待遇、奖先评优挂钩。

3. 开展“大监督”体系建设

构建党委统一领导、纪委统筹协调、党政齐抓共管、部门联动协同、职工群众积极参与，核心监督、职能监督和群众监督“三位一体”的“大监督”体系。通过有效整合监督资源，充分发挥合规和法律在监督检查中的重要作用，深度参与项目巡查、项目审计、责任审计等工作，发挥协同监督功能，有力保障公司合法合规、高质量发展。

三、合规管理体系建设的成效

自合规管理体系建设工作开展以来，国际公司上下高度重视，精心组织，认真部署，取得了较好成效。

一是有效杜绝颠覆性合规事件。以合规管理为抓手，国际公司紧盯国际政治经济形势和重点领域、重点环节，管好重点人员，加强法律合规风险排查，督促依法合规经营，守住了不出现颠覆性风险和违法违规行为的底线和红线。

二是有效化解重大风险，提升公司经营质效。以大合规管理体系为基础，国际公司持续推进国际业务法律风险排查和纠纷案件处置，妥善处置科威特南穆特拉基础设施项目保函纠纷、安哥拉凯凯水电站项目联合体协议纠纷等案件，主动出击，维护公司合法权益，案件处置取得了良好效果，避免了重大损失。

三是有效提升公司依法治企理念和能力。国际公司按照“事前防范和事中控制为主，事后救济和善后处理为辅”的原则统筹推进法律、合规、内控、风险“四位一体”协同运作，将风险防控机制深度融入公司治理，持续推动公司治理体系和能力的现代化。

四是有效增强企业合规意识。通过法治、合规宣传教育，国际公司形成了“人人合规、事事合规、时时合规”的理念，使尊法守法、合规成为广大员工“外化于行、内化于心”的自觉行动，合规文化培育取得了实质成效。

当前国际政治经济形势复杂多变，各项风险挑战明显增多，“走出去”企业迫切需要提升精准把握国际规则和有效防范国际市场风险的能力。国际公司将继续积极贯彻落实国家“走出去”战略，在抢抓“一带一路”建设进入高质量可持续发展新阶段和国际产能合作的重大历史机遇过程中，时刻紧绷合规之弦，以“合规管理强化年”为契机，不断强化合规管理体系建设，护航国际业务高质量可持续发展。

第六节　湖北能源集团股份有限公司

企业简介：湖北能源集团股份有限公司（以下简称“湖北能源”）为中国三峡集团控股的二级子公司，是湖北省最大的电力能源企业，已形成水电、火电、核电、新能源、天然气、煤炭和金融等“6＋1”业务板块，建成了鄂西水电和鄂东火电两大电力能源基地，构建了全省煤炭和天然气供应保障网络。截至目前，湖北能源已投产发电装机容量1183.66万千瓦，年营业收入230亿元，年利润30亿元，资产总额754亿元，资产负债率50.2%，是湖北省规模最大、资产最优、效益最好的电力能源企业。

一、合规管理体系建设的背景

秘鲁查格亚水电站项目由巴西Odebrecht公司投资兴建，水电站总装机容量45.6万千瓦，为目前秘鲁第三大装机规模的水电站，在秘鲁电网有着重要影响。2016年9月投入商业运行，2019年4月25日由湖北能源收购。

秘鲁与中国在法律制度、商业惯例及语言文化等方面存在显著差异。此外，秘鲁电力市场高度市场化，秘鲁查格亚水电站所处的市场环境、管理体系与国内水电站也有着诸多不同，而且员工还深受巴西企业文化影响。在湖北能源接管时，巴西 Odebrecht 公司正深陷系列腐败案丑闻。以上因素给湖北能源开展后续管理整合带来严峻挑战。

为彻底消除巴西 Odebrecht 公司腐败案丑闻给秘鲁查格亚水电站项目公众形象带来的负面影响，同时为实现高效对接国内管控，在无成熟经验可借鉴参考的情况下，湖北能源将合规管理体系建设作为海外资产运营的重要突破口，进行了本土化制度建设、信息化数字赋能、跨文化管理、合规人才队伍培养等一系列探索，建立健全长效管控机制，确保项目管理依法合规。

二、合规管理体系建设的做法

（一）制度先行，构建秘鲁特色管理体系

结合项目实际，湖北能源指导秘鲁查格亚水电站项目制定编写《董事会议事规则》《董事会授权管理制度》《组织机构与职责手册》等企业治理相关制度，并突出公司章程作为企业根本法的牵引作用。

为规范管理，以质量、环境、职业健康安全管理体系贯标为抓手，选定国际知名咨询公司指导修编各项管理制度，湖北能源派驻管理人员加入，将国内制度文件要求有机融入秘鲁查格亚水电站项目各项规章制度中，并监督贯彻执行，确保秘鲁查格亚水电站项目在环境保护、安全生产、职业健康、产品质量等方面全面合规；同时，以质量、环境、职业健康安全管理体系认证为契机，健全制度，优化流程，厚植合规管理根基。截至2022年6月，先后制定和发布了250多项制度，涵盖人资、财务、职业健康安全、社区管理、采购、电力营销与监管、法务等各个方面。另外，通过系统地开展质量、环境、职业健康安全管理体系培训，秘鲁当地员工合规意识显著提升。

（二）重视合规，织牢织密防控审查网络

湖北能源十分重视合规管理，已颁布实施《合规管理规定》。针对秘鲁查格亚水电站项目没有法律合规人员的情况，湖北能源特批增设法律合规岗，招聘一名熟悉国内外事务及法律法规的合规官，有力提高合规风险预警的及时性、准确性，确保合规要求能够在项目一线得到有效贯彻执行。同时，对秘鲁查格亚项目重大合规事项提级管理，湖北能源企管与法务部直接参与、指导合规工作。

在合规官组织下，委托第三方律所系统梳理秘鲁查格亚水电站项目需要遵守的秘鲁法律法规，将法律法规逐条转化为合规义务，明确各个业务领域的合规底线及违规后果；同时，建设开发法律法规查询系统，将合法合规性审查强制嵌入，实现 IT 硬控制，有效防范法律风险。

另外，在国际知名咨询公司的指导下，根据秘鲁第 30424 号反腐败反贿赂法律要求，于 2021 年 9 月启动反腐合规体系建设，当前此项工作正按计划持续推进。反腐合规体系建设完成之后，后续计划按照 ISO 37001 反贿赂管理体系认证要求开展相关认证工作。

结合项目实际，秘鲁查格亚水电站项目制定发布了《防利益冲突政策》，每名员工已签署承诺书。

（三）信息创新，开发建设高效数字化平台

湖北能源高度重视秘鲁查格亚水电站项目信息化建设，指导开发建设 ERP 管理系统，系统包括财务与会计、成本与预算管理、采购与合同、人力资源管理、运维管理、物资管理、档案管理等功能模块。为避免在日常业务流程上发生不合规事件，秘鲁查格亚水电站项目以此系统作为管理的平台，将各项业务流程在系统中予以固化，确保所有日常业务活动均按照既定流程执行。该管理系统的成功开发与运用，实现了秘鲁查格亚水电站项目的业务标准化和信息化“两化”融合，大幅提升了项目的管理水平。

出于管控需要，对于秘鲁查格亚水电站项目报送的当地员工相关个人数据和信息，湖北能源与之签订数据跨境协议，确保不发生违反秘鲁个人数据保护法之类的事件。

（四）中外交融，试点跨文化管理新举措

针对秘鲁查格亚水电站项目特点，湖北能源对其实行属地化管理，除总经理和财务、技术、合规负责人等关键岗位由中方人员担任外，其他管理层均为本地人员。

为最大限度降低跨国经营中的价值观冲突，确保所有活动符合秘鲁当地法律法规、行业标准和商业惯例，湖北能源积极响应国家对外政策，对接三峡集团企业文化建设要求，做好跨文化管理和文化融合的探索与实践。一方面重大事项决策充分听取本地管理层建议，日常经营事项由当地员工负责完成；另一方面结合秘鲁法律法规要求和行业先进经验，先后编制发布《员工手册》《行为准则》，明确员工行为规范，从法律和道德两个方面为员工提供日常工作行为指导，并将企业使命、企业精神等文化内涵与针对秘鲁当地员工特点的管理规范相融合，固化为既差异于国内，也不同于当地其他企业的制度规范。通过上述举措，逐步形成了秘鲁查格亚水电站项目独具特色、创新性的企业文化。

（五）人才培育，打造高水平海外合规队伍

鉴于秘鲁与中国在法律制度、商业惯例、语言文化以及电力市场等方面存在的显著差异，为全面提升秘鲁查格亚水电站项目合规管理水平，打造一支高水平的海外合规队伍就显得尤为迫切。

为此，湖北能源积极组织外派员工参加国务院国资委、中国三峡集团等上级单位举办的各类合规系列讲座与培训，引导外派员工树立依法依规、守法诚信的价值观，筑牢合规经营的思想基础。同时，还对外派人员开展合规背景调查，并将合规培训合格作为外派人员上岗的前置条件，强化外派员工合规意识及合规义务的履行，切实提升外派人员的履职能力。

自接管以来，秘鲁查格亚水电站项目未发生因外派员工行为失当而导致的不合规事件。

（六）投身 ESG，提升中国三峡品牌形象

湖北能源十分珍惜中国三峡品牌形象，指导秘鲁查格亚水电站项目重组架构，增强可持续发展力量，专司负责 ESG 事务。秘鲁查格亚水电站项

目先后已颁布环境管理政策，建立环境督察委员会，积极履行环评报告义务；成立社区居民咨询与投诉中心，建立与社区沟通联络机制，主动履行社会责任。

2020 年 3 月秘鲁发生新冠肺炎疫情后，湖北能源及时科学地编制疫情防控方案和查格亚水电站生产运营方案，为秘鲁社会疫情防控和企业复工复产提供强大清洁电能，助力秘鲁经济复苏，受到当地监管机构的高度评价，为中国企业赢得了声誉。2020 年 12 月 17 日，中国三峡集团在京举办秘鲁查格亚水电站“云开放日”活动，以“绿色水电 守护美好生活”为主题，介绍秘鲁查格亚水电站奉献清洁能源、融入当地社区、保护生态环境、促进共融共通的行动。2020 年 12 月底前后，人民日报、新华社等中央媒体先后以“管好一个水电站 营造一方新生态”和“秘鲁小小鱼塘 见证中拉情深”为题，高度赞扬秘鲁查格亚水电站在履行社会责任、保护流域生态环境和促进社区民生发展方面所做的工作。

三、合规管理体系建设的成效

自接管以来，湖北能源依法依规持续推进项目管理融合，实现与国内管控高效对接，境外法律诉讼案件大幅减少，企业效益稳步提升。具体表现在以下方面。

一是构建“有法可依、执法必严、违法必究”的局面，通过建章立制，实现依法依规治企有章可循。

二是法律诉讼案件大幅减少，并圆满解决秘鲁查格亚水电站项目与秘鲁电力公司购售电协议（PPA）仲裁案。该仲裁案件的胜诉为秘鲁查格亚水电站项目挽回直接经济损失约 845 万美元。此外，本次仲裁裁定的发电量考核方式将适用于整个 PPA 协议期，根据内部测算，在 PPA 协议期内此次仲裁胜诉将为秘鲁查格亚水电站项目避免电费损失 8820 万美元。

三是接管当年便实现扭亏为盈，且效益逐年上升。截至 2022 年 6 月 30 日，累计实现利润总额 1. 31 亿美元。

后续湖北能源将逐步强化“法律、合规、内控、风控”四位一体的管理理念，继续严格执行国务院国资委、商务部和集团公司等制度规定，指导秘鲁查格亚水电站项目按期完成反腐败、反贿赂体系的建设与认证，为境外项目行稳致远保驾护航。另外，湖北能源也将按照确定的管理方案对秘鲁查格亚水电站项目实施管理，督促秘鲁查格亚水电站项目严格遵守秘鲁法律法规，主动接受秘鲁行业主管部门和机构监管，避免因不合规事件而遭受秘鲁执法机构指控。

第七节　中国广核能源国际控股有限公司

企业简介：中国广核能源国际控股有限公司（以下简称“能源国际”）作为中国广核集团（以下简称“中广核”）全资子公司，承担着中广核境外清洁能源项目投资经营的使命，业务遍布 15 个国家和地区，总装机容量达 1400 万千瓦，是国家全面对外开放的排头兵，是中广核“走出去”战略的践行者。在复杂的国际形势以及日趋严格的境外监管环境下，面对不同的法系，230 余个不同的法人主体，千差万别的属地政治环境要求、劳工标准、风俗习惯、宗教信仰，以及来自美国的“长臂管辖”等风险和挑战，能源国际积极践行习近平法治思想，运用法治思维，通过国际通用的法律语言，加强境外合规管理，积极应对挑战、防范化解境外企业经营过程中的重大风险，坚决维护境外国有资产安全。

一、对标国际合规管理理念，树立中广核境外“廉洁品牌”

能源国际通过调研分析，借鉴国际合规管理经验，拟定了“把廉洁风险防控与‘合规管理’有机结合，建立适应国际规则的合法合规和廉洁风险防控体系”的总体工作思路。在总体思路的指引下，能源国际明确了合法合规和廉洁风险防控工作的总体目标，即对标国际 ISO 19600 合规管理体系指南和 ISO 37001 国际反贿赂体系指南要求，按照“2018 年搭建体系机制—2019 年系统识别风险和培育文化—2020 年成熟运作”的三年规划，建立适应国际规则的合法合规和廉洁风险防控管理体系，形成健康有序、诚信透明的合法合规生态。

通过对标 ISO 37001 国际反贿赂管理体系，对公司管理制度和程序流程进行全面审视，编制发布《反贿赂管理体系手册》，对公司反贿赂方针、目标、实现路径、重点领域管理要求进行了全面梳理；根据国际反贿赂标准，从 7 个方面 25 类反贿赂关键点入手，有效落实财务管理、商务管理、人力资源管理等关键领域的反贿赂控制措施，将反贿赂要求融入公司管理制度和流程，2021 年度顺利通过内部评审和外部机构的两次评审，取得经国家权威机构认可、国际社会公认的反贿赂管理体系认证证书，有效提升了公司国际化经营的公信力，为境外投融资、国际项目招投标提供了有力保障；根据认证要求开展年度"认证后监督"，持续动态全面审视公司制度程序，按国际标准和规则把廉洁要求嵌入公司制度流程，用制度防范廉洁风险；加强重点领域合规管理，按照境外投资并购的 12 个关键节点，识别分析 77 条廉洁合规风险，发布《能源国际境外投资并购全流程合规风险清单》，为境外项目投资提供风险指导。图 2－2 为能源国际通过 ISO 37001：2016 反贿赂管理体系认证的证书。

SIST

反贿赂管理体系ISO 37001:2016
认证证书

中国广核能源国际控股有限公司
统一社会信用代码：1413789
注册地址：香港湾仔港湾道25号海港中心15楼 邮编：999077
审核地址：香港湾仔港湾道25号海港中心15楼 邮编：999077
深圳市福田区深南大道2002号中广核大厦北楼20层 邮编：518038

建立的反贿赂管理体系符合标准：ISO 37001:2016

公司经营范围内的境外非核清洁能源开发、投资和资产管理涉及的相关反贿赂管理活动

首次颁证日期：2021年08月02日
本次颁证日期：2021年08月02日
有效期至：2024年08月01日

深圳市标准技术研究院

SIST

Certificate of Registration
ANTI-BRIBERY MANAGEMENT SYSTEM- ISO 37001:2016

This is to certify that
CGN ENERGY INTERNATIONAL HOLD-INGS CO.,LIMITED
Unified social credit code: 1413789
Registered Address: 15/F HARBOUR CENTRE 25 HARBOUR ROAD WANCHAI HK 999077
Audited Address: 15/F HARBOUR CENTRE 25 HARBOUR ROAD WANCHAI HK 999077
20/F NORTH BUILDING OF CGN 2002 SHENNAN ROAD FUTIAN SHENZHEN 518038

Has been assessed and registered against the requirements of ISO 37001:2016 for the following scope:

Anti-bribery Management Activities Related to Overseas Non-nuclear Clean Energy Development, Investment and Asset Management within the Business Scope

Original Registration Date: August 02nd 2021
Latest Revision Date: August 02nd 2021
Expiry Date: August 01st 2024

Shenzhen Institute of Standards and Technology

图 2－2　能源国际通过 ISO 37001：2016 反贿赂管理体系认证

二、提高涉外法律斗争能力，防范化解重大合规风险

以习近平同志为核心的党中央提出要坚持统筹推进国内法治和涉外法治，有效应对挑战、防范风险，坚决维护国家主权、尊严和核心利益。能源国际坚持以党的科学理论为指导，持续强化境外业务法治建设，树立依法维权与敢于斗争的意识，提高涉外法律斗争能力，有效防范化解各类重大风险。能源国际下属的 K 公司是中国企业在 K 国最大的独立发电投资项目，总装机容量 210 万千瓦。自并购以来，该公司原负责人曾长期对抗股东依法行权，抗拒董事会领导，存在较大的“内部人控制”风险。

为切实维护境外资产安全，在中广核党委的坚强领导下，能源国际成立由总法律顾问为组长的专项工作组推进 K 公司专项合规治理工作。在工作推进过程中坚持用国际规则说话，靠法律规则行事，深入研究属地法律，细化行动路径，会同两国内外部律师准备各类法律文件 300 余份，夯实依法治理基础，做好法律风险应对；针对可能出现的肢体对抗、劳动诉讼、工会斗争、负面舆情等各种复杂状况，均制订了相应预案。

经过近一年的周密计划和 5 个月的艰苦斗争，工作组克服境外疫情持续高发以及属地劳动法律对雇用单位的强制约束等各种内外不利因素，在进驻 K 公司后迅速组织召开股东会，修订公司章程，依法依规取得治理管控权，创新优化公司治理结构，健全董事会结构，实现 K 公司“董书法”一肩挑，建齐配强董事会。依法稳妥解除与原公司负责人的劳动关系，选派关键人员进入管理层，稳定并重组属地高管团队，实现了对 K 公司的有效接管。该过程中电厂安全稳定运行，没有发生重大舆情事件。接管后能源国际在加强对 K 公司的治理管控的同时也加大了对该公司的支持力度，2021 年度经营业绩大幅增长，新项目开发也取得重大突破，有效地将治理成效转化成经营与发展成果。

三、强化境外公司治理能力，依法合规落实股东管控意志

在境外公司治理管控方面，能源国际始终坚持“两个一以贯之”，践行法治央企建设的要求，以公司章程为基础，以董事会与治理授权为抓

手，在遵守属地法律法规、尊重属地治理实践的基础上，推动中国特色现代企业制度建设依法合规向境外延伸。

一是坚持党的领导。作为在中国香港注册的国际化公司，能源国际在成立之初即把“公司党委研究作为董事会、经理层决策重大问题的前置程序”写进公司章程，确立了党委、董事会、经理层等各治理主体的地位与职责；同时，在严格落实境外党建“五不公开”要求的前提下，能源国际积极发挥境外党组织的政治核心作用，前置研究境外公司重大经营发展事项，有效将党的领导融入境外公司治理体系的各个环节，推进党委、境外党组织领导作用组织化、制度化、程序化，实现公司党组织领导与法人治理的有机统一。

二是落实提级管理要求。为加强境外子公司的治理与管控，根据国务院国资委的相关要求，能源国际对境外公司“三重一大”事项，通过对董事会议案进行前置审核把关的方式实行提级管理，有效落实股东意志，切实防范境外公司经营管理风险。

三是加强董事会运作。能源国际全面推进下属区域实体公司“董书法”改革，实现董事会“应建尽建”、董事“配齐建强”，并建立专职外部董事库拓宽境外公司董事来源渠道。在加强法人治理的同时，通过规范董事会运作，依法强化对下属境外公司的治理管控。

四是将法律顾问制度写进章程。能源国际在章程中明确总法律顾问由董事会聘任，并作为高级管理人员承担推进公司依法治理、合规经营的职责；通过章程确立总法律顾问列席有关董事会、党委会并发表法律意见的机制，确保充分发挥总法律顾问在公司经营管理过程中的法律审核把关、防范化解重大法律风险的作用。

四、强化涉外法律保障，提升合规管理能力

一是建立法律事务分中心，加强内部法律资源统筹。境外业务发展到哪里，法律事务分中心就设立到哪里，法律支持服务就延伸到哪里。能源国际培养选派精通属地语言的中方法律人员担任法律分中心负责人，通过总部与境外各法律分中心垂直职能管理与横向业务协调，统筹内部法律资

源，有效提高法律协同效应。

二是建立全球外部律师库，优化外部法律资源配置。根据境外公司业务特点与发展阶段，能源国际将全球业务范围内各个国家和地区的优质属地律师事务所，按其所专长领域，分门别类纳入公司律师库管理，并建立长期合作关系，以满足国际业务开展的法律需求，为不同法域、不同业务领域下的公司法治与合规工作提供坚实的外部法律资源保障。

三是坚持“以案促管、以管创效”，依法维权创造价值。能源国际针对境外纠纷案件的特点，逐步形成一套系统完备的管理体系与实施计划，并对重大境外纠纷案件实行提级管理，形成由总部法律顾问牵头、境外公司协同联动的案件应对机制，确保案件及时妥善解决。2021 年通过积极应诉、主动维权，累计避免或挽回经济损失超 13 亿元，为公司经营创造了价值。

目前我国经济已进入新发展阶段，在构建以国内大循环为主体、国内国际双循环相互促进的新发展格局的过程中，迫切需要运用法治方式推动建设更高水平的开放型经济新体制。国有企业在推进国际化业务过程中，应认真践行习近平法治思想，积极运用国际规则说话、按照法律规则行事，依法合规行权，积极应对境外业务管理挑战、防范化解境外企业经营过程中的重大合规风险，将国务院国资委有关境外资产的管理要求和股东管控意志依法合规延伸至境外，切实维护海外资产安全，促进国际业务持续健康发展。

第三章 中国企业“走出去”之进出口专项合规案例

中国企业在“走出去”的过程中经常遭遇域外执法机关的制裁，核心原因就是对进出口法律风险的防控力不足，因此，许多企业需要探索建立进出口专项合规管理体系。在这些企业中，核能行业企业所面临的制裁风险无疑是较高的，头部企业所探索建立的进出口合规管理制度体系也是极为严密的。本章选取两大具有央企背景、从事核进出口经营的企业，全面呈现其进出口专项合规的经验，以为存在相似风险的企业提供借鉴。

国核铀业发展有限责任公司是国家电力投资集团有限公司直管二级单位，负责集团核电厂的核燃料供应保障及核技术应用和核环保领域的产业发展。针对经营中的核心合规风险，其以“规则先行、风险导向、场景协同”为原则，搭建进出口专项合规管理体系。公司聚焦涉核进出口管制要素构建规则体系“三层架构”，围绕进出口管制业务场景具象化识别风险信号，将管控措施嵌入业务流程促进规则与场景融合，利用数字化管理工具创新开发受控实体筛查手段，构建了符合国内要求和国际标准的进出口合规管理制度。

上海核工程研究设计院股份有限公司由国家电力投资集团有限公司控股，具有全核岛研发、设计、采购、建造、调试等完整产业链。因核进出口业务的专业性较高，同时也面临着来自美国等地的较大制裁风险。在专项合规方面：一方面，公司及时跟踪、响应出口国政策变动，将核进出口相关的政策风险分析防控与经营管理实际相融合，针对具体潜在纠纷项目及时组建专项团队，因地制宜、因时制宜地制定应对措施；另一方面，积极借助外部专业力量，持续完善核进出口合规管理机制，保障核进出口工作依法合规开展，针对潜在的境外项目，提前布局，保障核能“走出去”依法合规。

第一节 国核铀业发展有限责任公司

企业简介：国核铀业发展有限责任公司（以下简称“国核铀业”）于2016年11月在北京市海淀区注册成立，是国家电力投资集团有限公司（以下简称“国家电投集团”）直管二级单位。国家电投集团是中央直接管理的特大型国有重要骨干企业，是我国五大发电集团之一，是全球最大的光伏发电企业。国核铀业作为国家电投集团在核能产业三大专业平台之一，负责集团核电厂的核燃料供应保障、核技术应用和核环保领域的产业发展，拥有辐射安全许可证、天然铀进口贸易资质及核材料许可证等专项资质，是我国三大天然铀专营企业之一。2020年以来，国核铀业坚持新发展理念，践行绿色创新融合、真信真干真诚的企业核心价值观，深化体制机制改革，坚定不移实施创新驱动发展战略，三大业务板块按照“十四五”规划目标有序推进，成功实现由单一的天然铀贸易公司向核能拓展平台的战略转型。

一、进出口合规建设的背景

（一）国际进出口管制监管态势日渐严峻

近年来，随着国际格局加速演进，国际上对合规要求日趋严格，国际贸易管制和经济制裁的重要性前所未有地展现。在商业风险与合规风险交织并存的今天，进出口管制相关的合规要求成为参与全球贸易的任何一家中国企业都无法忽视和规避的问题。对于涉外企业而言，一旦遭到进出口管制或经济制裁，可能导致某些关键材料、部件及技术无法及时按需获取，将极大地增加企业的贸易成本，影响企业供应链安全和可持续发展能力。

为有效应对新形势下国际贸易的风险与挑战，涉外企业需要加倍重视建立健全合规管理体系，在国际化经营过程中以不变应万变，以扎实的合规管理能力在纷繁复杂的国际竞争中行稳致远。

（二）贯彻落实党中央全面依法治国战略

党的十八大以来，以习近平同志为核心的党中央从坚持和发展中国特色社会主义全局和战略高度，定位法治、布局法治、厉行法治，提出全面依法治国新理念、新思想、新战略，把全面依法治国纳入"四个全面"战略布局，建设中国特色社会主义法治体系，建设社会主义法治国家，形成法治央企建设的根本遵循和行动指南。党的二十大报告在全面依法治国总体格局基本形成的基础上，对统筹推进"五位一体"总体布局、协调推进"四个全面"战略布局作出了新的战略部署。2021 年，国务院国资委印发《关于进一步深化法治央企建设的意见》（国资发法规规〔2021〕80 号）（以下简称《意见》），要求到 2025 年，中央企业着力健全五大法治工作体系，提升五大依法治企能力，使法治建设取得更大进展，部分企业率先达到世界一流水平，为企业深化改革、高质量发展提供更加有力的保障。《意见》鼓励中央企业"探索健全合规管理体系、提升涉外保障能力"等。

在全球化复杂趋势下，随着国内外合规要求越发严格，中央企业合规管理的意识逐渐提升，进出口管制合规已成为国核铀业全面落实法治央企建设的内在要求。

（三）积极践行国家"走出去"发展战略

当前，世界正处于大发展大变革大调整时期，我国经济发展面临的国际环境和国内条件都在发生复杂而深刻的变化。在我国积极推进开放型世界经济的建设过程中，越来越多的中国企业顺应经济全球化发展潮流，走出国门参与国际经济合作，为拉动世界经济增长做出重要贡献。面对百年未有之大变局，单边主义和贸易保护主义近年来不断抬头，合规经营成为中国企业“走出去”的必然选择。

习近平总书记在推进“一带一路”建设工作5周年座谈会上的重要讲话中指出，要规范企业投资经营行为，合法合规经营，注意保护环境，履行社会责任，成为共建“一带一路”的形象大使。在第二届“一带一路”国际合作高峰论坛开幕式上，习近平主席强调：“我们要努力实现高标准、惠民生、可持续目标，引入各方普遍支持的规则标准，推动企业在项目建设、运营、采购、招投标等环节按照普遍接受的国际规则标准进行，同时要尊重各国法律法规。”这为企业“走出去”时增强境外经营合规管理意识、提升境外经营合规管理水平提供了重要遵循，指明了前进方向。

国核铀业作为核电站燃料供应、铀资源投资开发的专业化平台，负责国家电投集团核电厂的核燃料供应保障、境外铀资源投资开发与专业管理、燃料循环后端及核设施退役管理等领域。进出口管制合规体系的建设是国核铀业走出国门、行稳致远的关键举措。

二、进出口合规建设的做法

为有效应对新形势下国际贸易的风险与挑战，国核铀业在党建联建共建机制引领和集团法商部指导下，着力打造进出口管制合规体系样板。在深入研究我国进出口合规工作实践和借鉴国际经验基础上，结合核能行业特点及企业管理实际，以“规则先行、风险导向、场景协同”为原则，构建了符合国有企业改革方向与使命担当、符合法治央企建设要求、符合国际进出口管制合规通行惯例、符合国家电投集团“2035一流战略”特征的国核铀业进出口管制合规体系，取得了积极成效和实践经验，推动企业涉外合规经营能力进一步提升。

（一）明确进出口管制合规管理组织职责，层层推进落实

国核铀业建立了由治理层、管理层和执行层构成的合规管理体系，如图3-1所示。国核铀业在其合规管理体系中明确了各主体相关的进出口管制合规职责，并搭建起治理层与执行层的进出口管制合规管理桥梁。

治理层负责体系建设，制定规则。国核铀业党总支充分发挥把方向、管大局、促落实的领导作用，推动进出口管制合规要求在企业得到严格遵

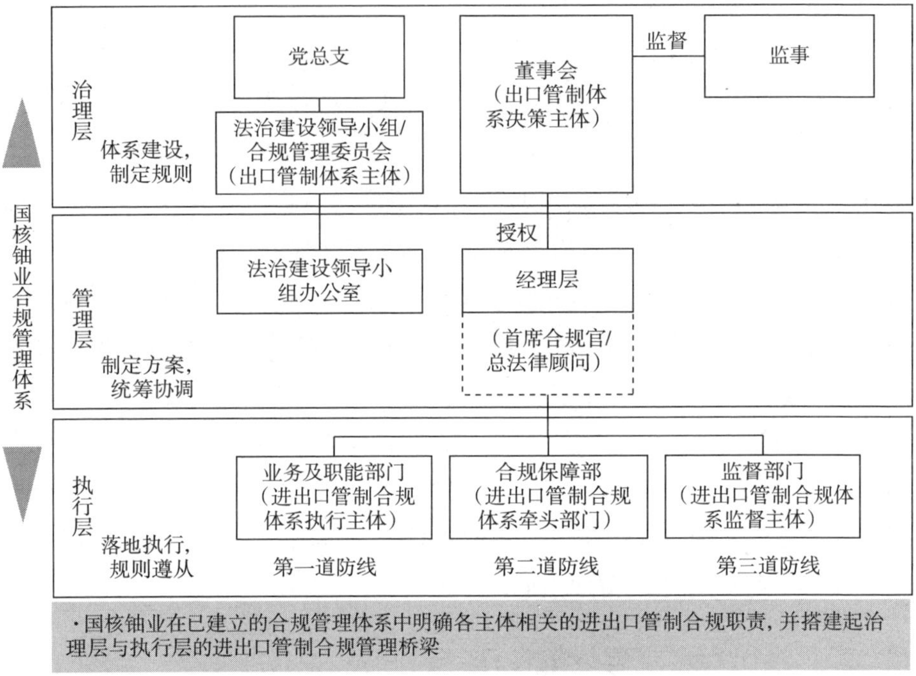

图 3－1　国核铀业合规管理体系

循和落实，不断提升依法合规经营管理水平。董事会发挥定战略、作决策、防风险作用，是进出口管制体系的决策主体。法治建设领导小组暨合规管理委员会是进出口管制体系主体，履行合规建设主体责任。

管理层负责制定方案，统筹协调。经理层切实履行谋经营、抓落实、强管理职能。本部及所属单位主要负责人要履行合规管理“第一责任人”职责，对合规管理亲自谋划、亲自部署、亲自推动，形成各司其职、齐抓共管的格局。法治建设领导小组办公室履行进出口管制合规管理的统筹协调职责，落实法治建设领导小组暨合规管理委员会的各项部署，定期召开会议，研究讨论进出口管制合规管理重点工作，向经理层提出意见和建议。

执行层负责落地执行，规则遵从。业务及职能部门是进出口管制合规体系的执行主体，负责日常相关工作，履行“第一道防线”职责；合规保障部是进出口管制合规体系的牵头部门，组织开展日常合规管理工作，履行“第二道防线”职责。审计、纪检等监督部门是进出口管制合规体系的监督主体，在职权范围内履行“第三道防线”职责。“三道防线”权责清晰，协同运作，共同组成了国核铀业进出口合规管理的防线系统，将合规管理贯穿于企业进出口业务经营管理。

（二）构建规则体系“三层架构”，兼具系统性及实操性

进出口管制合规管理办法属于规则第一层级，在规则体系中居于核心和最高地位，明确公司的合规目标和基本原则。进出口管制合规指引总册属于规则第二层级，提供业务开展所依据的进出口管制合规总则性指导，用以规范进出口管制合规管理行为或管理活动，提出进出口管制合规的整体要求。第三层级为业务场景分册 & 实操工具，是体系运行的支撑与保障，贴近于实际业务场景，涉及业务场景定义以及适用于具体场景的主体、国家、物项、用途的“四要素”风险矩阵图与记录保存要求等具体内容。国核铀业规则体系“三层架构”如图 3 –2 所示。

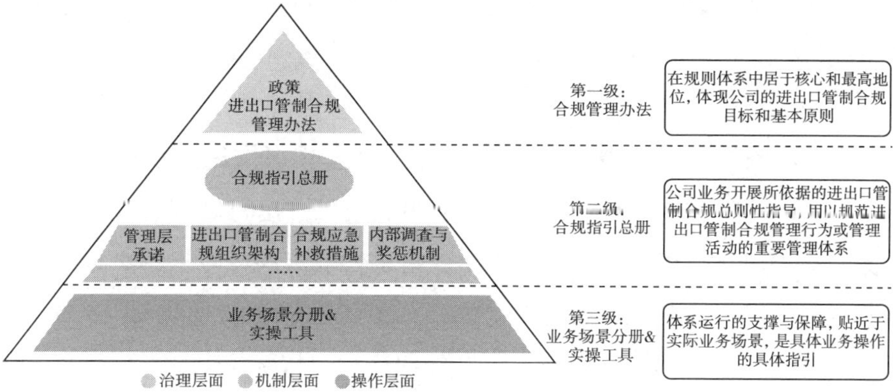

图 3 –2　国核铀业规则体系“三层架构”

（三）聚焦涉核进出口管制要素，形成进出口管制合规指引

《国核铀业进出口管制合规指引》（以下简称指引）是明确公司进出口管制合规工作机制的重要载体，是用以规范合规管理行为或管理活动的重要管理体系，以高层承诺声明、进出口管制合规组织架构、进出口管制合规基本原则、进出口业务审查机制、举报调查与奖惩机制等内容为核心模

块，提出进出口管制合规的整体要求。指引依据《商务部关于两用物项出口经营者建立出口管制内部合规机制的指导意见》（商务部公告2021年第10号）及其附件《两用物项出口管制内部合规指南》提出的出口管制内部合规机制九要素进行划分，分为拟定政策声明、建立组织机构、全面风险评估、确立审查程序、制定应急措施、开展教育培训、完善合规审计、保留资料档案等要素，并吸收国务院国资委相关合规管理指南、国防科工局《核进出口合规管理机制建设指南》，参照美国工业和安全局（BIS）发布的《出口合规指南——有效合规体系的要素》（ECP）、欧盟《双重用途贸易管制内部合规计划（ICP）指南》等相关要求进行编制。此外，建立进出口管制合规指引动态管理机制，进出口管制合规归口部门负责牵头对合规指引进行妥善维护，并根据进出口管制法律法规、外部形势和公司面临的进出口管制合规要求的变化，及时进行更新，及时将法律法规、监管规定和管理要求落实到制度和流程中。

通过合规指引在公司内部普及进出口管制法律法规、企业内部合规制度与相应的工作机制和工作方法，使公司上下能够利用合规指引及时了解并有效执行内部进出口管制合规机制，确保实际业务运转的合规性。

（四）围绕业务场景建立要素矩阵，具象化识别风险信号

一方面，创新性地将进出口管制业务场景同进出口管制合规风险构建联系，以进出口领域核心业务流程为脉络，将散落的风险点编织成线，将合规审查要求贯穿业务开展的全过程，凸显风险梳理“场景化”。另一方面，围绕“主体、国家、物项、用途”四要素，具象化识别合规风险，编制形成国核铀业进（出）口管制合规指引总册分册，梳理建立《业务场景出口管制要素矩阵》（如图3－3所示），识别出业务场景6大项、30余小项，涉及具体管控事项100余项。

（五）将合规管控措施嵌入业务流程，促进规则与场景融合

明确进出口管制合规遵从强制基线，确立合规审查程序，融入关键管控点。在具象化进出口管制合规风险识别的基础上，明确合规规则的出处与遵从基线，并根据不同监管体系要求，明确进出口管制业务场景下的合

以采购计划管理—采购计划编制为例

	主体	国家	物项	用途
关键流程控制环节	供应商是“受限制主体”	供应商位于、或其总部位于、或注册于或经营地位于“受制裁国家/地区”	不了解拟采购物项的出口管制信息 销售活动中涉及出口、再出口、转移（国内）时无必要的出口授权	物项最终用途涉及“受限制的最终用途”
供方评价	√	√	×	×
采购计划编制	√	√	×	×
采购计划的调整与补充（如需）	√	√	×	×
采购方式选择	×	×	×	×
采购方案编制	×	×	×	×
采购文件编制	×	×	×	×
采购项目的评审与批准	×	×	×	×

备注：“×”表示“不涉及”或“风险已由通用性或与采购计划管理活动有交集的其他领域进行管控”

业务风险

在采购计划编制阶段，需重点关注供应商在国家/地区、主体两个方面的合规风险，并关注采购计划制定的周密性和必要审批流程完整性，具体如下：

（1）未针对拟选定的供应商进行合规审查，不了解供应商的信息，如供应商是“受限制主体”，或位于、或其总部位于、或注册于或经营地位于“受制裁国家/地区”的主体，可能存在无法认证为合格供应商或存在违规交易的风险

（2）未制定核燃料采购计划或制定计划时考虑不周全，可能导致采购计划编制不合理、不准确，无法满足采购需求

…………

管控措施

（1）需求计划汇总。业务部门汇总各核能项目营运单位报备的核燃料年度和中长期需求计划，形成汇总计划并报核能专业管理部门备案，为编制采购、储备计划和预算提供依据

（2）唯一供应商审查（适用于单一来源采购）。接到采购需求后，初步匹配潜在供应商，若为单一潜在供应商，根据唯一潜在供应商审查表单的相关内容进行严格审查，并保留审查资料

（3）潜在供应商所在国家/地区审查。在制定采购计划时，业务部门应开展供应商审查，审核潜在供应商所在国/地区是否受到相关制裁或禁运，如果拟进口物项在其所属国属于被管制范围，应当特别注意制裁相关内容

…………

图 3－3　业务场景出口管制要素矩阵（示例）

规审查流程及重点，形成《业务场景出口管制合规审查流程及审查标准》，在业务流程中融入关键管控点，编制 20 余张具体环节的合规审查标准表单（如图 3－4 所示）以及合规审查流程图，并形成出口管制领域的合规风险清单、流程管控和岗位职责清单。

（六）依托数字化工具创新管理手段，提升合规筛查效率

为了提升进出口管制审查效率及质量，增强进出口管制要求的应用效果，使实体清单（Entity List）、未经核实清单（Unverified List）、军事最终用户清单（MEU List）等 12 张清单的 15000 余项筛查标准能够以更清晰、标准化、更具有结构性的方式呈现，国核铀业借助 Power Query、Power Pivot、Access 数据库等数字化工具，融合公司经营范围内管制物项的识别和筛查标准，研究开发了受控实体筛查工具，并支持业务人员按照管制对象国别、管制清单类别、管制对象名称、管制对象地址等维度进行模糊或精准查询，进一步提升筛查效率和精准度。国核铀业受控实体筛查工具如图 3－5 所示。

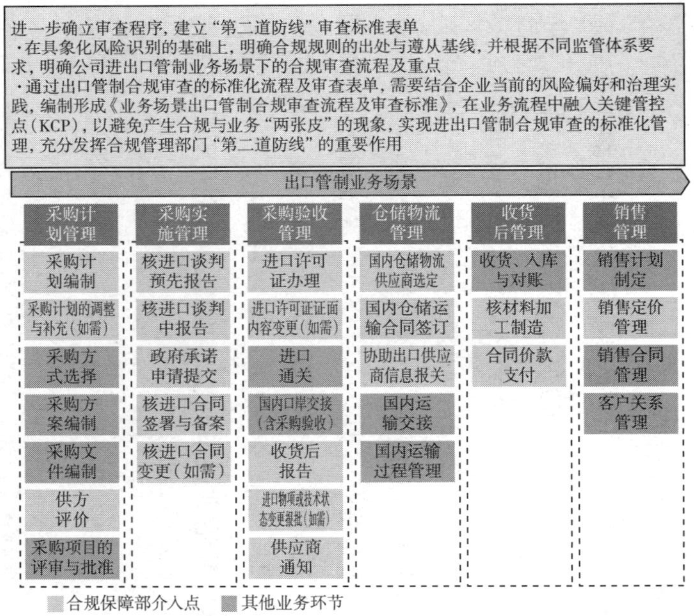

以销售计划制定环节出口管制合规审查标准表为例

节点	姓名	时间	审查标准	审查内容	审查情况	审查意见
K1/K2审查信息复核			一、审核交易物项是否属于受管制物项	1.审核交易物项在中国是否属于受管制物项，是否需要遵守中国的进出口管制要求 2.审核交易物项在其可能的来源国是否属于受管制物项，是否需要遵从物项来源国的出口管制要求	1.□是□否□不适用 2.□是□否□不适用	
			二、审核交易对象是否受到制裁或禁运	1.审核交易对象所在国或地区是否受到相关制裁或禁运 2.审核交易对象本身是否受到相关制裁或禁运	1.□是□否□不适用 2.□是□否□不适用	
			三、审核最终用户/用途信息的真实性和合规性	1.验证最终用户信息的真实性 2.验证最终用途信息的真实性 3.审核最终用户/用途是否被禁止或受到限制	1.□是□否□不适用 2.□是□否□不适用 3.□是□否□不适用	
			四、其他风险提示			

注：
1.审查意见：如“审查情况”栏填写“是”，请在“审查意见”栏填写审查发现问题描述；如“审查情况”栏填写“否”或“不适用”，请在“审查意见”栏填写具体情况说明。
2.其他风险提示：审查人员如发现该项业务流程可能存在其他风险，请在“其他风险提示”栏填写具体情况说明。

图 3－4　关键管控点审查标准表单（示例）

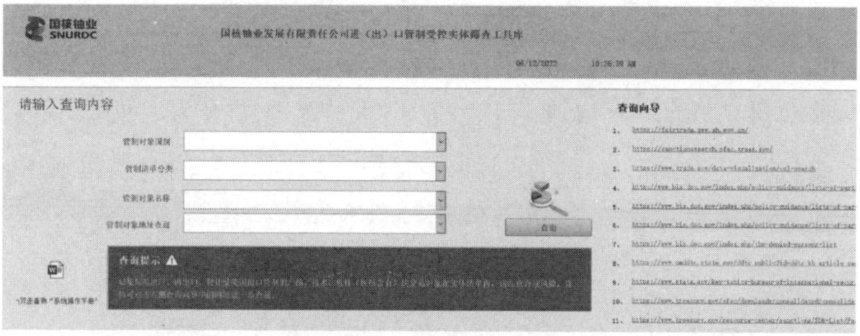

图 3－5　国核铀业受控实体筛查工具示意图

（七）建立合规风险应急保障机制，提升风险防控能力

建立进出口管制合规风险应急保障机制，定期跟踪国外重要国家或地区的进出口管制法律法规、相关清单的更新动向，提前研判风险并制定进出口管制紧急预案，如受到他国政府或国际组织的制裁，或发生可疑事项、违法行为或突发事件，应第一时间启动应急机制，采取有效的应对措施。

1. 内部自查

在处理应急管理事项时，应立即对应急事项所涉及的内容、理由、情况等进行内部调查，并成立专项调查小组，在调查后起草调查报告。

2. 同制裁方交涉

完成自查后，应组建应急工作团队，成员包括业务负责人、企业负责人、专业律师团队、谈判专家等，同制裁方进行交涉，就受制裁业务的相关情况进行说明，表明态度，提出正当合理的要求，以期尽早解除相关制裁措施。

3. 同外部相关方沟通

应急工作团队应保持与供应商等外部相关方的沟通，及时就单位合规情况向供应商等外部相关方发布信息、澄清事实、表明立场、争取外部相关方的理解和支持，维持与相关方之间的商业关系。

4. 补救措施

对于已经发现的潜在违规行为，应及时采取补救措施。补救措施的部署需要上下联动，公司管理层和进出口管制合规归口管理部门应高度重视，形成风险快报、决策和处理机制；业务部门应时刻警惕，发现风险后及时主动向进出口管制合规归口管理部门、管理层报告，必要情况下向集团公司或是国家进出口管制管理部门报告。同时，公司应及时采取相应的纠错措施，包括但不限于中止合同、停止发货、追回在途货物、完善内部合规制度等。

（八）宣扬进出口管制合规文化，提升员工合规意识

1. 定期组织签署合规倡议与合规承诺

公司内部公开发布高层合规倡议，要求全体董事、管理人员、员工都必须遵守所有可适用的出口管制和制裁法律法规以及本公司为确保进出口合规而颁布的政策和流程。实行全员承诺制，全体员工签署合规承诺书，承诺遵守与本职岗位有关的监管要求、道德要求及合规要求。年内出现新员工入职、岗位调动等情况时，相关人员应于相关手续办理完成后尽快完成合规承诺书的签署。

2. 建立进出口管制合规培训常态化机制

建立常态化的进出口管制合规培训机制，逐步将进出口管制合规培训作为重点人员任职、上岗的必备条件。每年年底组织制定下一年度培训计划，以便于参训人员及时了解公司进口物项、技术和服务、最终用途或最终用户的变化，以及外部监管要求的更新。

为保证培训的有效性，每次培训结束后，一方面组织参训人员签署培训结业证书，证明参训人员有责任并已理解培训课程所传授的信息；另一方面针对参训人员进行必要考核，对于考核连续多次不通过者将进行适当处罚。

三、进出口合规建设的成效

（一）进出口管控合规管理能力切实增强

进一步提升合规管理能力，尤其是进出口管制合规风险防控水平得到有效提升。通过系统性、科学性的合规管理体系建设，明晰进出口管制合

规管理规则，提高对特定领域的规则意识，弥补单一职能对业务合规风险的不足和遗漏。

（二）合规与业务的“双向赋能、双向增效”

基于全面合规管理体系优化，强化合法合规审查刚性约束，使重点领域合规风险管控第一时间响应“第一道防线”需求，实现合规与业务的“双向赋能、双向增效”，进一步提升了企业管理的质效。

（三）推动企业法治建设向纵深发展

科学规范、行之有效的合规管理体系是企业实现依法治企的基础和保障，将进一步促进企业依规依纪依法“走出去”，有效保障各项工作在法治轨道上平稳运行，为国际化业务持续稳健发展提供有力支撑和保障。

第二节　上海核工程研究设计院股份有限公司

企业简介：上海核工程研究设计院股份有限公司（以下简称“S 院”）始建于 1970 年 2 月 8 日，前身是“七二八工程研究设计院”，与中国核电同时起步，由国家电力投资集团有限公司（以下简称“国家电投”）控股。S 院是第三代先进核电技术 AP1000 引进消化吸收再创新的技术主体，是大型先进压水堆核电重大专项的牵头实施单位，是国内唯一具有全核岛（全结构、全系统、全主设备）研发、设计、采购、建造、调试等完整产业链的创新研发单位。

S 院具备工程设计核工业行业甲级、建筑行业甲级、民用核安全设备设计、工程咨询甲级资信等一系列资质，拥有一支核电专业领域高级专家和核心技术人才队伍。自成立以来，S 院累计获得国家科技进步奖特等奖，中国专利金、银奖等省部级及以上荣誉 788 项，形成知识产权成果 5924 项。

S 院已工程化型号包括国和系列国和一号、国产化 CAP1000 等，正在执行的核电总承包项目包括“国和一号”示范工程，三门 3、4 号机组工程，海阳3、4号机组工程，廉江一期工程等。此外，S院提供核能前期、在役核电站运维等方面的设计服务、设备集成以及科研支持等业务。

一、进出口合规建设的背景

作为国家电投控股的涉核单位，作为我国引进消化吸收第三代先进核电技术AP1000并在此基础上实现再创新的技术主体，S院的核进出口风险与合规管理工作，严格落实中央企业合规管理要求和充分借鉴有关主管部门的政策指南，不断完善重点领域的合规管理机制；同时，持续跟踪主要核出口国的管制政策，稳妥应对相关政策法律风险。

（一）国内合规管理要求

2020年3月，国家原子能机构国际合作司发布了《核进出口及对外核合作报告指南》和《核进出口合规管理机制建设指南》，两份指南的发布进一步推动了核进出口管理工作的规范化，有助于企事业单位更好地履行防核扩散的国际义务。

2021年12月，国务院国资委发布《关于进一步深化法治央企建设的意见》，提出着力构建世界一流企业的合规制度体系，助推企业高质量发展。同月，国务院国资委召开中央企业“合规管理强化年”工作部署会，强调中央企业必须把强化合规放到贯彻习近平法治思想的高度来认识，放到落实全面依法治国战略的全局来部署，放到保障企业高质量发展的层面来推动，力争通过一年时间推动企业合规管理工作再上新台阶。

2022年8月，为深入贯彻习近平法治思想，落实全面依法治国战略部署，深化法治央企建设，推动中央企业加强合规管理，切实防控风险，有力保障深化改革与高质量发展，国务院国资委发布了《中央企业合规管理办法》，对于中央企业进一步加强合规管理，提出规范化要求。

（二）美国核出口管制政策

民用核出口在为出口方带来经济利益的同时，有可能被进口方用于军事目的，而这可能不利于出口方的安全。因此，各国对核出口都进行管制，以保证本国获取经济利益的同时，避免或降低安全利益被破坏的可能。

决定国家核出口管制政策的关键因素有两个：安全因素与经济因素。安全因素与经济因素从两个不同方向作用于国家的核出口管制政策：安全威胁越大，国家越倾向于管制；经济利益越大，国家越倾向于出口。2017年12月，特朗普政府公布了其任期内首份《国家安全战略报告》，首次明确提出“经济安全就是国家安全”，并将中国视为“战略竞争对手”。在“经济安全就是国家安全”的理念下，美国政府以安全威胁为由加强核出口管制，实质是打压与美国企业有直接经济竞争的中方企业具有自主知识产权的三代核电技术，从而保护美国本土企业的竞争力。自2018年以来，整体而言，美国对中国核出口管制政策趋严。

在核电领域，“引进来”与“走出去”始终是核能企业实现跨越式发展的两条主线，而涉核技术、设备一直是各国进出口管制的重点。一旦核进出口合规出现问题，就可能引发“卡脖子”难题。

此情形下，如何应对国外的核出口政策风险，及时采取应对措施保障国内核电项目建设；如何落实国家相关部委的要求，依法合规地开展核进出口业务，建立风险应对长效机制，就成为值得迫切研究的课题。

二、进出口合规建设的做法

经过近年来的实践，S院初步形成了一套稳定运行、协同高效的核进出口风险与合规运行管理机制：一方面及时跟踪、响应出口国政策变动，将核进出口相关的政策风险分析防控与经营管理实际相融合，针对具体潜在纠纷项目及时组建专项团队，因地制宜、因时制宜地制定应对措施；另一方面，S院从实际需求出发，积极借助外部专业力量，持续完善核进出口合规管理机制，保障核进出口工作依法合规开展，针对潜在的境外项目，提前布局，保障核能“走出去”依法合规。

（一）及时跟踪研究分析政策风险

2018年以来，美国政府出台两份政策（以下统称为“新政”），加强了对中国的民用核出口管控。2018年10月，DOE核军工管理局（NNSA）发布《美国与中国民用核能合作的政策框架》，以防止美国民用核技术在中国被非法地转用于军事目的或其他未经许可的目的。2019 年 8 月，美国 BIS 宣布将我国核电行业四家实体列入“实体清单”，这将对《出口管理条例》管制物项的出口、再出口及国内转移施加额外的限制措施——取得 BIS 的许可，并且审核的原则均为“推定不予批准”（presumption of denial），即默认为不批准。

在知悉政策发布后，S 院组织对新政条款进行研究解读，分析其对相关核电项目的潜在风险。鉴于新政个别条款表述较为笼统，不是很清晰，S 院在自己组织分析研究的同时，也秉持“合作共赢”的理念与国内外合作伙伴保持积极联络，沟通各方对新政的条款理解，尽可能全面了解新政的影响范围、美国政府对相关政策条款的执法尺度。

（二）积极采取政策风险应对措施

S 院全面梳理从美国进口的设备与部件清单，包括相关设备与部件是否需要办理在 110 条款和 810 条款下[①]的出口许可情况、合同签订情况、出口许可办理情况、到货情况等详细信息。从清单中甄别出可能受政策影响的设备与部件清单，逐项分析潜在风险并研究应对方案。主要应对措施如下。

一是切实加强国产化研发，保障项目建设。技术引进在一定程度上可以缩短差距，降低技术改造的成本，提高经济发展的效率，但这种引进的手段毕竟是有限度的。民用三代核能技术的规模化应用，充分体现了国家经济竞争力。民用核能技术的发展和进步，在根本上只能立足于自力更生；设备国产化和技术自主研发，是最终解决核技术出口限制的关键。S 院持续采取措施，梳理可能受出口管制限制的设备与技术清单，针对技术上的短板，与国内供应商合作创新，持续加强国产化设备、材料研发；同

---

① 美国严格管控与核电及核燃料循环设施相关的数据、设备与技术的运用，联邦政府多个机构负责出口管控，每个机构都有其专门负责管控的技术或物项范围。核技术、物项出口管制的部门主要包括：美国能源部（DOE）通过执行美国联邦法规第 10 篇第 810 部分（以下简称“810 条款”），主要负责管控与核反应堆相关的信息、技术与服务支持的出口；美国核管会（NRC）通过执行美国联邦法规第 10 篇第 110 部分（以下简称“110 条款”），主要负责管控与核反应堆相关的设备、部件以及材料的出口。

时，也持续建立平等互利、多元化、多渠道的合作机制，降低核心技术对特定国家的依赖程度，在减少造价的同时，全面规避项目执行风险。

二是重视合同管理，防范涉外经营风险。有关核进出口的涉外合同，在合同生效前：商谈过程中，与境外供应商核实、确认是否需要办理核出口许可手续；及时督促出口方开展出口方政府的许可申请工作，并尽可能在合同生效前取得相应的出口许可；通过合同条款设置，将出口许可证作为重大支付节点的支付条件，以避免供应商无法办理出口许可，买方仍然需要依约履行支付义务的风险；合理约定不可抗力条款，确定核进出口政策风险在买卖双方的分配模式。

在合同生效后：执行过程中，与出口方沟通协作，密切跟踪许可证状态；密切关注技术流向控制，防止出现被出口国政府认为违法再出口的风险。总之，通过各种风险防范措施，确保企业核进出口活动在法律允许的框架下开展。

（三）妥善开展专项风险应对工作

在一起供货周期较长的进口设备采购合同项目执行过程中，因出口国政策变化，导致合同中部分进口设备受到影响，无法为原最终用户办理出口许可，为防范付款后无法按期收货的风险，中方暂停了合同项下款项的支付，最终导致外方提出合同索赔。对此，S 院及时组建包含商务、法律人员在内的专项工作团队，以应对潜在纠纷。一方面，积极协调外部资源研究适用法律，应对外方提出的商务法律纠纷，寻找有利于中方反索赔的法律依据，持续支持高层谈判、商务和解。另一方面，积极协调各利益相关方，研究解决方案，避免出口政策变化对项目实施产生的不利影响。

（四）健全核进出口合规管理机制

S 院结合自身经营实际情况，逐步建立健全核进出口合规管理机制，从而保障核进出口工作依法合规开展。S 院重点从以下几个方面开展工作。

1. 持续优化全面覆盖的体系文件

为规范核进出口管理工作，明确职责权限与工作流程，切实落实防核扩散责任，履行核进出口自律业务，S 院结合本单位核进出口的实际情况，持续优化合规管理制度，加强核进出口的规范化管理。S 院制定的管理规范，涵盖了核进口、核出口、对外核合作等，做到核进出口管理有据可依、有章可循。持续结合核进出口体系评估意见与实务经验反馈，持续完善体系文件，高度重视管理细节与制度执行力。

2. 持续优化多层高效的合规管理

为保障合规管理体系有效运行，在设置机构与明晰职责方面，S 院采取以下措施：

一是设立合规领导机构。S 院成立核进出口合规领导机构，该机构由核进出口业务合规负责人，合规管理部门与业务部门负责人组成。该机构负责领导、协调、决策公司核进出口业务中的重大事项；每年定期召开会议，学习核进出口政策法规、制度、经典案例，听取上一年度重点工作，审议下一年度核进出口工作计划。该机构负责人领导合规管理部门，组织建立核进出口合规管理制度并按照程序审查批准核进出口相关业务。

二是设立合规管理机构。S 院设立核进出口合规管理机构，该机构负责识别和评估与单位生产经营活动相关的核进出口合规风险并提供合规管理建议；负责建立健全核进出口合规管理制度，并根据合规管理工作的需要适时修订完善；负责依据管理程序，对单位核进出口活动进行监督管理并建档备案等。

三是明确合规职责分工。根据核进出口业务的实际情况，S 院核进出口具体业务部门负责根据合规管理机构的要求，保障本部门核进出口业务合规开展。核进出口业务部门负责按照核进出口管理制度要求，将管控点嵌入实际业务流程，确保核进出口业务合规管控落地，而合规管理部门负责组织必要的监督和检查工作。

（五）加强合规宣传，提升合规文化

知法、懂法，才能在实际经营中守法。S 院按年度组织开展核进出口管理法律法规宣贯，强化防核扩散意识；同时，根据实际需求，组织核进出口管理人员和一线业务人员参加业务办理、风险防范、双多边协定年度报告等业务实操培训。外方作为技术输出方，对本国法律更为了解，也更为熟悉政府对于法律的把握尺度，鉴于此，S 院持续加强与外方合作伙伴的沟通合作，通过安排采购、国际业务、法律人员参加核出口管制法规培训、讨论会等多种方式，加强中方相关业务人员的法治教育。

（六）借助外部资源提升合规管理

S 院一直注重依托专业力量，持续完善核进出口合规管理机制。一是每年定期邀请外部专家开展核进出口政策宣贯和业务培训，借鉴核进出口合规管理经验，强化全员防核扩散意识。二是定期委托专业机构对公司核进出口管理开展外部检查，评估公司管理体系、程序细则，检查对法规政策和制度要求的落实情况，发现制度缺陷和执行漏洞，持续提升核进出口合规管理的体系与能力。三是针对一些专项工作，如政策分析、核能“走出去”合规，注重听取专家咨询意见，为内部分析和决策提供专业支持。

（七）编制实操手册，明确合规指引

为了切实指导涉核单位专业人员依法合规开展核进出口业务，S 院积极参与编制《核进出口风险管控实操手册》，明确了核进口重点风险环节（包括立项、确定供应商、合同谈判、合同签署、办理政府承诺、到货管理等），以及核出口重点风险环节（提出需求、合同谈判、合同签署、办理出口许可、发货及售后服务等），逐条明示风险，明确管控措施和实操细则，为具体业务人员提供了规范化操作指引，保障核进出口业务合规开展。

此外，S 院每年组织核进出口业务人员签署合规承诺书，将重点合规风险逐条纳入相关各岗位的合规指引，从正反两个方面做出提醒和警示，引导和促进业务人员依法合规开展业务。

（八）保障核能“走出去”合法依规

为了保障核能“走出去”项目合法依规，一方面，S 院通过持续完善机构设置和制度体系、编制操作指引、开展培训等核进出口管理提升举措，落实防核扩散责任、履行核进出口自律义务。另一方面，针对尚处在项目前期的境外重点目标市场，S 院积极开展出口管制专项预研工作，全面梳理目标国核进出口管制相关政策法规，结合项目实际情况，形成预研报告，为核出口合规夯实基础。

三、进出口合规建设的成效

在美国加强核出口管制的形势下，一方面，S院通过积极开展政策风险分析研判、妥善应对，同时始终高度重视设备国产化和技术自主研发，以逐步实现100%国产化作为解决“卡脖子”问题的关键，为核电项目“引进来”与“走出去”夯实基础，保障了核电项目的顺利建设。另一方面，S院始终秉持合规性第一、经济性第二的原则，将国家部委对合规管理提出的外在要求，持续转化为内在的合规管理制度，致力加强核进出口合规体系建设，逐步探索建立了一套符合企业经营实际的核进出口合规管理机制，形成一套能够有效指导工作开展的合规风险管理指引，从源头保障核进出口业务依法合规开展。

习近平总书记明确指出：“企业要强化合规意识，在合规方面不授人以柄才能行稳致远。”S院将持续加强核进出口领域的风险管理与合规体系建设，不断提升风险应对与合规管理能力，充分发挥法治对打造“世界一流企业”的引领、支撑和保障作用。

第四章　中国企业“走出去”之环保专项合规案例

作为国际公认的重要专项合规领域之一，环保合规一直是所有企业开展合规建设时所要关注的重点，能源类、工程类企业在生产经营过程中经常需要处理废水、废物、废气等，许多头部企业通过建立环保合规管理体系，以确保生产等环节符合国内和国际的环境类法律要求。在实践中，环保合规有多种存在形态，有的企业将其作为“ESG 合规”的核心，也有企业将其称为“环境与社会影响合规”，还有企业将其作为“环境和社会可持续性绩效标准合规”（IFC）的重要内容，称呼的变化不改变其围绕环境法律风险设计内控措施的本质内涵。本章选取三大央企背景企业的国际化环保合规经验，以供相关企业借鉴或参考。

中国电力国际发展有限公司是国家电力投资集团有限公司常规能源业务的核心子公司和旗舰上市公司，产业范围涵盖多种电源项目的投资、建设和运营，以及综合智慧能源、储能、绿电交通、低碳零碳美丽乡村建设、氢能、配售电和碳交易服务等领域。公司下属的澳大利亚太平洋水电公司在澳大利亚政府强监管的环境下开展了 ESG 合规工作，制定 ESG 合规战略，构建 ESG 合规管理组织结构，设计具体 ESG 合规风险管理工作流程及工作机制，并通过 ESG 合规赋能产品和服务。

中国华电科工集团有限公司是中国华电集团有限公司所属的全资公司，是其科工产业的重要组成部分和发展平台，业务以高端制造及系统工程、环保水务、电站投资建设、清洁能源四大板块为主。其旗下海外工程分公司在开展境外新能源项目时，加强环境和社会影响风险管理。例如，在环境保护合规风险应对方面，制定《生物多样性管理计划》，对风电场周围的鸟类按照迁徙期和季节进行分次观测。又如，在社会风险管理维度上，制定利益相关者参与计划，包括设立社区申诉机制和工人申诉机制。

长江三峡技术经济发展有限公司是中国长江三峡集团有限公司的重要子公司，具备工程建设、投资、运营一体化管理以及全过程咨询服务能力。作为巴基斯坦卡洛特水电站 EPC 总承包商，公司依据《环境和社会可持续性绩效标准》（IFC），形成了一整套适用于海外大型水电投资项目的合规管理体系。合规管理内容包括“环境和社会风险与影响的评估和管理”“劳工和工作条件”“资源效率和污染防治”“社区健康、安全和治安”“土地征用和非自愿迁移”“生物多样性保护和生物自然自愿的可持续管理”“土著居民”和“文化遗产”8 个绩效标准。

第一节　中国电力国际发展有限公司

企业简介：中国电力国际发展有限公司（以下简称“中国电力”）系国家电投常规能源业务的核心子公司和旗舰上市公司，于 2004 年 3 月在香港注册成立，同年 10 月在香港联交所主板上市，是五大发电集团中第一家红筹上市公司。

中国电力产业范围涵盖光伏、风电、水电、煤电、气电、垃圾环保发电等电源项目的投资、建设和运营，以及综合智慧能源、储能、绿电交通、低碳零碳美丽乡村建设、氢能、配售电和碳交易服务等领域。截至 2023 年 6 月，中国电力管理的发电装机超 5500 万千瓦，资产遍布中国 31 个省、自治区、直辖市，以及德国、澳大利亚、巴西、智利、墨西哥、巴基斯坦、哈萨克斯坦、越南等 10 个国家和地区。境外项目装机 640 万千瓦，其中水电 225 万千瓦，煤电 182 万千瓦，风电 129 万千瓦，光伏 57 万千瓦，气电 47 万千瓦，清洁能源占比 72%，境外在建装机 197 万千瓦，境外总资产 781 亿元（约 112 亿美元），境外员工 1607 人。

中国电力拥有一支素质高、专业强，有跨国管理经验和跨文化沟通能力的人才团队。中国电力按照国际标准，形成了一整套高质量的国际化合规运营管理体制，并结合自身整体ESG战略，率先在境外公司施行ESG合规管理体系，已取得良好效果。

中国电力下属澳大利亚太平洋水电公司（Pacific Hydro Australia）成立于1992年，是澳大利亚领先的100%可再生能源的业主、运营及开发商；公司的风电、水电和光伏资产分布在维多利亚州、昆士兰州、西澳州、南澳州和新南威尔士州，装机容量为665兆瓦；每年减少碳排放160多万吨；下属Tango Energy公司还拥有一个不断增长的能源零售业务板块，拥有接近20万户电力及燃气的零售客户。

一、ESG合规建设的背景

（一）ESG合规指标已成为衡量企业可持续发展能力的重要指标

ESG是Environmental（环境）、Social（社会）和Governance（治理）的缩写，2004年，联合国发布*Who Cares Wins*（《在乎者即赢家》）报告，首次提出ESG概念，并将其作为投资决策、企业经营等活动的评价标准和重要参考。

ESG是一种关注企业环境、社会、治理绩效而非财务绩效的投资理念和企业评价标准，是衡量企业可持续经营能力的一种指标。经过近20年的发展，如今ESG理念及ESG信息披露已被投资界和企业界普遍接受，根据UN SSEi发布的数据，UN SSEi跟踪观察的全球120家证券交易所中，已有66家交易所发布了ESG披露指引文件，其中包括美国、新加坡、中国香港等中国内地企业普遍选择上市的境外交易所。

随着世界各国逐步完善与ESG相关的各种合规管理要求，ESG合规与企业利益追求之间的关系逐步融合，ESG合规情况已成为投资者和合作伙伴判断公司可持续发展情况的重要指标，也是企业价值管理和经营决策必须考虑的目标和要素。

因此，ESG合规已成为企业为实现可持续发展，且获得投资者、消费者和合作伙伴认可和支持所必须开展的重要工作。

（二）ESG 合规已成为我国对中央企业境外经营的重要要求

国务院国资委近年来陆续发布的《中央企业节约能源与生态环境保护监督管理办法》《关于推进中央企业高质量发展做好碳达峰碳中和工作的指导意见》《关于国有企业更好履行社会责任的指导意见》和《中央企业境外国有产权管理暂行办法》等规范性文件中对中央企业境外经营中涉及的环境、社会和治理合规提出了明确的要求。

为应对境外合规风险，坚定“走出去”的步伐，2018 年，国家发展改革委联合外交部、商务部等部门发布了《企业境外经营合规管理指引》，要求企业在对外贸易、对外投资中，高度重视质量安全与技术标准、行业监管、反腐败、反垄断、反洗钱、反恐怖融资等有关 ESG 方面的具体要求。

2022 年 8 月，国务院国资委发布《中央企业合规管理办法》，对中央企业在反商业贿赂、生态环保、安全生产、劳动用工、税务管理和数据保护等与 ESG 直接相关的境内外合规工作提出了明确要求。

合规是“走出去”的底线要求，尤其在 ESG 监管要求较高的目的国，不论是从降低海外投资风险，还是从提升竞争力的角度来说，强化海外投资的 ESG 管理都是中央企业“走出去”必须认真面对的问题。

（三）ESG 合规是太平洋水电在强监管环境下持续稳定发展的重要基础

澳大利亚在 ESG 等方面的法律法规完善，且 ESG 立法实践较早，早在 2001 年，澳大利亚《公司法》的第 1013DA 条中提及了环境、社会、道德因素：“澳大利亚证券投资委员会（ASIC）制定必须遵守的准则，要求企业在产品披露声明（PDS）中陈述在其选择、保留或实现投资时是否考量了劳工标准、环境、社会或道德因素。”这为设立可持续相关政策法规提供了支撑和依据。

2011 年起，澳大利亚一连出台多部政策法规，通过对原有法律体系中环境、社会、道德考量要求的补充与规范，正式开启了本国 ESG 政策法规的推进实践。近十年来，澳大利亚陆续出台了《澳大利亚公司 ESG 报告指南》和《公司治理准则和建议》等针对不同市场主体的指南文件，细化了对环境、社会、治理各项议题的相关要求，明确了参与各方在建设本国可持续发展体系中的责任，多方携手共同助力本国可持续发展体系的建设。

太平洋水电公司资产分布在澳大利亚维多利亚州、昆士兰州、西澳州、南澳州和新南威尔士州，相关业务运营除须符合严苛的澳大利亚联邦层面的环境、社会和公司治理规定，还须符合项目所在地各州层级的相关法律法规要求，ESG合规管理面临较严苛的外部监管环境，不合规事项在违规处罚和对企业社会形象等的负面影响方面的潜在后果较严重。

为实现在澳大利亚当地的长期稳健发展，太平洋水电公司必须主动拥抱ESG合规，以良好的ESG合规绩效打造ESG形象，以稳固并进一步拓展当地发电及能源零售业务。

二、ESG合规建设的做法

（一）太平洋水电公司ESG合规管理体系简介

太平洋水电自成立之日起即高度重视合规工作，已形成完善的合规管理体系，在构建ESG合规体系时，结合ESG管理、披露的特点，构建了如下ESG合规管理体系（参见图4－1）。

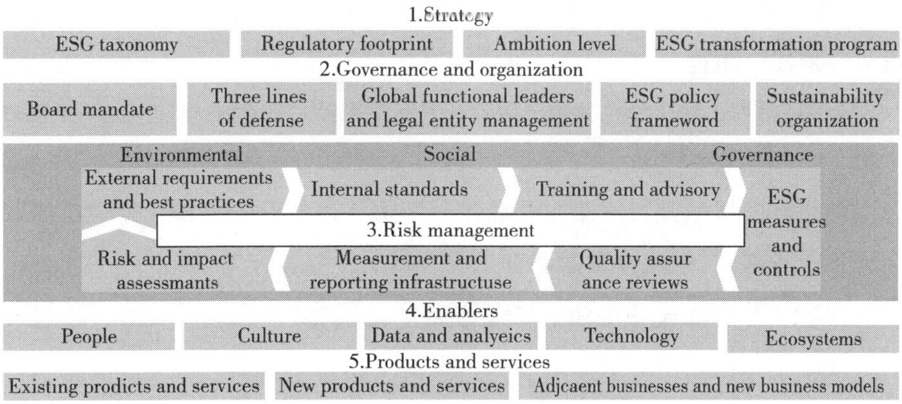

图4－1　ESG合规管理体系示意图

太平洋水电ESG合规管理体系主要由以下部分构成：① ESG合规战

略；② ESG 合规管理组织结构；③具体 ESG 合规风险管理工作流程及工作机制；④ESG 合规赋能；⑤产品和服务中的 ESG 合规成果体现。

以下将重点介绍太平洋水电 ESG 合规组织体系及相关工作流程、工作机制及实际工作情况。

（二）太平洋水电 ESG 合规管理组织结构

澳大利亚《公司法》实行“董事会中心主义”，在该原则下，太平洋水电公司设置了如下 ESG 合规管理组织结构。

太平洋水电公司董事会作为 ESG 合规管理的第一责任人和决策中心，发挥定战略、作决策、防风险作用，主要承担以下职责：① 审议批准 ESG 合规管理基本制度、体系建设方案和年度报告等；②研究决定 ESG 合规管理重大事项；③推动完善 ESG 合规管理体系并对其有效性进行评价；④决定合规管理部门设置及职责。

董事会审计与合规委员会作为 ESG 合规管理的董事会层面专门委员会，具体审议董事会层面的 ESG 合规季度报告、专项 ESG 合规工作计划及报告、内外部合规审计结果等材料。

公司管理层发挥谋经营、抓落实、强管理作用，主要承担以下职责：①拟订合规管理体系建设方案，经董事会批准后组织实施；② 拟订合规管理基本制度，批准年度计划等，组织制定合规管理具体制度；③组织应对重大合规风险事件。

公司管理层中设置总法律顾问（合规总监），具体牵头 ESG 合规管理工作。

公司部门层面设置法律与合规部，具体负责牵头开展 ESG 合规工作。

各业务部门/板块设置兼职合规管理员。

（三）太平洋水电 ESG 合规管理工作机制

具体工作层面，太平洋水电公司经过多年摸索调整，已建立了成熟的合规管理工作机制。

1. ESG 合规义务识别及合规责任分配

ESG 合规工作的基础在于准确识别出相关业务所处州及联邦法律法规

下公司的 ESG 合规义务，太平洋水电公司利用内部法律合规团队和外部咨询机构持续开展 ESG 合规义务的识别工作，并结合内部分工将具体识别出的 ESG 合规义务分配至具体部门及具体责任人。

ESG 合规义务识别工作是一个持续性工作，需要结合业务所处州及联邦政府的法律法规变化不时进行更新，且需要密切协调人事部门根据员工变动情况及时调整合规责任分配，督促员工做好合规义务交接，确保相关 ESG 合规管理工作实际操作层面不出现空当。

2. ESG 合规风险管理

在 ESG 合规义务识别的基础上，结合公司实际工作情况，进行 ESG 合规风险识别，并将相关风险的管理责任分配至责任部门及责任人。

与合规义务识别一样，合规风险识别及责任分配也需要结合法律法规变动情况及公司内部人员变动情况进行调整，确保 ESG 合规风险管理工作实际操作层面不出现空当。

具体工作流程方面，太平洋水电公司制作合规风险表单，定期向管理层、董事会审计与合规委员会提交合规风险表单并列明前十大风险项，管理层、董事会审计与合规委员会对相关材料进行审议，并对具体风险项的处置提出要求，指定专人负责跟进。

3. ESG 合规审计

为确定 ESG 合规管理的成效，太平洋水电公司通过常规性开展、内部自行开展或邀请外部专业机构等方式进行合规自评价或审计。

对于常规性合规事宜，一般采用内部自行合规自评价，对于消费者数据信息保护、职业健康与安全等含有较多专业内容的 ESG 合规领域，或者相关法律法规发生重大变化后的合规领域评价，一般聘请外部专业机构进行专项合规审计。

专项合规审计报告将提交管理层、董事会专门委员会或者董事会审议，作为相关合规工作调整优化的重要依据，专项合规审计中发现的不符合项将被持续跟踪直至闭环。

4. ESG 合规管理有效性评价

除上述常规或专项合规审计外，针对 ESG 合规管理体系本身运作的有效性，太平洋水电公司强制要求须每三年进行一次合规管理有效性评价，邀请专业第三方机构对ESG合规管理体系相关制度及执行情况进行评价，并结合评价情况对ESG合规管理体系进行提升优化。

5. ESG合规报告

为加强董事会对ESG合规工作的掌控，管理层每季度制作ESG合规报告，向董事会汇报本季度合规管理工作；针对需要向管理层汇报的专项ESG合规工作，管理层也会不定期制作专项合规报告，向董事会进行汇报。

为增加ESG合规管理工作的透明度，同时为满足当地法律法规的要求，太平洋水电公司也会不定时向主管单位报送或向社会公众公布专项ESG合规报告。

（四）太平洋水电主要ESG合规管理工作

1. 环境、生态、减排等合规管理工作

澳大利亚是世界上最早出台环境保护法律的国家之一，政府从环境规划与污染控制、保护自然与人文遗迹、开发与管理自然资源和在相关法律法规中确定环保内容等4个方面入手，不断完善环保法治建设，目前已建立了十分完善的生态环境保护和建设的法律法规体系。澳大利亚在联邦层次的环境保护立法有50多项，此外还有20多项行政法规。

澳大利亚相关法律法规对环境、生态等违法违规行为设置了较严苛的处罚措施，不仅公司可能承担巨额罚款，相关责任人也有可能被处以监禁。

太平洋水电公司高度重视环境、生态合规工作，认真识别澳大利亚联邦层面及具体项目所处州层级环境、生态合规义务，并将合规义务分解至具体负责人员，持续跟踪合规义务履行情况。

自太平洋水电成立以来，尚未发生过环境、生态违法违规情形。

除在环境生态方面严格遵守澳大利亚强制性法律法规外，太平洋水电还积极响应国际社会及澳大利亚政府关于碳减排、碳达峰的倡议或行动计划。

在澳大利亚政府设定了2050年实现净零排放目标的背景下，所生产电力均来自可再生清洁能源且业务发展中高度重视节能减排的太平洋水电自豪地打出“净零排放无须等至2050年，现在就已实现”的口号，并成功利用此口号吸引大量电力零售客户，近年来已实现零售客户的大幅增长。

除履行法定义务外，太平洋水电还积极将低碳减排要求纳入采购管理、员工行为规范等，确保全链条、全员对节能减排的深度参与。

2. 社会合规管理工作

澳大利亚在职业安全与健康、社区发展、消费者数据保护、中小企业保护等方面有着严格的法律法规，太平洋水电公司准确识别了相关合规义务并严格履行，目前未出现此领域的不合规情形，且在以下领域做出了优异的成绩：

（1）中小企业保护

澳大利亚政府认为企业间款项支付的迟延（尤其是大企业向中小企业付款的迟延）对企业尤其是中小企业有较严重的负面影响，因此自2021年1月1日起强制要求年收入超过1亿澳元的企业每年两次公布其对中小企业付款金额和付款时长的报告。

太平洋水电公司对其向中小企业付款的情况进行了统计，整体表现优异，82.39%的支付事项付款周期在20日以内，仅有0.36%的支付事项付款周期在120日以上，有力地保护了为其提供产品及服务的当地中小企业的发展，并在新冠肺炎疫情等大背景下间接维护了当地劳动力市场的稳定和劳动者的合法权益。

（2）社区发展

太平洋水电公司高度重视社区关系，除严格遵守澳大利亚联邦及各州政府关于社区关系的各项规定外，还主动发起相关社区的原住民保护、文化遗迹保护、老年人及妇女儿童扶助、青少年文体活动等项目，至今已投入600万澳元进行社区发展工作。图4-2为太平洋水电公司在当地开展社区活动时的部分照片。

图4－2 太平洋水电公司在当地开展社区活动

（3）消费者个人信息保护

太平洋水电公司目前有近20万电力及燃气零售用户，相关业务中掌握了大量零售用户的个人信息及付款信息。除严格遵守澳大利亚《隐私法》等相关法律法规的规定外，太平洋水电还主动升级相关信息管理系统，并开通消费者监督、投诉通道，提供高于法定标准的消费者个人信息保护服务。此工作已得到广大用户的高度认可并有力地促进了新客户的开发。

3. 治理合规管理工作

太平洋水电自成立起即依据澳大利亚《公司法》设置了规范的公司治理体系，近年来又根据《澳大利亚公司ESG报告指南》和《公司治理准则和建议》等规定积极进行公司治理体系的更新。

如上所述，太平洋水电公司设置了董事会/董事会专门委员会（均必须有独立董事参与）—管理层—法律合规团队—各部门合规管理人员的治理体系，并定期对治理体系的有效性进行内部及外部评价，确保治理体系的有效性。

除此之外，太平洋水电公司积极加强信息披露，对公司愿景、可持续发展战略、公司劳工政策、环境政策、反腐败政策等信息进行充分披露，并畅通沟通渠道，确保利益相关者对公司治理、ESG管理等工作的充分知情和参与，进一步促进治理体系的完善。

三、ESG合规建设的成效

经过长期不懈努力，太平洋水电ESG合规管理取得优异成果，不仅从未发生过ESG不合规事件，而且逐步建立起良好的社会形象，得到了融资方、消费者、当地政府、周边社区的高度认可，太平洋水电及下属新能源电站多次获得可持续发展奖项，在现有项目持续稳定运营、增量项目开发、融资、零售业务扩展等方面均得到利益相关方的大力支持，公司多年来业务持续稳定增长。

第二节　中国华电科工集团有限公司

企业简介：中国华电科工集团有限公司是中国华电集团有限公司所属的全资企业，是中国华电集团有限公司科工产业的重要组成部分和发展平台。在集团公司总体发展战略统领下，华电科工持续优化业务结构，提升发展质量，逐步成为投资、产品、工程协同发展，高端制造及系统工程、环保水务、电站投资建设、清洁能源四大板块齐头并进的国有大型企业集团，业务遍及全国各地及东南亚、欧美、澳大利亚等国家和地区，综合实力位居国内同行业前列。

一、境外新能源项目环境与社会影响合规管理的背景

（一）政策背景

2021年9月21日，国家主席习近平在北京以视频方式出席第七十六届联合国大会一般性辩论时提到：“中国将力争2030年前实现碳达峰、2060年前实现碳中和，这需要付出艰苦努力，但我们会全力以赴。中国将大力支持发展中国家能源绿色低碳发展，不再新建境外煤电项目。”由此，清洁能源或新能源的应用必将迎来更加快速发展的时期。

2021年6月18日，中国华电集团有限公司发布碳达峰行动方案。根据集团公司2022年上半年融资策略的通知，要求各单位积极贯彻国家有关

“双碳”转型、能源保供的决策部署，以稳健扎实的资金工作支持集团公司加速能源转型发展。

（二）外部要求

在全球电源投资转向新能源发电的过程中，环境与社会影响获得更多关注。各国政府在 COP26 会议①后普遍要求项目环境友好、促进社会发展；居民对环保问题敏感，对社会发展有期待；更多金融机构以赤道原则②作为融资的基本要求。环境与社会影响成为境外电源投资项目需要积极管理的风险因素。本书通过研究境外新能源项目环境与社会影响风险合规管理的内容和方式，提出解决问题的思路，为进一步深化研究和具体管理提供参考和借鉴。

二、境外新能源项目环境与社会影响合规管理的做法

（一）识别风险

与传统环评不同，环境与社会影响风险管理主要是从环境与社会两个维度来识别和判定风险。环境与社会影响评价主要内容涉及噪声、光影、鸟类、人口、就业、移民安置、公平分配、文化历史、妇女、民族宗教、居民生活水平和质量、社会基础设施等，评价的重点是项目周边区域和周围社区，同时还会考虑项目对技术进步、节约时间、促进地区和部门发展、改善经济布局和产业结构等的影响。在此基础上，形成环境与社会影响的风险分析报告、沟通调查验证、建立管理文件、制定管理流程。

（二）加强制度建设

在识别风险后，制定相应的政策来缓解和改善风险所带来的问题。环境与社会影响评价更注重在项目规划期、建设期、运营期和对全生命周期的覆盖和延伸，并大多采用世界银行的环境保护标准和国际金融公司的社

---

① 第二十六届《联合国气候变化框架公约》缔约方会议。

② 赤道原则是一套非官方规定的、由世界主要金融机构根据国际金融公司的环境和社会政策和指南制定的，旨在用于确定、评估和管理项目融资过程中所涉及环境和社会风险的一套自愿性原则。

会责任方针。

1. 在环境风险管理维度上

在新能源项目的前期增加对环境风险的全面评估。比如对风电场周围的鸟类按照迁徙期和季节进行分次观测；制定《生物多样性管理计划》，包括生物多样性政策、监测项目和鸟类蝙蝠等适应性管理计划的进一步细节；风机叶片产生的噪声对周围居民的影响并制定搬迁计划，建立并实施每月的噪声检测计划，以检测噪声水平；根据县志和实地考察判断是否有珍稀动物的存在；对受影响区域内的阴影闪烁进行实地验证调查并做出评估。

在新能源项目的实施阶段，对建筑废物废水、土壤侵蚀和污染、固体废物和有害物质进行判定，并制定应急措施；根据当地法律要求在风机一定距离外设置安全区域，并设有警告系统、信号板、防雷装置；制定和实施应急准备响应计划，包括 ESIA 报告中提到的计划外事件风险；运行阶段使用地下水，须取得用水许可证等。

在新能源项目的运营期，根据评价结果对项目后续运营和生态环境的修复、保护开展进一步的工作。以风电场为例，每六个月在三个主要地点（风力涡轮机、变电站和输电线路）进行一次空气检测，涵盖所有空气参数；对鸟类和蝙蝠进行监测，包括每月搜索尸体和季节性调查。

2. 在社会风险管理维度上

制定利益相关者参与计划，包括社区申诉机制和工人申诉机制。利益相关者包括项目业主、EPC 承包商和分包商、所有员工、金融机构。对项目人员、EPC 承包商和分包商进行全面的劳动审计，以确保劳动实践符合法律要求以及世界银行和国际金融公司的相关条款。制定土著居民计划。在与受影响的少数民族和土著人民社区接触（见图 4－3、图 4－4）时，遵循知情协商和参与原则，披露、咨询和实施土著人民计划（Indigenous Peoples Plan，IPP），通过新能源项目投资带动当地发展。制定安置和生计恢复框架，以及制定、披露和实施社区发展计划。开展土地征用审计，了解土地征用过程，确定法律要求和国际要求之间的差距。制定、公布和实施征地安置计划，包括：征地审计的结果和建议、对受影响家庭进行人口普查、基于现有生计恢复框架的移民安置和生计恢复计划。更新环境管理计划和安全计划，包括职业健康和安全管理计划、社区健康和安全管理计划、安全管理计划、应急准备和反应计划。披露和检查分包商和承包商的表现，以确保他们遵守这些管理和安全计划。

图4－3　与当地弱势群体的会面

图4－4　入户调查

（三）完善运行机制

环境与社会影响风险的管理，在于建立长期工作机制，通过环境与社会影响评价（Environmental & Social Impact Assessment，ESIA）和环境与社会行动方案（Environmental & Social Action Plan，ESAP）的实施，发现、识别、处置环境与社会风险。并根据项目最新进展和变化，滚动制定CE-SAP。

（四）落实合规管理责任

注重合规意识。新能源项目作为普遍获得所在国家战略支持的产业，在今后的一段时间内仍将持续获得国家的政策支持和市场关注。环境与社会影响的合规，是与技术、法律、财税合规同等重要的风险治理内容，是企业境外投资项目合规治理必不可少的关键环节。将环境与社会影响评价及ESG理念融入公司运营决策，并建立相应的工作岗位和职能，是公司风险管理的应有内容之一。通过建立环境与社会影响合规管理机制，在适应发电行业碳达峰碳中和转型的过程中，同时防范境外项目环境和社会风险、促进公司国际化管理、推动项目市场化融资、提升项目社会声誉。在超越项目管理上，从公司层面建立环境和社会风险管理的长效机制，以取得良好的经济和社会效益。

（五）抓好境外合规

企业在发展境外新能源项目的同时，为适应发展要求，除了遵照当地法律法规的要求，还应遵循国际上金融机构及协会的准则，如世界银行、亚投行、亚洲银行制定的准则，国际资本市场协会（ICMA）制定的《绿色债券原则》（GBP）、《可持续发展债券指引》等系列指南，CBI 制定的《气候债券标准》，美国银团及贷款转让协会（LSTA）、贷款市场协会（LMA）和亚太区贷款市场公会（APLMA）等联合发布的《绿色贷款原则》等。

通过在境外新能源项目建立环境和社会影响风险的管理机制，促进境外投资项目整体合规管理。进一步提高企业境外项目投资国际化、市场化、法治化管理水平。

（六）夯实组织基础

在项目全生命周期中，要制定好工作流程、梳理项目伙伴关系，明确职责范围，划定界限并以此作为展开后续相关工作的依据。

三、境外新能源项目环境与社会影响合规管理的成效

（一）开展环境与社会影响评价合规管理后的显著变化

1. 管理水平

在“十四五”规划和“双碳”目标的双重背景下，未来新能源企业必然会迎来更多的市场机遇和发展空间。相应地，注重风险和合规管理也将成为新能源企业在新时期业务转型和深化发展过程中的必然选择。唯有提前准备、充分部署，方能实现企业更高质量和可持续的发展。

2. 经济效益

新能源项目的内部收益率计算，是严格按照财务指标计算标准执行的，与多方因素有关，为了实现“双碳”目标，加大生态修复和污染防治力度，新能源项目的收益性是相对较弱的。但项目与可利用区域性资源和

产业融合，带动区域环境、经济、社会价值提升，实现可持续发展。

3. 社会效益

新能源项目的投资建设本身就能带来较高的社会效益，能够有效减少传统能源使用带来的污染排放和环境破坏，提升居民的生活环境和质量。环境与社会影响评价主要内容涉及环境与社会的方方面面，并对移民安置、社会生计恢复等做出合理的规划和时间表，评价的重点是项目周边区域和周围社区，对促进地区和部门发展、改善经济布局和产业结构等具有深远影响。因此加入环境与社会影响评价风险管理后，有利于项目被当地社区认可并接受，有利于促进当地社区经济发展，提高当地居民经济收益和生活水平。

（二）问题解决情况

通过建立环境与社会影响合规管理机制，在适应发电行业碳达峰、碳中和转型的过程中，防范境外项目环境和社会风险、促进公司国际化管理、推动项目市场化融资、提升项目社会声誉，取得了良好的收益。

1. 树立绿色发展理念

通过 ESG 管理，牢固树立了绿色发展观念。完成了从传统环评观点到主动承担更宽泛的环境和社会责任的理念转变，初步建立境外项目 ESG 治理的理念。

2. 识别投资社会风险

环境和社会风险是境外投资项目面临的重要风险之一。通过 E&S 管理，发现项目对当地动植物和社区的环境影响，关注作为重要项目关联方的当地政府和当地社区对环境保护和社会发展的诉求，规避投资的社会风险。

3. 开拓全新融资渠道

在完成 ESIA 评价，建立 ESAP 文件和执行制度的基础上，越南得乐项目建立绿色贷款框架，成功获得由气候债券倡议组织（Climate Bond Initiative）设立的“气候债券认证”标识，成为集团公司首个获得该认证的境外绿地投资项目。获得项目银团的一致认可，为项目的融资奠定了基础，拓宽了融资渠道。

4. 创新环境管理先例

通过在首个境外绿地风电项目上建立 E&S 风险管理的实践，为集团后续境外新能源项目的开发建立了环境和社会风险管理的先例。有利于在新项目中更好地识别、处置环境与社会风险，满足国际主流金融机构融资要求，进一步提高公司境外项目投资国际化、市场化、法治化管理水平。

第三节　长江三峡技术经济发展有限公司

企业简介：长江三峡技术经济发展有限公司（以下简称三峡发展）成立于 1998 年，是中国长江三峡集团有限公司的重要子公司，具有市政公用工程总承包一级资质以及多项监理咨询甲级资质，具备工程建设、投资、运营一体化管理以及全过程咨询服务能力。近年来，公司实施多元化经营战略布局，大力发展长江大保护建设管理 +、海外工程总承包、监理咨询、新能源及科研试验等业务，业务覆盖国内近 30 个省（自治区、直辖市）以及巴基斯坦、马来西亚、尼泊尔、老挝等国家。

一、卡洛特水电站项目 IFC 绩效标准合规的背景

（一）项目情况介绍

卡洛特水电站是“中巴经济走廊”能源合作优先实施项目和“一带一路”重点项目，也是首个被写入中国和巴基斯坦政府联合声明的水电投资项目。

卡洛特水电站坝址位于巴基斯坦旁遮普省，工程为单一发电任务的水利枢纽，装机容量 72 万千瓦，每年可以为巴基斯坦提供超过 32 亿千瓦时清洁能源，可减少二氧化碳排放量 350 万吨。

2015 年 1 月，三峡发展紧跟“走出去”发展战略和“一带一路”倡

议，成功中标巴基斯坦卡洛特水电站 EPC 总承包项目。

（二）项目实施 IFC 绩效标准

三峡南亚公司下辖的卡洛特电力有限责任公司（以下简称 KPCL）为卡洛特项目业主，国际金融公司（IFC）是三峡南亚公司的股东方之一，也是银行团体贷款方之一。IFC 作为世界银行的成员机构，尤其重视投资对象对环境保护和社会影响方面的态度和实绩，按照“环境和社会风险与影响的评估和管理”“劳工和工作条件”“资源效率和污染防治”“社区健康、安全和治安”“土地征用和非自愿迁移”“生物多样性保护和生物自然自愿的可持续管理”“土著居民”和“文化遗产”共 8 个绩效标准对项目在其投资的整个项目周期内进行定期评价管理，任何负面评价报告都会一票否决投资立项。因此，这种引进国际资本为中国企业“走出去”服务的开发模式，有效降低了海外经营的各种风险，对在全球推广中国水电的技术、标准和理念具有重要意义。

二、卡洛特水电站项目 IFC 绩效标准合规的做法

（一）建立健全管理体系

卡洛特项目在开工前由 KPCL 聘请的专业咨询公司开展了项目的 ESIA，三峡发展按照 ESIA、业主方的文件、EPC 合同及 IFC 要求，结合国内已有“三标一体”文件，系统策划了一套建设期实施计划，用于消除、控制和减缓环境和社会负面影响，在卡洛特项目开工初始阶段编制了 20 个计划文件，参见表 4-1。

表 4-1　卡洛特项目开工初始阶段编制的计划文件

序号	要求的来源		形成的实施计划
	IFC 绩效标准	“三标一体”标准	
1	环境和社会风险与影响的评估和管理	目标和管理方案控制程序	建设期环境和社会管理计划
2	劳工和工作条件	人力资源管理程序	人力资源政策

续表

<table>
<tr><th rowspan="2">序号</th><th colspan="2">要求的来源</th><th rowspan="2">形成的实施计划</th></tr>
<tr><th>IFC 绩效标准</th><th>“三标一体”标准</th></tr>
<tr><td>3</td><td rowspan="2">劳工和工作条件</td><td rowspan="2">员工安全健康管理程序</td><td>职业健康与安全计划</td></tr>
<tr><td>4</td><td>工人住宿计划</td></tr>
<tr><td>5</td><td rowspan="6">资源效率和污染防治</td><td rowspan="5">环境因素运行控制程序</td><td>废弃物管理计划</td></tr>
<tr><td>6</td><td>水质管理计划</td></tr>
<tr><td>7</td><td>泄漏预防和应对计划</td></tr>
<tr><td>8</td><td>空气质量管理计划</td></tr>
<tr><td>9</td><td>危险材料管理计划</td></tr>
<tr><td>10</td><td>员工安全健康管理程序</td><td>噪声和振动管理计划</td></tr>
<tr><td>11</td><td rowspan="6">社区健康、安全和治安</td><td>无</td><td>安保管理计划</td></tr>
<tr><td>12</td><td rowspan="2">危险源辨识、风险评价和确定控制措施管理程序</td><td>交通管理计划</td></tr>
<tr><td>13</td><td>爆破与爆破器材管理计划</td></tr>
<tr><td>14</td><td>应急准备与响应控制程序</td><td>应急准备和响应计划</td></tr>
<tr><td>15</td><td>相关方管理程序</td><td>本地需求战略</td></tr>
<tr><td>16</td><td>无</td><td>人员流入管理计划</td></tr>
<tr><td>17</td><td>土地征用和非自愿迁移</td><td>无</td><td>技能培训计划</td></tr>
<tr><td>18</td><td rowspan="2">生物多样性保护和生物自然资源的可持续管理</td><td rowspan="2">环境因素运行控制程序</td><td rowspan="2">水土流失管理计划（地表径流和侵蚀控制计划、渣土管理与边坡稳定计划）</td></tr>
<tr><td>19</td></tr>
<tr><td>20</td><td>文化遗产</td><td>无</td><td>偶然发现物程序</td></tr>
</table>

（二）绩效标准评估检查

按照一年三次的频率，IFC 的技术咨询方莫特·麦克唐纳公司（MML）对绩效标准执行情况进行检查评估。MML 每次检查后发布检查报告，对发现的不符合项根据风险程度分为低、中、高三个等级。如果中、高等级风险项不能及时关闭将可能被列入银团放款的前置条件；一旦被设置为放款前置条件，再不关闭将得不到 IFC 放款。在 EPC 项目管理过程中，三峡发展始终根据 IFC 检查指出的问题要求，及时响应，制定整改计划和落实整改措施。

（三）20 个管理计划简介

1. 建设期环境和社会管理计划

卡洛特项目符合 IFC 要求的环境和社会策划文件的一个总纲计划。

2. 人力资源政策

该政策旨在作为人力资源系统日常管理的工作指南，以支持项目现场积极的工作环境。MML 检查的首要重点在绩效标准 2 的合规性评估。因此本节主要比对此绩效标准的要求及项目实践经验。

绩效标准 2 的目标：促进员工的公平待遇、不受歧视和拥有平等机会；建立、维护并改善劳资关系；促进对项目所在国就业和劳工法的遵守；保护员工，保护员工中的脆弱群体，如儿童、外来务工者、第三方雇用的员工和客户供应链中的员工；促进安全和健康的工作条件以及员工健康；避免使用强迫劳工。

（1）人力资源政策与程序

卡洛特项目依据 ESIA、KPCL 文件、EPC 合同、IFC 要求、巴基斯坦有关法律及相关国际公约等制订了针对性的《卡洛特项目人力资源政策》及相关的实施程序。绩效标准 2 “在工作关系开始时以及发生任何实质性变化时，客户应向员工提供清楚易懂的有关员工权利的书面信息，这些权利为根据国家劳工和就业法以及任何适用的集体性协议员工应享有的权利，包括工作时间、工资、加班、薪酬和福利方面的权利”。受新冠肺炎疫情影响，卡洛特项目在 2020 年及时更新修订了相关人力资源政策和程序。

其中与薪酬福利直接相关的程序有：《工人隔离政策》（Quarantined Workers Policy）、《复工政策》（Resumption to Work Policy）、《加班政策》（Overtime Policy）、《巴基斯坦卡洛特水电站新冠肺炎疫情防控方案》（Pakistan 720MW Karot Hydropower Project Covid – 19 Prevention& Control Stand ard Operating Procedures）（Standard Operating Procedures，SOPs）（2022 年 1 月）、《新冠肺炎休假和返场政策及程序》（COVID – 19 Related Leave and Resumption Policy and Procedure）和《恢复新冠肺炎疫情激励》（Notification about Resumption of Covid－19 Incentive）。

上述政策和程序系统性规范了工作时间和工资基准，核心要点为：工资基准按照当地每年发布的最低薪酬基准执行。每天常规工作时间为8小时，每月不少于4天的休息，每月不超过256小时；隔离期间，按照返场员工和新聘员工两类进行隔离津贴记录并按程序发放；员工可自由选择每月1次或每两月1次或每3月1次的离场休假；为综合平衡月度工作时间控制后的不稳定因素和平衡员工权益，采取每周日不论其上班还是休假均按双倍日薪酬计算；从2021年开始，在场的员工持续记录新冠肺炎疫情激励津贴。

同时更新修订了新版考勤卡、员工雇用合同文本和员工手册，规范记录工人的加班时段。系统纳入了所有涉及员工的福利、权益及申诉渠道等。制定员工“一人一档”制度，在岗当地雇工的个人档案及所涉及的全部薪酬福利信息等全面纳入过程收集、整理、存档的规范化轨道。

（2）工作条件和雇用条款

绩效标准2第10条“客户应提供合理的工作条件和雇用条款（工作条件和雇用条款包括工资和福利；工资扣除；工作时间；加班安排和加班报酬；工休时间；休息时间；病假、产假、休假或节假日）”，绩效标准2第12条“如果为本绩效标准适用范围内的员工提供食宿，客户应制定并实施食宿和基本服务供应的质量和管理政策。在提供食宿服务时，必须遵守非歧视性和机会平等的原则。员工的食宿安排不得限制员工行动或结社自由（基本服务要求指最小空间，供水，充足的污水和垃圾处理系统，适当保护以免受热、冷、潮湿、噪声、火灾和携带疾病的动物的影响，足够的卫生和洗浴设施，通风、烹饪和存储设备，自然和人工照明，以及某些情况下提供基本医疗保健服务）”。

卡洛特项目在项目人力资源政策中覆盖了此款的所有规定。

（3）员工组织

绩效标准2第13条“如果项目所在国法律承认员工有自由、不受干涉地组建并参加员工组织以及进行集体谈判的权利，客户应遵守国家法律。如果国家法律在实质上限制员工组织，客户不得限制员工通过其他机制表达他们的申诉意愿，并保护他们在工作条件和雇用条款方面的权利。客户不得影响或控制这些机制”。绩效标准 2 第 14 条“在本绩效标准第 13 条描述的任何一种情况下，如果国家法律没有做出规定，客户不应阻碍员工选举员工代表、组建或参加自行选择的员工组织或进行集体谈判，不应对参加或寻求参加员工组织和集体谈判的员工歧视对待或报复。客户应与员工代表和员工组织进行沟通，及时向他们提供有意义的谈判所需信息。员工组织应该是全体员工的公平代表”。卡洛特项目在项目人力资源政策、员工手册、劳工标准政策、员工申诉机制和委员会、自由结社政策、员工雇用合同、反报复政策、非歧视政策声明等方面系统性载明并保障了员工的权益。

其中《劳工标准政策》中主要有：致力于尊重国际劳工组织（ILO）和 IFC 绩效标准 2 所定义的基本原则和权利宣言。涵盖：人力资源政策和程序到位；充分解决适合劳动力规模、劳动力人口统计以促进工作中的劳工权利；政策正在促进工人的持续意识并增强他们的权利，任何涵盖他们与工作时间、最低工资和福利、补偿、超时等相关权利的集体协议；自由结社和集体谈判协议始终受到尊重；确保移民工人享有平等权利和保护，不得因任何条款和条件而受到歧视；为工人提供合理的住所，工人可以不受歧视地生活，拥有平等的机会和行动自由；工人可以自由选择加入工会；工人有提出问题的平台或提供平行渠道；不歧视任何工会会员等。

卡洛特项目建立有工人代表委员会和工人申诉委员会等，定期开展各类会议和交流活动，建立了雇用双方平等对话的良性机制。例如通过会议对话，关注并保障员工休假时从营区至项目区外等车点的交通巴士服务以及专门增设移动通信车服务以加强网络质量。

（4）非歧视和平等机会

IFC 绩效标准 2 第 15 条“客户不得根据与工作内在要求无关的个人特性（如性别、种族、国籍、民族、社会和土著出身、宗教或信仰、残疾、年龄或性取向）做出雇佣的决定。客户的雇佣关系应本着机会平等和公平对待的原则，不得在雇佣关系和纪律措施中的任何方面存在歧视，包括招聘和雇用、薪酬（包括工资和福利）、工作条件和雇用条款、培训机会、工作指派、升职、解雇或退休。客户应采取措施防止并解决对员工的骚扰、恐吓和/或剥削，特别是对女性员工”。

卡洛特项目在项目人力资源政策中仅特殊规定了“考虑到中国劳动保护法律和水电行业复杂的施工特点”，卡洛特经理部不允许雇用任何年龄没有达到18岁的工人，即使在巴基斯坦法律中规定年龄超过14岁和18岁以下的少年只允许在特定条件下工作。该条款经IFC审核符合平等、非歧视性原则。

（5）减支裁员

IFC绩效标准2第18条“在实施集体解雇之前，客户应对裁员的替代方案进行分析（替代方案可能包括：经协商的减少工作时间方案、员工能力建设方案、低产期间的长期保持工作方案等）。如果分析之后无法找到可行的裁员替代方案，将制定并实施裁减计划，该计划的制定和实施应本着缓解裁员对员工不利影响的原则。裁减计划应基于非歧视性的原则，并应反映客户与员工、员工组织以及在适用情况下与政府磋商的结果，如果存在集体谈判协议，还应符合这些协议。客户应遵照所有法律和合同要求通知公共部门，向员工及其组织提供信息，并进行磋商”。IFC绩效标准2第19条“客户应确保所有员工及时获得解雇通知以及按法律和集体协议规定所应得的遣散费。所有拖欠工资和社会保障福利以及养老金缴款和福利应当：①在工作关系结束时或之前支付；②在适当情况下，支付给员工的受益人；或③根据集体协议达成的时间表支付。如果付款给了员工的受益人，应该向员工提供付款凭证”。

卡洛特项目在项目人力资源政策的“裁员政策”章节规定了实施规则，主要有：减员计划实施需至少提前3个月（含3个月）签发减员计划，人力资源经理必须确保通知所有员工。在减员计划中，只会指出要终止的职位，而不是特定的员工。现场经理和人力资源部门需确保减员期间的平等和公平。管理层和特定员工之间可以进行个性化对话。管理层将以人力需求与个人意愿作最终决定。种姓、信仰、性别、婚姻状况、种族、宗教、国籍、个人与管理层的关系均不会影响最终决定。如果减员计划影响了某个弱势个体或因卡洛特水电建设受影响的迁移的村民，则公司必须对上述人群给予更多的关注。如果可能的话，为弱势群体更换岗位。如果必须解雇一个弱势个体或迁移村民，他们将是最后一批离开。在离职前的28天，将附有接收单的书面通知交给特定员工。员工将在接收单上签字并将其交回直属上司，以证明离职生效。如果员工不同意这个决定，可以直接向人力资源部递交申诉信。收到申诉信，人力资源部应确认是否有任何不合理的地方并在7天内做出是否执行或放弃的最后决定。最后解雇通知或放弃通知将于收到申诉信后的10天内发送给特定员工。无论员工何时接到通知，最终被视为已接收，并在28天后生效。如果员工仍然与公司有争议，他/她可以向地方政府申请仲裁。书面通知后的28天内将结算工资。如果当地政府终止解雇决定，那么工资将继续累计。

（6）申诉机制

IFC绩效标准2第20条“客户应向员工（及员工组织，如有）提供申诉机制，以便员工提出工作方面的申诉。客户应在招聘时告知员工申诉机制的信息，并确保员工容易使用申诉机制。申诉机制应包括有适当的管理层负责处理申诉，并对申诉迅速给予回复，使用易于理解和透明的程序，及时向申诉者提供反馈，对申诉者不应有任何惩罚报复。这种机制也应该允许匿名投诉，确保匿名投诉会得到处理。申诉机制不应阻碍员工通过其他司法或行政途径寻求补救措施，这些措施可能是根据法律或现有的仲裁程序来获取，或通过集体协议提供的其他投诉机制”。

卡洛特项目建立有针对性的申诉机制，每个营区在隐蔽处设有多个投诉箱，箱侧墙壁上张贴有申诉程序及投诉专员的联系方式，备有投诉用纸；另在每个营区设有员工咨询/投诉办公室，方便员工及时当面表达诉求。

（7）劳动力保护

IFC绩效标准2第21条“客户不得以任何经济上剥削，或可能危及或妨碍儿童教育，或对儿童身体健康、智力、精神、伦理或社会发展有害的方式雇用童工。客户应确定其员工中没有年龄低于18岁的人。如果所在国法律对雇用未成年人有规定，客户应遵照适用的法律。不得雇用18岁以下的儿童从事危险性工作。所有18岁以下雇员从事的工作都需要进行适当的风险评估和常规的健康、工作条件和工作时间监督”。IFC 绩效标准 2 第 22 条“客户不得使用强迫劳工，包括任何个人在武力或惩罚的威胁下非自愿提供的任何工作或服务。这包括任何类型的非自愿或强迫性劳工，例如契约劳工、包身工或类似的劳动合约性质的劳动安排。客户不得雇用遭贩卖的人口”。

卡洛特项目基于防范新冠肺炎疫情的传播和扩散的考虑，在 2020 年起锁定了项目边界，采取新冠肺炎疫情防控凭证进出的规则，任何人员均须通过程序方可进出。

卡洛特项目规范约定各项工作生活条件，约定员工的各项薪酬福利保障及社会权益，制定发布《反报复政策》《非歧视政策声明》《举报政策》《零容忍政策》《行动自由政策》及《员工申诉机制和委员会》等，全方位保障员工的各项权益。

卡洛特项目现场另一个关注点是中巴方员工工作期间友好配合和交流的正向引导、管理和教育工作。不得发生明示或暗示无既定规定条款的工作加压；另对中巴文化差异的过程予以交流和解释以便及时消除可能的误会。

因卡洛特项目属于中巴经济走廊项目，政府有专项安保规定，为更好地服务中巴方员工的证件需求，规范约定身份证和护照的及时领用规则程序。针对护照安全保管，卡洛特项目专设护照储物柜模式并对所有员工保持清晰透明。

（8）第三方雇用的员工

IFC 绩效标准 2 第 24 条“对于合同员工，客户应采取商业上合理的行动来确保雇用这些员工的第三方是具有信誉的合法企业，并有适当的环境和社会管理系统，令企业的运营符合本绩效标准的要求，但第 18 ~ 19 条和第 27 ~ 29 条的要求除外”。IFC 绩效标准 2 第 25 条“客户应制定管理监督方面的政策和程序，以确保第三方雇主的绩效达到本绩效标准的要求。此外，客户应采用商业上合理的行为把这些要求纳入与第三方雇主的合同协议中”。

卡洛特项目把除临时工作人员外的所有在项目上工作的人员纳入了员

工管理，根据相关政策和程序开展过程实施、管理和纠偏，纳入了食物津贴、最低工资保障等统一管理体系。

3. 职业健康与安全计划

IFC 绩效标准 2 第 23 条“客户应为员工提供一个安全和健康的工作环境，并考虑到客户工作区域内特定行业和具体危险类工作固有的风险，包括物理性、化学性、生物性和放射性危险，以及针对女性的特殊危险。客户应采取措施，通过在合理情况下尽可能降低致险因素来预防工作中发生或与工作有关的事故、伤害和疾病。客户应以符合良好国际行业惯例的方式采取以下措施：①确定对员工可能构成的危险，特别是威胁生命的危险；②提供预防和保护措施，包括改变、替代或消除危险状况或材料；③对员工进行培训；④记录并报告发生的职业性事故、疾病和事件；⑤提供应急预防、准备和应对安排”。

卡洛特项目制定的职业健康与安全计划规定有关损失工时的受伤和事故、死亡、未遂事故、疾病和其他相关信息数据的程序和制度。并编制“建设期职业健康与安全风险评估及控制一览表”，对于施工作业活动，进行经验风险评估和现场风险评估，列出预计的各类职业健康与安全风险及危害，制定环境管理措施，并开展培训和监督检查。

该计划规定了各层级岗位的职责，策划了临建设施现场应采取的健康、安全与卫生措施要求，以及 OHS 监督员每周、每月的检查规定。规定了提供 OHS 培训的工作安排。该计划附表中规定了危险识别和风险评估表、工作场所检查清单、承包商绩效检查清单、安全作业程序审核表、事故调查报告表、工作前安全会议记录表、每月 HSE 关键绩效指标报告。

卡洛特项目采取管理层和实施层两个层面的职业健康与安全系统性培训。管理层侧重于工作环境安全风险消除、预防、过程管理、应急处置等；实施层侧重于工前、工中的观察和检查事项、报告事项、遇到危险的应急方法等；针对实施的工人层面，尽可能地用违章违规图片及视频、规范操作图片及视频开展培训，采取关键安全操作步骤等。针对 EHS 员工及应急团队成员开展专业的职业健康与安全风险识别、组织部署消除、控制或减少风险，专业应急处置等。

卡洛特项目以安全环境风险辨识和隐患排查治理为手段，加强检查与隐患整改闭合，采取日常巡查、专项、综合检查及月度定期检查的方式进行管理纠偏与改进。项目总体职业健康和安全受控，得到了多家巴基斯坦主流媒体的报道，也为当地培养了一批熟悉职业健康和安全管理，具备丰富实践经验的人员。

4. 工人住宿计划

按符合国际劳工组织编制的《工人住宿建议书》（第 115 号建议书）执行。

国际劳工组织规定的施工现场工人住宿的标准如下：①每人或每个家庭所分配的最小空间（房屋面积、建筑体积或房间大小和数目）；②为工人住宿供应安全的用水，以满足个人和家庭的全部需求；③配备相应的废水和垃圾处理系统；④能有效防暑、防寒、防潮、隔音、防火以及防止带菌动物（特别是昆虫）进入；⑤配有相应的卫生和清洗设施、通风设施、炊饮和储藏设施，有充足的自然和人工照明；⑥保证在家庭各成员之间以及家庭成员与外界之间提供有最低限度的隐私，保护住户不受外界因素的干扰；⑦住人的房间与动物饲养区适当隔开。

卡洛特项目依据 IFC 可持续性绩效标准和《工人住宿计划》开展营区消防安全风险评估和房屋拥挤评估，编制实施宿舍检查清单、营区检查表，制订房间清单、房间分配表，房门张贴员工名单及编号等。制定营区紧急出口、应急照明、应急警报及应急集合点、应急疏散程序及疏散图。

其中宿舍内标准：

人均住宿面积不少于 4 平方米；

每间宿舍每人至少有 1 间储物格；

每间宿舍都须有窗帘；

每间宿舍不得有煤气、液化气瓶；

宿舍内每 2 人至少 1 台电扇或 1 个宿舍至少配置 1 台空调；

每个宿舍内用电采用安全插座。

整个营区标准：

营区卫生间、淋浴间比例为 1∶15，淋浴间喷头保障均配置花洒；

营区热水器按不少于 1∶30 的比例配置；

洗衣机按不少于 1∶30 的比例配置；

配置每人不少于 2 米长的晾衣区；

每个营区至少按 1∶100 的比例配置急救箱；

营区至少按照每 100 平方米配置 1 个灭火器；

每个营区须设置连续且显著的疏散标识，覆盖所有通道；

营区饮水设施须保障冷饮水供应；

营区垃圾桶须有盖，每日至少清理 1 次垃圾；

所有涉及劳工的政策和程序都要张贴（政策和程序由经理部提供）；

每个独立的营区要设置 1 个卫生室，配备 1 名巴方护士；

每个营区的商店要明码标示商品价格，张贴在商店外墙；

每个营区的食堂要明码标示食物价格，张贴在食堂外墙；

食堂配置不少于 2 处灭蝇灯；

配电箱要上锁，箱上有每月检查记录表，每个配电箱有警示标志，配置有绝缘垫；

每个营区公告板要张贴营区应急疏散程序及疏散示意图；

房屋裂缝采用砂浆或水泥浆抹面，然后刷白。

紧急出口标准：

每个宿舍网格保障有 2 个出口，其中 1 个为紧急时备用出口。

应急警报标准：

每个营区设置足量火灾报警装置，保障每排宿舍不少于 1 个；

每个独立的营区至少设置 1 处应急集合点，并有集合点标识。

指导各工区各营区落实维护维修团队，形成维护日志和维修日志，明确每个营区的管理团队，维护维修、管理（兼应急）团队成员姓名、联系方式张贴在公告板，各工区维护团队和管理团队各自形成宿舍维修和宿舍管理记录。驻现场人员提供培训，包括消防培训、应急响应培训和急救培训。

卡洛特项目建设专门的水厂供应安全的饮用水，水质符合巴基斯坦国家环境质量标准（NEQS）要求，在各营地配置有公共休息区、篮球场、排球场等。

5. 废弃物管理计划

主要列举各类废弃物所采用的程序和措施。

采取的措施：①源头缩减；②废弃物的重复利用。

固体废弃物处理：采取分类回收。无害建筑垃圾运至渣场集中处置掩埋；生活垃圾由当地回收公司定期收集处置。

液体废弃物处理：①化粪池处理方式；②配置一体化污水处理系统。

6. 水质管理计划

水质管理分饮用水水质、生活及生产废水排放水质。在各施工废水排放区均配置有废水沉淀池，在各生活废水排放区均配置有化粪池。根据需要及时增设了定期的主河流及 BEOR 采石区河流的水质监测工作。

饮用水监测：在施工区生活用水投运前第一次委托第三方进行饮用水水质评估检测，合格后由现场进行日常监测控制。日常监测指标如表4－2所示。

表4－2　日常监测指标

序号	监测指标	频率
1	色度	每周一次
2	臭和味	每周一次
3	浊度	每周一次
4	余氯	每周一次
5	细菌总数	每周一次
6	大肠杆菌	每周一次
7	耐热大肠菌群	每周一次
8	pH 值	每周一次
9	总硬度	每周一次
10	耗氧量	每周一次
11	氨氮	每周一次

生产废水监测：涉及导流洞、厂房、溢洪道、大坝、砂石加工及砼拌和系统生产废水处理之后的排放，日常对浊度、氨氮进行每周一次的监

测；每三个月委托第三方进行一次评估检测。

生活废水监测：建设期营地的生活废水处理之后的排放，日常对细菌总数、大肠杆菌、耗氧量进行每周一次的监测；每三个月委托第三方进行一次评估检测。

7. 泄漏预防和应对计划

材料的储存设施按照策划的方案管理。重点如燃料储存区、重油发电站、修理车间及仓库、水厂、混凝土及沥青搅拌站、液氨、油漆。泄漏预防措施包括容器管理、标识管理。

8. 空气质量管理计划

经分析评估，影响空气质量的主要环节包括露天及隧洞爆破作业，溢洪道钻孔/开挖/装卸作业，砂石加工及砼拌和系统。

隧洞空气质量检测项目包括 O_2、CO、CO_2、NO、NO_2、SO_2 及 PM_{10}。在隧洞爆破后进行每日一次的空气质量检测，由现场配置气体检测仪实施相关检测工作。

在建设期营地、溢洪道处、砂石加工及砼拌和系统、隧洞区域选取监测点。每季度委托第三方进行一次空气质量检测。

卡洛特项目在定期第三方环境监测中根据项目环境评估实际增加了重油发电站气体排放、沥青拌和站气体排放、车辆尾气排放等检测。

9. 危险材料管理计划

该计划详述了施工过程中产生的有害物质所需程序和措施，包括：处理、运输和储存危险材料和处置有害废物。

IFC《环境、健康与安全通用指南》中针对“重大危害的管理”详列了规则指南。危险物质的生产、处理和储存达到或超过临界限制的项目还应结合其总体的环境安全/职业健康与安全管理体系（ES/OHS & MS），编制危险物质风险管理计划。

卡洛特项目编制的危险物质风险管理计划涵盖变更管理、修改操作规程、合规审计、事故调查、员工参与、培训、工艺安全信息、操作规程等章节，确保对可能造成人身伤害或破坏环境的事故作出快速和有效的响应。在实施过程中，针对重油电站、炸药库等涉及相关物资的场所进行严格管理。

10. 噪声和振动管理计划

噪声管理按照巴基斯坦国家环境标准及 IFC 要求，对整个建设期活动噪声值进行系统测试及评估。对于超出 75 分贝值的区域，全员佩戴降噪耳塞。对设施、设备配置适宜的降噪设施。

振动管理首要做好爆破控制，有序实施爆破；对重型车辆行进路线做好规划，尽可能地避开居住区；对砂石（砼）系统从工艺选型、运行管控上采取适宜控制方式。

主要的噪声及振动监测策划如下。

振动监测：经评估，卡洛特水电站施工区振动监测源头为施工爆破引起的振动。采取振动监测仪在建设期营地、卡洛特老桥、左岸排洪沟侧 Hollar 村附近进行监测，监测频率为相关施工区域进行爆破活动时。每次爆破需收集的数据包括（但不限于）：最大单响药量，爆破点至监测位置的距离，质点振动速度。同时采取爆区表面压覆、控制单孔装药量和爆破规模。使用高精度雷管等措施，爆破振动受控，监测数值满足要求。

噪声监测：经分析评估，噪声主要包括爆破噪声、开挖/钻孔噪声、重型运输车行驶的集中路线上噪声、砂石加工及砼拌和系统生产噪声。

在砂石加工及砼拌和系统、溢洪道、大坝、厂房、导流洞进出口以及开挖料运至渣场路线上的 Hollar 村附近区域进行噪声监测，监测按照每周一次的频率进行。监测结果表明，噪声控制满足相关规范要求。

11. 安保管理计划

依据《安全和人权自主原则》及《IFC 绩效标准 4：社区健康、安全和治安》修订更新安保管理计划。

该计划系统性地策划了整个人员活动区域、方式的安保管控。对安保设施、管控制度、定期检查及评估风险、信息的传递及共享进行规定。

根据外部形势修订安保管理计划，组织军方召开联席会议，组织开展公共安全培训，协调军方进行专项安保培训。同时不断提高项目内人员安保风险防范意识。

通过有效执行安保管理计划，在整个项目建设期内未发生恐怖袭击等恶性事件。

12. 交通管理计划

该计划是针对交通的专项管理计划。重点进行交通影响评估和车辆运行的管控，有序策划实施。针对与地方公共交通重叠路段明确各路段管控责任。制定交通礼让规则，限制现场车速，规定车辆检查时限，制定操作规则和程序（例如禁止铲车在铲子放下的状态下行驶），控制交通状态或方向。规定送货车辆和私人车辆只能在限定的道路和区域行驶，尽量使用单行道规则。

车辆超速、车辆大灯、倒车警报是管控重点。同时制订发布安全运输规则的内部审查/检查清单。针对上下班车辆策划巴士座位数，制定工人乘车规则，监控日常以确保座位数的满足性。保障巴方员工休假时提供巴士服务至项目区外的公共道路候车区。通勤车辆全部张贴安全运输规则，定期开展对司机的培训。

通过有效执行有关规定，保障了地方车辆和施工车辆的交通安全，在整个项目建设期内未发生较大交通事故。

13. 爆破与爆破器材管理计划

该计划在实施前针对性地制定了“爆破作业管理办法”及“爆破器材管理办法”。对人、设备/设施、作业各个环节进行了明确规定及要求。根据卡洛特实际成立爆破指挥小组，从作业过程、信号、警戒、解除等方面严格管控。

根据爆破施工活动进展，设置了爆破振动监测管控，尤其是针对重要建筑物、构筑物及居民区。爆破作业相关人员均持证上岗，并根据需求，持续开展相关安全及技能培训工作。

14. 应急准备和响应计划

该计划系统策划了应急工作的作业规则。

根据该计划，系统识别了包括自然发生的危害（例如地质灾害，气象灾害等)、故意事件（诸如恐怖主义、破坏活动、内乱、罢工或劳资纠纷、犯罪活动等)、意外事件（爆炸物、易燃液体、易燃气体、易燃固体、氧化剂、毒药，放射性、腐蚀性物品的溢出或释放。爆炸/火灾、交通事故、建筑物/结构倒塌、能源/电力/公用设施故障等)，并策划了《巴基斯坦卡洛特水电站工程突发事件综合应急预案》及 15 个专项应急预案。形成了资源共享、高度协同、有效运行的应急系统，实现了精准研判、精准预警、精准救援，成功处置了多起险情、灾情。

15. 本地需求战略

该战略策划了为适应本地需求，履行好社会责任及企业责任，经过评估而采取的战略指南。

从物资的采购、劳动力的就业和培训、供应商的选择、有关服务的外包等方面优先实施本地需求战略，促进地方经济社会发展。

卡洛特项目安排人员定期拜访附近社区和供应链相关方，并与之建立密切的合作关系。不定期举行协商会议和商讨会，并促进各方树立客户关系管理和项目活动意识。

16. 人员流入管理计划

针对人员进出电站对当地交通、治安等方面的影响策划了该计划。策划了受控涌入情况下的记录分析等工作，及时做好数据分析，实时调整相关的公告信息，并密切联络当地政府。

17. 技能培训计划

该计划策划了雇员的培训以及工程移民/周边村落居民的技能发展培训两大块内容。涉及培训的调查、培训议题的确定、培训的组织、培训方案的实施、培训效果的评估等。

除项目内雇工遵循“不培训 不上岗”原则进行培训外，卡洛特项目针对电站附近村庄居民需求组织实施了社会责任类居民技能培训相关工作，并优先聘用到项目内工作。

18～19. 地表径流和侵蚀控制计划及渣土管理与边坡稳定计划

针对预防水土流失进行的管理策划。具体涵盖了排水系统、支护作业、防护施工、渣土运输及堆存、各沉淀池的配置与维护，以及及时跟进地质工作等。

卡洛特项目规划有5个大型弃渣场，建设过程中及时施工截排水系统，有序管理弃渣分层，加强地质人员巡查力度，整个卡洛特项目未发生泥石流、渣场滑移等不良事件。

20. 偶然发现物程序

针对施工活动可能发现的地下有价值物而策划的管控程序。卡洛特项目就名人墓做了相关保护工作，受到当地民众一致好评。

三、卡洛特水电站项目IFC绩效标准合规的成效

通过对标IFC绩效标准，卡洛特水电站一方面为当地提供了充分的就业机会，另一方面为当地培养了一大批优秀的专业人才，在项目施工高峰时段，共为当地提供约5000个就业岗位。同时项目极大推动了当地建筑材料、交通运输等领域的飞速发展，实现了互利共赢，促进了可持续基础设施的高质量发展。

在整个项目建设期内，三峡发展未收到来自政府部门和周边社区的处罚和投诉。通过改善当地教育和医疗设施条件、向周边社区提供劳动技能培训，及捐赠防疫物资等行动，收获了当地民众的口碑，巴基斯坦多家主流媒体多次报道该项目所取得成绩，完美契合了“一带一路”的“共商共建共享”原则。

第五章　中国企业“走出去”之反腐败专项合规案例

腐败、垄断是市场公平竞争机制的两大敌手，国家对企业的制裁和规制也是从这两个法律领域开始的，因此，反腐败合规和反垄断合规是最先产生的专项合规种类，相较而言，反腐败合规的适用范围更广、国际标准化的程度更高。中国企业“走出去”最先需要防范的就是腐败行为所带来的行政和刑事风险，需要警惕高管、员工等以非法的财务交换获取商业利益，特别是经营涉及那些廉政情况较差的司法辖区时，这样才能避免被国内和域外的执法机关制裁。目前，许多企业已经在反腐败合规方面做出尝试，本章选取两大具有央企背景的企业，呈现其在反腐败合规方面的先进经验和创新尝试。

中国大唐集团海外投资有限公司是中国大唐集团有限公司的全资子公司，主要从事海外能源项目的投资、建设和经营、运营维护、工程总承包、国际贸易、技术服务等相关业务。公司的反腐败合规亮点主要有二：第一，注重腐败风险的识别与细化，即对照本企业风险管理指标体系，对境外投资反腐败合规风险发生的可能性、影响程度、潜在后果等进行系统分析和评估，根据评估情况，制定和实施合规风险防控措施；第二，强调重点领域的反腐败合规，包括加强投资管理、财务管理、采购管理等，例如，加强现金支付管控，在境外项目开发过程中尽量避免使用现金支付，确需使用现金支付的，应进行合规审查，同时应遵守现金日清月结制度，每日进行现金盘点，严禁挪用库存现金和“白条抵库”。

中国长电国际（香港）有限公司是中国长江电力股份有限公司在香港设立的全资子公司，主要从事海外配售电、新能源投资并购，海外并购资产的投后管理，输出三峡水电站的先进管理经验，为海外电站提供咨询和运维服务等。公司在收购路德斯公司后，结合国内外的法律要求，建立了适应中国内地、中国香港、秘鲁、美国等不同法域的反腐败合规管理制度。创新措施包括：以董事会为领导，风险与合规委员会、审计委员会协作，实现反腐合规管理和合规监督的“两翼齐飞”；设道德委员会，向董事会、风险与合规委员会负责；在礼品、业务招待费用等方面制定了相较于原股东更加严格的限制；规范反腐败业务台账管理；设置大股东举报热线。

第一节　中国大唐集团海外投资有限公司

企业简介：中国大唐集团海外投资有限公司（以下简称“海投公司”）是中国大唐集团有限公司的全资子公司，是大唐集团公司开展海外业务的主要窗口和平台，主要从事海外能源项目的投资、建设和经营、运营维护、工程总承包、国际贸易、技术服务等相关业务。目前，拥有六个在役项目，在役装机容量超过1000 兆瓦；重点推进前期项目十余个，重点储备项目容量超过5000 兆瓦。

一、反腐败合规建设的背景

中国企业在推进境外项目的过程中，所面临的合规监管要求日益复杂，监管压力日益增加。在境外开展的经营活动中，既要遵守中国法律的规定，又须遵守东道国及相关国别的法律法规。近年来，我国对于腐败贿赂行为的打击力度不断加大，相关立法的完备程度、执法的严厉程度进一步提升，而相关数据表明，由于经济社会发展水平不高，腐败现象突出，“一带一路”沿线国家的政府清廉指数普遍较低，远低于欧美发达国家，此外，部分欧美国家的合规监管要求，也可能对中国企业在东道国推进项目产生较大影响，这些均导致中国企业在境外开发项目时面临越来越大的合规压力。

二、反腐败合规建设的做法

（一）境外投资反腐败合规制度体系建立

境外投资反腐败涉及公司经营管理的各个方面，因此开展境外投资业务的企业应根据所处行业、反腐败反贿赂管理活动特点，全面梳理、收集反腐败反贿赂管理业务应遵守的合规义务，境外反腐败合规制度的构成主要为以下方面。

1. 外部合规法律法规

主要包括但不限于：中国以及东道国、相关国家的法律和法规，许可、执照或其他形式的授权，监管机构发布的命令、条例或指南，法院判决或行政决定，条约、惯例和协议，国际条约、惯例等。

2. 内部合规制度

集团公司及本公司规章制度（包含但不限于党风廉政、纪检、财务、法律合规、对外投资、市场开发等），“三重一大”决策机构各类决议，本企业已签订的合规承诺书或者合规宣言等。

企业各相关部门应根据外部法律法规和内部管理要求的变化，修订、及时启动本部门负责领域的内部规章制度“立改废释”工作，企业可以通过列入相关监管部门收件人名单，成为专业团体的会员，订阅相关信息服务，参加行业论坛和研讨会，监视监管部门网站，通过与监管部门会晤、与本企业法律顾问洽商等方式持续跟踪更新反腐败反贿赂外部法律法规变更情况。

企业各相关部门应定期分析内部制度与外部法规要求，比较内部制度是否涵盖外部法律法规要求，梳理反腐败反贿赂管理业务流程，与外法内规进行匹配，制定制度修改计划，及时将外部合规要求转化为内部规章制度，确保反腐败反贿赂管理业务相关制度全面合规、体系完整。

（二）境外投资反腐败合规风险管理

1. 境外投资反腐败合规识别

企业应定期组织境外投资反腐败识别合规风险活动，梳理反腐败反贿赂管理各业务控制环节因未遵守合规要求可能导致的处罚或损失。识别合规风险的方法包括：问卷调查、访谈调研、头脑风暴法、检查法，合规管理评估，内部审计，员工举报，等等。此外，企业可综合利用内控、审计、纪检的综合成果收集并建立本企业合规案例库，增强员工的反腐败合规风险意识。

2. 境外投资反腐败合规风险评估

企业可对照本企业风险管理指标体系，对境外投资反腐败合规风险发生的可能性、影响程度、潜在后果等进行系统分析和评估，根据评估情况，总结反腐败反贿赂管理和监督过程中发现的典型性、普遍性问题，对可能产生较严重后果的风险及时发布预警，制定和实施合规风险防控措施。

对于识别的重大风险，风险防控措施至少应包括：风险解决的具体目标，所需的组织领导，所涉及的管理及业务流程，所需的条件、手段等资源，风险事件发生前、中、后所采取的具体应对措施等。

3. 业务专项合规审查

企业各主要业务条线（如投资并购、市场开发、财务管控等）应将合规审查嵌入反腐败管理业务运行流程，每个控制环节的关键岗位人员应根据本企业反腐败合规制度要求，对所负责的业务环节进行合规审查。即根据业务所在国对反腐败反贿赂的规定，在公司管理制度中对全体员工的行为进行规范，编制并签订合规承诺书，定期对腐败贿赂高发业务领域开展内部审计，研究并开展预防腐败贿赂的对策和措施，对接到的合规投诉或举报开展调查并进行相应处理，宣贯反腐败反贿赂文化。

（三）境外反腐败合规重点领域管理

1. 投资管理

明确境外投资管理流程，将风险、合规审查等纳入投资管控关键环节。在项目投资前期立项阶段开展国别风险研判、项目初步可研、项目风险初步评估。竞标项目阶段完善投标合规审查，推动业务部门进行投标合规资格审查，对招标人及项目进行合规资格审查，编制合规资格审查文件及相应说明，签署投标文件真实性承诺书。加强商业合作伙伴的合规审查，在合作协议等相关协议中加入合规条款，或单独签署合规声明，切实防范合规风险传导。加强境外项目开发居间咨询服务管理工作，建立和完善相关制度，在相关协议中明确工作范围和职责、服务期限、佣金/中介费金额和支付方式、协议终止事由、佣金/中介费服务合同适用法律和争端解决方式、保密要求及服务合规性等重要内容，切实防范腐败风险等。

2. 财务管理

严格执行资金、财务人员等方面的制度规定。加强现金支付管控，在境外项目开发过程中尽量避免使用现金支付，确需使用现金支付的，应进行合规审查，同时应遵守现金日清月结制度，每日进行现金盘点，严禁挪用库存现金和“白条抵库”。严格境外银行账户管控，定期梳理境外银行账户情况，加大对无效、低效账户清理工作力度，不断优化账户使用效率，压缩账户数量。加强银行预留印鉴的管理，财务专用章应由专人保管，个人私章必须由本人或其授权人员保管，严禁一人同时保管所有的银行预留印鉴。加强对外捐赠管理工作，加强对被捐助企业的背景调查，严格履行对外捐赠审批流程，严禁以捐赠形式实施不合规行为，严禁以任何名义实施政治性捐赠。

3. 采购管理

境外采购应严格遵守我国和项目所在国（地区）的法律要求，明确境外采购的程序和范围，坚持境外采购公开竞争性原则。非招标采购应尽可能扩大市场范围，选择优质供应商产品和服务，提高采购质量。强化供应商的背景调查，推动通过签署廉洁协议或在相关协议中加入反腐败反贿赂条款等方式，最大限度地避免腐败贿赂风险。

4. 人员管理

按照企业人力资源各项制度要求，把控好选人用人的政治关、廉洁关、业绩关、群众关，严肃执行政治问题、廉洁问题“一票否决”，严格按照国务院国资委相关要求，应派尽派财务负责人等关键岗位人员，同时注重加强领导干部的日常监督和管理，多措并举，运用多种载体形式宣传树立“知敬畏、守规矩、常自检”的廉洁理念，不断提升领导干部履职能力和拒腐防变能力。

5. 履职管理

加强领导干部履职待遇管控，加强外事礼品和商务招待管理工作，明确礼品赠送、商务招待的标准限额，严格执行外事礼品、商务招待预算和审批流程，同时规范在业务往来中收受礼品礼金登记上交的制度和流程，确保合法合规。

三、反腐败合规建设的成效

通过境外投资反腐败合规制度体系、境外投资反腐败合规风险管理、境外反腐败合规重点领域管理，加强境外投资领域反腐败合规管理体系建设，提高企业境外腐败风险的抵御能力，不断促进企业境外依法合规经营。

第二节　中国长电国际（香港）有限公司

企业简介：中国长电国际（香港）有限公司（以下简称“长电国际”）是中国长江电力股份有限公司在香港地区设立的全资子公司，是长江电力国际化发展平台，主要从事海外配售电、新能源投资并购、海外并购资产的投后管理、输出三峡水电站的先进管理经验、为海外电站提供咨询和运维服务等。公司业务范围覆盖秘鲁、巴基斯坦、巴西、德国等。

2020年4月24日，长江电力通过香港平台公司长电国际下属子公司成功收购了秘鲁第一大配电公司路德斯公司（Luz del Sur S. A. A.），资产总量约150亿元。长电国际通过董事会对其进行管理。该笔交易是当时中国企业最大的海外电力收购项目，也是中资企业首次进入秘鲁大型公用事业领域，受到秘鲁政府和当地人民欢迎。长电国际在收购后，面临境外属地市场和中央企业监管的双重合规义务，中国内地、中国香港、秘鲁和美国多法域的法律冲突，中秘两国的文化差异以及应对美国“长臂管辖”等诸多问题和挑战，通过寻找不同因素之间的“最大公约数”，力求解决冲突，完成制度再造，为中央企业海外反腐败合规管理提供实践参考。

路德斯公司是秘鲁第一大配售电公司，于1996年在利马证券交易所上市，经营管理居秘鲁国内行业领先地位。原股东桑普拉能源公司是一家世界500强的美国上市公司，经营管理路德斯公司二十余年。路德斯公司在原股东的管理下，以美国《反海外腐败法》（The Foreign Corrupt Practices Act，FCPA）为基础建立了一套成熟的反腐败合规体系，在防范腐败风险方面发挥了重要作用。

一、反腐败合规建设的背景

（一）前股东时期路德斯公司基于FCPA的反腐败合规制度体系

FCPA是美国在1977年发布并历经3次修订的一部单行法，旨在禁止美国公司向外国公职人员行贿。由于该法的适用范围日渐扩大，被普遍认为是美国实施“长臂管辖”的有效工具，也是全球普遍认可并适用的反腐败合规指导文件。路德斯公司在原股东美国桑普拉能源公司二十多年管理下，以FCPA为基础建立了一套成熟的反腐败合规体系，在防范腐败风险方面发挥了重要作用。

路德斯公司的反腐败合规制度体系共包括6项制度，分别是《道德廉洁政策》《捐款捐赠制度》《利益冲突制度》《招待费用制度》《聘请第三方顾问制度》《举报管理制度》。路德斯公司反腐败合规制度示例参见图5-1。

《道德廉洁政策》是路德斯公司反腐合规的纲领性文件，该制度明确

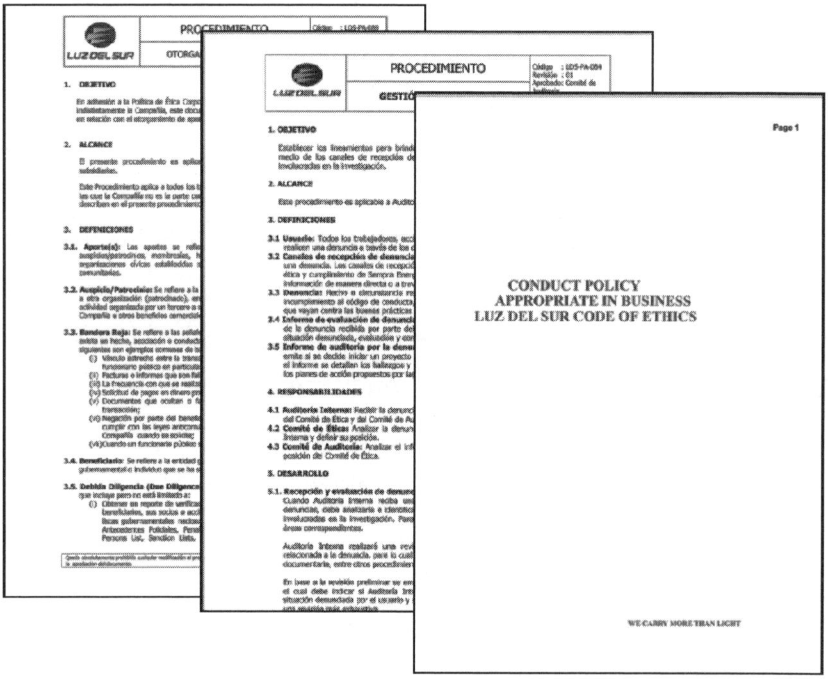

图 5－1　路德斯公司反腐败合规制度示例

禁止向公职人员提供任何金额的贿赂、政治捐款、疏通或便利费等类似不正当费用，要求公司对所有相关财务交易进行准确和合理的详细记录，以此确保公司的经营管理符合 FCPA 实体和程序要求。

《捐款捐赠制度》主要规定公司对慈善机构进行捐赠、支持或赞助，或是获得会员资格的相关要求和审批流程，要求捐赠必须合理、具有慈善或公益目的、公开透明等，并应当对受益人开展反腐败尽职调查。

《招待费用制度》主要规定了与公职人员有关的餐费、礼品赠送、差旅费的相关要求和审批流程，应当满足合理、受益人身份正当、符合法律和监管环境等条件。

《聘请第三方顾问制度》主要规定了在聘用第三方代表公司与公职人员沟通时的工作要求、尽职调查和相应审批流程。明确禁止第三方机构进行贿赂、政治捐款、便利费等不正当支付。

《利益冲突制度》主要规定了员工或其近亲属在与公司存在协议、交易或业务等利益冲突时，应当报告并予以规避，以及在例外情况下应履行的审批程序。

《举报管理制度》主要规定了举报接收、举报评估、调查报告等工作要求和审批流程，建立了以公司内部审计部门为主导、董事会审计委员会为中心的反腐败举报机制。

（二）收购完成后长电国际面临的法律冲突

长电国际在成为路德斯公司的新股东后，须同时遵守中央企业合规监管与境外市场监管要求，如何解决多法域潜在法律冲突，成为长电国际从收购转向治理过程中面临的重大课题。

首先，作为注册地在中国香港的央企境外平台公司，同时作为路德斯公司的上层控股公司，长电国际需同时遵守中国内地反腐败、反不正当竞争法律法规、中央企业监管以及国有企业工作人员廉洁从业合规方面的政策和法规，中国香港《公司条例》中关于董事会决策和《防止贿赂条例》中严格禁止利益输送的机制，以及秘鲁反腐败方面的法律法规，此外，为避免美国“长臂管辖”合规风险，长电国际也需考虑在路德斯公司反腐败合规管理中适度参考及沿用美国 FCPA 制度要求。上述反腐败法律法规在反对贿赂和利益输送的基本条款上一致，但是，在疏通或便利费、商业记录及会计账簿留存等部分条款要求上存在潜在冲突。例如，FCPA 并不明确禁止支付促进公职人员履行职务相关的小额“疏通或便利”费用，但根据中国香港《防止贿赂条例》的规定，禁止向公职人员提供任何利益，以加速其公务行为。

其次，前任股东和新任股东的交接，造成反腐败合规制度中股东方审批机制出现真空期。股东交接后，以往制度中规定由桑普拉能源公司审核或审批的程序性规定已无法继续适用，长电国际管理机制的输入成为制度修改过程中的重点。

最后，国务院国资委、三峡集团公司同样对央企所属公司提出了严格的合规要求。例如，在央企所属公司境外经营业务开展过程中，商业贿赂、与公职人员交往、捐赠赞助、疏通费等问题很容易造成合规风险、引发业务所涉国家或地区关注的重点，除严格落实合规尽调之外，还要求央企所属公司对业务合规环境执行严格的合规风险评估。

二、反腐败合规建设的做法

（一）合规制度研究

在合规管理实务中，合规制度研究通常是首要阶段和基础性方式，是快速、直接且深入了解合规体系的第一步。长电国际合规制度研究的具体工作包括以下两个方面。

第一，完成制度文本的对比分析：通过对路德斯公司前股东时期实施的制度文本的对比分析，了解路德斯公司的管理审批流程是否考虑得当、核心实体性条款是否符合境内外法律规定、重大合规事项是否向股东方提请审批等。

第二，与合规专项律师开展交流讨论：与公司聘请的合规专项律师就美国 FCPA 和美国市场惯例展开讨论，会同路德斯公司法律部门、审计部门开展交流访谈，深入了解路德斯公司落实美国 FCPA 规定的具体方式以及秘鲁当地反腐败合规工作实际做法。

（二）合规风险排查

文本本身并不能反映制度执行中的真实情况和实务问题，因此，制度文本研究无法替代充分的沟通交流。为进一步深入了解路德斯公司的反腐败合规工作情况，在文本研究成果基础上，开展了问卷答疑、专项审计、管理层自查等工作。

第一，问卷答疑：向路德斯公司发出多份制度事项问卷清单，了解制度实施情况。

第二，专项审计：充分发挥路德斯公司内部审计部门作为“第三道防线”的监督职能，要求路德斯公司审计部门对路德斯公司反腐败合规制度相关内容开展专项审计，审查、评估制度文本是否符合秘鲁反腐败法律法规、美国 FCPA 的要求。此外，对收购后发生的相关业务招待费用、第三方顾问聘用等情况进行反腐败合规专项审计。

第三，管理层自查：要求路德斯公司管理层对收购后的反腐败举报、捐赠赞助、与公职人员相关招待费用和第三方顾问雇用费用等工作情况进行检查并提供相关情况资料等，全面了解路德斯公司的反腐败工作实际情况。

（三）优化管理机制

董事会是合规管理的最高决策机构，是公司治理的核心，长电国际建立了以路德斯公司董事会为核心的合规管理架构。董事会由长电国际委派的中方董事和外籍董事构成，外籍董事具有丰富的境外企业管理实践经验，为董事会输入国际化管理思维。此外，为加强境外合规管理，长电国际在原有的董事会审计委员会基础上，增设风险与合规管理委员会，作为董事会合规管理方面的专门委员会。

风险与合规管理委员会共 7 人，由 5 名中方董事和 2 名外籍董事组成，其中委员会主席由外籍董事担任，主要负责合规管理建设。风险与合规委员会定期召开例会，路德斯公司首席合规官在会议上对近期合规事项进行报告或提交审议。审计委员会共 6 人，由 4 名中方董事和 2 名外籍董事组成，长电国际总裁担任委员会主席，对路德斯公司的合规管理行使监督职责。审计委员会每季度召开例会，路德斯公司首席审计师在例会上对近期审计事项进行报告或提交审议。

风险与合规管理委员会、审计委员会分别从合规建设与合规监督两方面协同配合，形成董事会合规管理的“两翼”，在机制上保障境外反腐败合规管理行之有效。

（四）合规制度创新

在长电国际管理下，路德斯公司反腐败合规制度的变化主要体现在以下几个方面。

1. 强化董事会的反腐败合规管理

通过风险与合规委员会、审计委员会，建立与之相应的重大事项审批以及日常事项报告机制，实现反腐败合规管理和合规监督“两翼齐飞”。

2. 深入管理层的反腐败合规管理

路德斯公司在经营层面设道德委员会（类似国内经营层面的合规委员

会），作为公司经营层面最重要的反腐败合规管理机构，向董事会风险与合规委员会负责。道德委员会由首席合规官、中方 CFO 以及人力资源副总组成，中方 CFO 参与到具体的反腐败合规事务当中，对一般性反腐败合规事项进行审核或参与决策，在经营层面把控反腐败合规风险。

3. 推动股东反腐败合规制度的延伸

参照长江电力和长电国际对于国内业务招待、捐赠、礼品赠送等相关管理方式和制度标准，对路德斯公司相关制度进行修订，对礼品、业务招待费用等方面制定了相较于原股东更加严格的限制。

4. 规范反腐败业务台账管理

要求路德斯公司对外捐赠及赞助、与公职人员相关的招待费用、代表公司与公职人员沟通的第三方顾问雇用等反腐败业务的所有事项均应当建立规范细致的工作台账，定期向风险与合规管理委员会、长电国际法律合规部门报送。

5. 设置大股东举报热线

长电国际采取由第三方管理的举报热线作为大股东举报热线，路德斯公司员工、供应商等人员和单位可直接向长电国际进行举报，强化了股东方的腐败监督。

（五）充分发挥内部审计“第三道防线”作用

董事会及其下设的审计委员会决定首席审计师的聘任、审计预算以及重要审计事项的审批，以保障路德斯公司审计团队的独立性，并将反腐败专项审计列入路德斯公司年度审计计划，确保路德斯公司内部审计每年对反腐败合规实施情况进行审查和评估，审计团队直接向审计委员会汇报，充分发挥合规管理“第三道防线”的作用。

（六）将反腐败合规纳入管理层 KPI 考核指标

为进一步确保反腐败合规制度得到有效遵循，使反腐败合规深入人心，长电国际正着手将反腐败合规制度执行情况及反腐败管理情况纳入路德斯公司管理层的年度绩效考核，在与相关被考核人员充分沟通的前提下，确定合规绩效考核指标的具体权重。路德斯公司管理层（总法律顾问）的 KPI 考核指标如图 5 –2 所示。

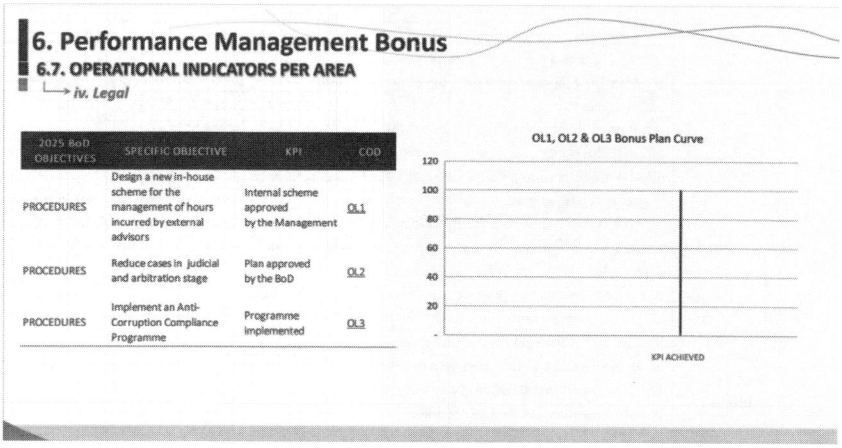

图 5 –2　路德斯公司管理层（总法律顾问）的 KPI 考核指标

三、反腐败合规建设的成效

（一）解决法律冲突问题，满足中国、秘鲁等相关法域的合规要求

根据路德斯公司内部审计对修改后反腐败合规制度体系的审查评估结果，修改后的反腐败合规制度体系符合 FCPA 以及秘鲁反腐败法规、秘鲁刑法典和经济合作与发展组织（OECD）关于打击国际商业交易中行贿外国公职人员行为的国际文件，满足秘鲁等相关法域的合规要求。同时，对中国内地、中国香港、秘鲁及美国等反腐败法律法规进行梳理，修改后的反腐败合规制度体系能够同时满足中国法律和中央企业的合规要求。路德斯公司新旧反腐败合规制度的内容对比如图 5 –3 所示。

（二）完成管理延伸和制度再造，建立了央企特色的秘鲁上市公司反腐败合规体系

新的反腐败合规管理体系体现了三峡集团和长江电力对境外反腐败合规的要求，将国内廉洁从业方面的良好做法延伸到对境外公司的管理中，

Issues to be reviewed and approved	Work Process in the Sempra period	Work Process in the Amended Documentation
LDS PA 084 Management of Complaints		
Complaints from employees, suppliers and customers	Complaints to Internal Audit through the Integrity Line and the Integrity Mail: (1) After the preliminary review, the Internal Audit generates a complaint evaluation report and send it to the Ethics Committee; (i) The Ethics Committee reviews and decides whether to initiate an Internal Audit project for an investigation; (ii) If the Ethics Committee decides not to initiate an Internal Audit project, the Audit Committee may, at its discretion, initiate one for an investigation; (2) Upon completion of the audit project initiated by the Internal Audit for the purpose of an investigation, the Chief Auditor will issue an audit/investigation report to the Ethics Committee and Audit Committee; (3) The Ethics Committee and the management will make a decision on handling the complaint issues. Complaints to Sempra Energy through its Ethics and Compliance Line. The complaint	Complaints to Ethics Committee through the Integrity Line, the Integrity Mail and other means: (1) The Ethics Committee makes a preliminary evaluation of the complaint; (2) After the preliminary evaluation, the Ethics Committee may: (i) Directly determine how the complaint is handled. If the evidence of wrongdoing is found, the result shall be communicated to the General Manager and Internal Audit; (ii) Decide to conduct a detailed investigation (approve an investigation plan) and write a case report; (iii) The Ethics Committee decides that an investigation should be carried out by the relevant management departments and/or Internal Audit of the company, that is, by conducting a detailed investigation and completing a case report (including proposed actions plan) for the Ethics Committee's evaluation and decision. The proposed actions

图 5－3　路德斯公司新旧反腐败合规制度的内容对比

吸收了美国 FCPA 合规管理的先进经验，同时兼顾秘鲁当地的文化习俗和上市公司的实际情况，并在以董事会为中心的现代企业管理模式下进行融合，形成了独特的境外反腐败合规管理体系。

（三）反哺自身，优化长电国际本部反腐败合规体系

长电国际目前正在以美国 FCPA、联合国反腐败公约、世界银行等国际相关规定以及中国内地、中国香港等法律法规为基础，建立具有全局性、宏观性的上层境外反腐败合规体系，在这一过程中，公司充分借鉴和吸收路德斯公司反腐败合规管理的有益经验，对长电国际本部反腐败合规体系进行优化提升。

（四）为国内反腐败合规管理提供实践参考

目前国内许多央企及其下属公司都建立了合规管理体系，但部分企业在管理机制上，主要由公司经营层的合规委员会承担合规管理的主要职责，董事会参与管理的程度有限。同时，存在与反腐败合规相关的多个部

门，如合规归口管理部门、党群部、综合部、纪检部门、审计部门等。在如何加强董事会的参与，如何更好地厘清各部门的职责分工、发挥协同作用，如何有效发挥“第三道防线”的监督作用等方面，路德斯公司的反腐败合规管理经验能为国内的合规管理提供思考路径。

合规管理体系建设是企业自身发展的需要，也是应对国际形势、遵循国内政策法规的必然选择。建立完善有效的合规管理体系，不仅是企业在违规事件中得以免责的有力抗辩，更是公司高质量发展的必备条件。只有坚持常抓不懈，不断完善、提高企业合规经营水平，中国企业才能在“走出去”的同时走得更稳。

第六章　中国企业"走出去"之数据专项合规案例

随着互联网、人工智能等技术的高速发展，专项合规建设中的数据合规逐渐成为中国各类企业普遍关切的重点。习近平总书记强调："中国高度重视大数据产业发展，愿同各国共享数字经济发展机遇，通过探索新技术、新业态、新模式，共同探寻新的增长动能和发展路径。"在此背景下，我国以《网络安全法》《数据安全法》《个人信息保护法》为核心的数据法律制度体系对企业提出了更高的数据管理要求。在涉外经营中，我国企业因涉嫌违反《欧盟通用数据保护条例》（GDPR）等数据法律而被处罚的案例不断增多，域外国家针对我国企业的制裁力度不断加大。基于此，企业需要探索以体系化的合规管理制度建设应对数据获取、存储、传输、处理、跨境流动等环节所面临的多种数据风险。在数据合规专项领域，本章选取中国南方航空股份有限公司和奇安信科技集团股份有限公司，分别作为中央企业和民营企业的数据合规建设示范。

中国南方航空股份有限公司作为超大型、跨国经营的中央企业代表，针对数据安全、隐私保护等全面数据风险，探索建立数据合规管理体系。南方航空数据合规体系建设的亮点在于：第一，构建六级数据合规组织架构，划分数据合规官、数据合规主管部门、数据管理主管部门、数据安全主管部门、数据控制部门、数据使用部门的合规责任和工作内容，同时组建数据合规工作组，实现法务合规管理与技术应用场景深度融合；第二，构建数据分类分级制度，将南方航空在经营中收集到的旅客个人信息、飞机及其设备在使用过程中积累的运行数据，收集的商业合作伙伴旅客信息、在岗员工个人信息、各部门工作成果信息、国家监管信息等进行差别化管控；第三，在数据合规管理方面接轨国际标准，例如，将《隐私保护政策》《Cookies 政策》《GDPR 合规义务的通知》《数据处理保护协议》等文件纳入域外数据合规要求，又如，在与外航开展航线联营、与机场和订座系统服务商共享旅客信息等合作场景中，每一次业务开展前须对外发布 GDPR 和《个人信息保护法》合规公告。

奇安信科技集团股份有限公司是国内领先的基于大数据、人工智能和安全运营技术的网络安全产品及服务提供商，作为高新科技民营企业的代表，其以数据安全风险为核心应对目标，特别注重防范跨境数据流动中的安全风险，建立了全面的数据合规管理体系。其数据合规管理体系的建设亮点主要在于：第一，在组织体系方面更注重将数据安全管理嵌入各业务环节，要求各部门指派相关人员担任安全专员，形成百人团队，实施数据分类分级、安全培训、数据安全加固等工作，同时，建立以数据安全处理执行委员会为核心的危机应对机制，解决数据安全事件的定级和处理问题；第二，围绕数据出境合规风险，建立保障跨境数据传输和存储符合目标国家法律要求的工作机制，例如，明确要求所有数据跨境场景，必须执行自评估，并与网络安全部门进行联合评估，方可出境，此外，奇安信科技集团还采取适当的数据安全保护措施，以保护数据免受未经授权的访问、泄露、滥用或损坏；第三，数据合规管理的信息化程度高，奇安信科技集团不断迭代更新数据安全与合规管控平台，确保自动化工具和系统能够以更高的速度和准确性执行各种安全操作，包括实时监控、漏洞扫描、日志分析等，从而提高工作效率，减少人为疏漏所导致的安全漏洞。

第一节 中国南方航空股份有限公司

企业简介：中国南方航空股份有限公司（以下简称“南航”），总部设在广东省广州市白云区齐心路 68 号，是以民用航空运输为主业的中央企业。截至2021年12月31日，南航旅客年度运输量达1.52亿人次，连续43年居中国各航空公司之首，年旅客运输量居亚洲第一、世界前列，货邮运输量居世界前十。机队规模800余架，是中国运输飞机最多、航线网络最发达、年客运量最大的航空公司。在2021年全球最佳航空公司100强评比中居第12位，在2022年中国品牌力指数排名中获得民航业第一名。截至2022年12月31日，南航运营总资产达3120亿元。

一、数据合规建设的背景

数据作为新型生产要素，是航空业迈向数字化、信息化和智能化的基础，是促进企业生产方式和治理方式创新变革的巨大推动力。南航一直高度重视数据管理工作，致力于建设职能完善、覆盖全面、行业领先的数据资产管理体系，目前已经积累了包括安全运行、经营管理、外部数据等类型多样、体量庞大的数据资源。

在专注提高数据效能、释放数据价值的同时，南航坚持统筹发展和安全，严格按照国家法律法规要求和政府监管部门指示，夯实数据安全“底线”，严守数据防护“红线”，构建数据保障“防线”，已初步建立覆盖丰富场景的数据合规管理框架，数据合规护航数据运用的良性格局已初显成效。但是，南航在数据合规体系建设中，曾存在以下几点问题。

1. 组织机构不明确

技术部门与法务部门职能未能厘清，数据控制单位与使用单位权力配置仍不清晰，工作开展中时而出现“多头监管、意见冲突”的复杂局面，数据合规领域管理职责亟须明确。

2. 顶层设计不成熟

未建立起系统完备的数据合规方案体系，针对合规目标、治理重点等宏观命题未指引释明，就风险评估、应急处置、数据出境等关键环节未建章立制，缺乏管控数据全生命周期环节的操作指南。

3. 资产管理不清晰

未搭建起成熟的数据分类分级模型，并且未能全面立足各业务场景梳理匹配上级监管要求和特殊敏感需求的核心数据类型，数据保护重点尚不突出。

4. 外部制度不健全

客户隐私政策和信息保护协议未能紧跟法律法规变化及时更新，面向旅客数据收集的基础授权不够完备；与第三方涉及数据流通的合作文本中未能载明数据保护章节或完善数据出境条款，面向合作方的数据保护意识有待加强。

5. 涉外数据保护制度不完善

对GDPR及各国数据保护法律法案细节了解不充分，易触发他国行政惩戒机制或个人诉讼索赔，面临高额罚金或赔偿风险；与顾问团队沟通机制尚不明确，缺乏坚实有力的外部专业保障；对受影响业务评估不足，未能对症下药化解具体风险。

为妥善应对数据保护国际化发展的新形势新要求、积极承担中央企业加强国有数据资产管控责任、充分发挥航空公司在业务开展中汇集的海量数据规模和丰富的应用场景优势，南航从战略高度重视企业数据合规基础制度的体系构建、从战术深度促进法律合规经验与信息技术手段的全面结合，已于2022年特别开展“合规管理强化年”行动，以《个人信息保护法》和GDPR为抓手，对数据合规进行了重点整治，组织总部职能部门、各业务运营单位、各分子公司参与其中，以数据合规助力南航行稳致远，为推进南航高质量发展、建设世界一流航空运输企业提供数字力量。

二、数据合规建设的做法

围绕目前我国数据保护领域现行的主要法律法规，如《民法典》《网络安全法》《数据安全法》《个人信息保护法》，借鉴国际成熟的GDPR，南航坚持系统观念和战略思维，在充分吸收归纳上述监管要求的基础上，采取了以下措施搭建数据合规体系。

（一）建立组织机构，明确管理职责

1. 六级组织架构

在“指导实践、赋能业务”基本原则的指导下，为最大化发挥各部门专业技能、凝聚齐抓共管协作合力，通过对各部门职能权限和管辖范围进行合理界定，目前南航内部已构建六级数据合规组织架构：

第一级，数据合规官（DPO）。负责统筹数据安全及合规问题的受理和处置，对公司数据安全和数据合规工作进行监督。

第二级，数据合规主管部门。由法律标准部负责制定完善数据处理及个人信息保护领域合规制度及指引，持续关注国内外数据保护领域最新立法及执法趋势，提供数据保护合规咨询服务和开展相应法律培训活动。

第三级，数据管理主管部门。科技信息与流程管理部（以下简称“科信部”）对公司生产运营中接触的数据全权管理，负责公司数据处理及监督，建立公司数据要素流通管理和数据管理人才培养机制。

第四级，数据安全主管部门。信息中心以数据管理相关系统、工具和平台为抓手，实时响应各部门的业务需求，完成对应业务系统功能的配套升级。

第五级，数据控制部门。具体包括各类与数据主体存在直接服务关系、具有一线运营职能的业务部门，其需要负责完善对口业务领域在个人信息保护方面的业务流程，及时维护数据主体的合法权利。

第六级，数据使用部门。该类部门虽然与数据主体不存在直接关系，但需要在公司内部整合数据主体信息以提供增值或保障服务。

2. 数据合规工作组

法律标准部作为合规主管部门，牵头建立数据合规工作组，在将信息中心、科信部纳入矩阵式成员单位并规范其日常数据合规工作开展的同时，引导其与公司内其他具有合规管理职能的监督部门，如纪检监察部门、审计部门建立合作和信息交流机制，共同制定合规管理整体方针策略和实施计划，应对风险识别和评估中出现的风险敞口。

（二）梳理重点场景，摸排数据资产

作为合理分配公司数据保护资源的依据、建立健全民航业数据全生命周期保护框架的基础、有的放矢地实施数据安全保护的前提条件，数据分类分级制度不可或缺。通过梳理具体业务场景和数据遭到违法收集、使用、泄露后对公司生产经营和经济效益、国家安全和公共权益造成的可能影响，南航通过以下路径对数据进行分类定级。

1. 梳理数据资产类别

分析南航在业务运营中可触达的不同场景，共存在以下六种数据来源：一是通过南航官网和 App 等媒介提供机票预订、行程管理等服务收集的旅客个人信息；二是飞机及其设备在使用过程中积累的运行数据；三是为履行与商业合作伙伴签订的双边联运协议等义务收集的对方旅客信息；四是在公司人事管理、办公场所收集处理的在岗员工个人信息；五是通过办公电脑制作并经由信息网络系统传输的，各部门产生的工作成果和来自国资委等上级监管部门和地方行政主管部门发送的公文函件等涉密信息。

通过纵向解剖数据组成结构，南航将数据类型划分为三个层级。一级分类：将各数据对象聚类后形成十六类数据主题域；二级分类：在各数据域内以业务对象为标准进行细分；三级分类：以业务对象属性为依据再行划分。

2. 厘定数据安全级别

南航以国家安全、企业合法权益、个人隐私安全影响评估结果为识别要素，结合行业积累的广泛实践经验，厘定四阶数据级别：一级数据为对国家利益、公司经营造成严重损害的数据；二级数据为已经泄露可能使公司面临较大商业风险的数据；三级数据为低敏感数据，不会影响公司正常经营管理的数据；四级数据为通过公开途径向公众公布的数据。

3. 发布评定级别

根据上述数据域维度，由业务领域负责人作为数据域管理责任人，协调数据供给单位和信息中心开展分级定义工作，制定数据分级目录。初始化数据经数据域管理责任人完成初步判定后交科信部评审，经网络安全与数字化委员会审批通过后在公司范围内正式发布。增补的数据，由科信部进行备案和汇总，组织数据域管理责任人进行评审。科信部作为数据分类分级工作牵头部门，每年或根据实际情况组织开展数据安全复审。

（三）开展培训宣贯，提升合规意识

在过往企业数据合规管理实践中，普遍存在对数据保护重要性认识不充分、开展数据合规工作程序性不足、以数据合规反哺数据经济新动能的意识不足等思想桎梏，唯有把思想建设摆在首位，拧紧数据合规的“总开关”、系紧数据安全的“第一粒扣子”，才能从根本上推进数据合规工作在新时代呈现新成效、取得新突破。

1. 聚焦“关键少数”

南航将数据安全合规作为专题纳入管理人员法治专题学习，推动企业管理层提高合规意识，带头依法依规开展经营管理活动。

2. 建立常态化培训机制

法律标准部作为数据合规主管部门，主导建立常态化合规培训机制，制订公司级年度培训计划，通过开创《法律标准大讲堂》栏目，运用“现场+直播”的授课形式，邀请公司业务骨干、知名律师事务所律师、中国民航科学技术研究院专家，对国内外相关法律法规和合规指引更新情况进行解读宣贯，将数据合规管理作为处室经理级别以上人员、重点岗位人员和新入职员工的必修培训内容。

3. 加强合规宣传教育

及时修订《数据处理合规管理规定》总册和下属七个实施指引分册，提供清晰可操作的数据合规指引；制作宣传视频，通过寓教于乐的形式使数据合规基础知识深入人心；汇编数据合规典型案例，以案为鉴倒逼员工遵守合规要求。针对上述数据合规产品，通过OA、电子邮件系统多媒介触达公司员工，在内网平台设立数据安全合规管理专栏，营造浓厚合规文化氛围。

4. 筑牢合规履职底线

引导全体员工自觉践行数据合规理念、接受合规培训，组织全体员工签订合规承诺书，将数据合规安全管理纳入特定岗位职责清单。在公司流程管理平台每一涉及人机交互环节，根据不同操作类型提示数据合规要求，促进业务和法律深度融合。

5. 设立违规举报流程和追责机制

设立违规举报网络平台，公布举报电话、邮箱，数据合规工作组根据举报线索进行调查和处理，对个人权益和公司合法权益造成严重影响甚至损害国家权益的行为，移交责任追究部门处理。

（四）接轨国际标准，防范海外风险

在个人信息保护逐渐成为全球性议题的背景下，GDPR 等国家和地区法律法规相继出台，针对数据处理者规定了明确的数据合规义务和严苛的违法惩戒措施。鉴于 GDPR 在数据保护制度设计上的优越性，众多非欧盟国家也将该条例作为示范文本纳入业务合同框架，其国际影响力进一步扩大。为保障国际航运业务有序开展、规范个人信息处理活动，南航在遵守国内立法的基础上全面对标以 GDPR 为代表的国外立法，不断整改薄弱环节，逐步构建起成熟的涉外数据处理机制。

1. 更新现有协议文件

制定《隐私保护政策》《Cookies 政策》《GDPR 合规义务的通知》《数据处理保护协议》，为业务活动提供法律文本支撑；法律标准部保持对重点国家政策动向的研究，及时将研究成果提升为协议内容指导业务实践。

2. 固定标准操作流程

运行、人力资源等部门负责人定期梳理业务流程及合同协议条款中涉及数据保护方面的情况，形成《数据保护合规性清单》，对照清单不符合项，持续完善数据保留及销毁政策、客户请求处理流程、个人信息事件管理规范、供应商管理规范、监管报告流程，巩固拓展流程优化成果。

3. 明确合作伙伴义务

在与外航开展航线联营、与机场和订座系统服务商共享旅客信息等合作场景中，每一次业务开展前需对外发布 GDPR 和《个人信息保护法》合规公告，在合作协议审核环节对于数据保护章节中明确相对方服务标准、数据备份和恢复、数据泄露和预防等条款，将《数据处理保护协议》作为附件，要求相对方一并签署，并及时开展个人信息处理影响评估，明确合作伙伴的旅客信息保护责任。

4. 公开数据处理流程

南航在官网等平台发布《隐私保护政策》和《Cookies 政策》，对各个在线渠道和线下旅客服务渠道进行不定时更新，在购票环节要求旅客主动阅读并勾选同意《南方航空隐私政策》，告知其数据权利义务和申诉路径。

5. 畅通内外部沟通渠道

内部涉及数据出境等涉外场景时，法律标准部列席业务部门例会提供法律支持、出具合规意见；外部与律师事务所建立 GDPR 顾问团队长效沟通机制，由专业机构定期分享个人信息保护国际发展趋势的相关研究，及时响应南航在业务开展中面临的合规咨询。

三、数据合规建设的成效

“合规管理强化年”行动开展以来，南航数据安全合规管理再上新台阶，法治央企建设取得新实效。

（一）数据合规意识显著增强

截至 2022 年 5 月 1 日，《数据处理合规管理规定》总册及各指引分册累计阅读量超过 3 万次，手册引用率和活跃度得分在手册平台统计中名列前茅，涉及出境数据的重大疑难合同，法律标准部前置审批率达 100%。

（二）决策管理效率大幅提升

伴随数据合规工作蔚然成风，南航在管理水平上取得长足进步，数据分类分级审批效率大幅提高，数据合规评估程序缺省率趋近于零。通过加强数据域管理、打造数据生态圈，管理层决策依据得到充分保障、业务部门价值创造不断增长。

（三）实现违法违规数量清零

自 2022 年以来，南航未曾因违反数据安全法律法规受到各种行政处罚和刑事调查，实现涉数据安全诉讼案件零增长，未发生违法违规事件导致经济赔偿金额发生。

（四）社会美誉度节节攀升

自《客户隐私政策》更新后，客户投诉数量大幅缩减，个人信息不安全泄露事件鲜有发生，在数据保护领域树立了负责任的航空企业形象，彰显了忠诚为民的中央企业担当，赢得了宝贵的无形资产，用“数据合规”标签擦亮了品牌知名度、扩大了企业影响力。

第二节　奇安信科技集团股份有限公司

企业简介：奇安信科技集团股份有限公司（以下简称“奇安信”，股票代码 688561）成立于 2014 年，是国内领先的基于大数据、人工智能和安全运营技术的网络安全产品及服务提供商，专注于向政府、企业用户提供新一代全面有效的网络安全解决方案，在人员规模、收入规模和产品覆盖度上均位居行业第一。

奇安信一直是国家重大活动保障任务的重要支撑力量。公司多次参与国家重大活动网络安保工作，包括全国两会、中华人民共和国成立 70 周年阅兵、“一带一路”峰会等，是同行业里参与安保次数最多、配备人力最多的企业。同时，公司也是实战攻防演习的主力军，攻击能力和防守效果全面领先，屡获国家相关部门和客户的认可及感谢。公司还建立了一支覆盖全国省区市的三级应急响应和安全服务团队，并开通了全国第一个网络安全行业服务短号 95015，全面满足各大政企机构的应急响应和网络安全保障需求。

一、数据安全合规建设的背景

（一）数据安全管理认证背景

市场监管总局、国家网信办于2022年6月9日发布《关于开展数据安全管理认证工作的公告》，根据《网络安全法》《数据安全法》《个人信息保护法》《认证认可条例》有关规定，市场监管总局、国家网信办决定开展数据安全管理认证工作，鼓励网络运营者通过认证方式规范网络数据处理活动，加强网络数据安全保护。从事数据安全管理认证活动的认证机构应当依法设立，并按照《数据安全管理认证实施规则》实施认证。

（二）国际数据安全合规管理需要

在当今全球化和数字化时代，数据安全合规已成为企业管理的重要议题。作为国内领先的网络安全产品及服务提供商，奇安信深知数据合规的重要性以及数据跨境、数据泄露、滥用等风险对企业的威胁。企业为了遵守合规要求、维护客户信任和保护自身利益，决定制定并实施数据安全与合规的相关内容。

二、数据安全合规建设的做法

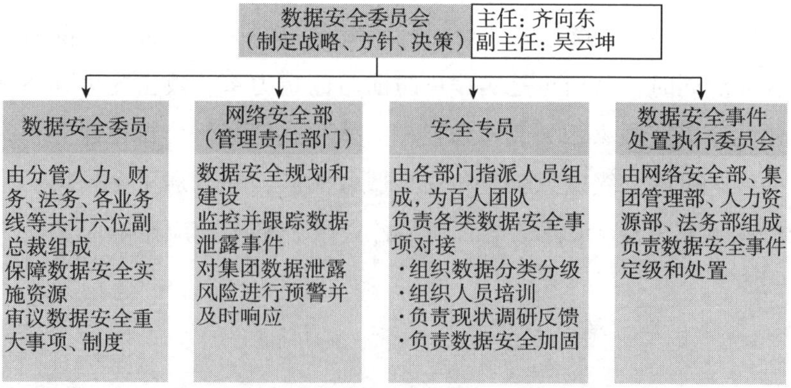

图6－1　奇安信数据安全与合规组织架构

（一）数据安全与合规关键组织架构

在数据安全与合规的组织架构层面，通过明确责任分工和权限管理，设立专门的数据安全委员会，负责制定数据安全战略、方针和决策。

其中，数据安全委员由分管人力、财务、法务、各业务线等六位副总裁组成；负责保障数据安全实施资源，审议数据安全重大事项和制度。网络安全部是管理责任部门，负责数据安全规划和建设工作，监控并跟踪数据泄露事件，对集团数据泄露风险进行预警并及时响应。各部门指派相关人员担任安全专员，负责各类数据安全事项的对接，包括但不限于数据分类分级、安全培训、数据安全加固等。数据安全事件处置执行委员会由网络安全部、集团管理部、人力资源部、法务部组成，负责数据安全事件定级和处置（见图6-1）。通过建立跨部门的沟通协作机制，与IT部门、法务部门等密切合作，提升协同应对的能力。

（二）国际合规关键举措

1. 建立全面覆盖的国际数据安全与合规管理制度体系

奇安信建立了全面的数据安全管理制度体系，自上而下地统一奇安信数据安全管理政策、规范与实施细则。包括梳理目标国家、地区的数据安全与隐私法律法规，确保在采集、传输、存储、使用等数据处理环节符合相关地区合规要求。明确了数据分类分级、数据保密、访问控制、备份与恢复等方面的要求。

数据责任部门：数据所在系统归属部门统称为数据责任部门，对数据的保密性具有最终职责。根据数据定级结果对数据实施相应级别的安全保护措施。针对发现的可疑数据操作行为，由数据责任部门确认事件级别。其中，对数据安全评估中的跨境数据传输行为要求尤为严格。

数据运维和使用部门：数据运维部门负责保障数据的完整性及可用性，确保数据不被非授权篡改，保障业务的连续性，数据使用部门需遵循数据责任部门要求的数据分发范围、数据访问要求进行使用。

网络安全部：负责集团整体数据防泄露的建设工作，监控、跟踪、预警并及时响应。特别是针对数据跨境场景，严格监控数据跨境传输场景。

2. 建立数据出境安全与合规保障机制

数据出境合规是企业进行跨境数据传输时必须重视的问题，重点包括以下两点内容：

跨境数据传输和存储：梳理目标国家、地区市场对跨境数据传输的要求，包括是否需要用户明确授权、是否需要进行数据安全评估、是否需要满足特定合规标准等。某些国家可能要求在本地存储数据，限制跨境存储或处理。因此，企业需要确保数据传输和存储符合适用法律和规定。

数据安全和合规管理：建立适当的数据安全保护措施，以保护数据免受未经授权的访问、泄露、滥用或损坏。与第三方数据处理方签订符合合规要求的数据处理协议，明确双方的数据保护责任和义务。定期进行合规审核和评估，及时更新合规措施以适应法律和法规的变化。对员工进行数据保护和隐私意识的培训和教育，确保他们遵循最佳的数据处理实践。

在制定数据跨境要求中，奇安信在数据安全保护管理体系中，纳入了数据跨境场景下的相关要求，包含数据跨境审批流程、数据出境评估内容、出境数据保护要求等。

在数据跨境审批流程中，奇安信明确要求所有数据跨境场景，必须执行自评估，并与网络安全部门执行联合评估，方可出境。如需申报场景，需要按照相关评估办法进行合规评估。

定期进行合规审核和评估，确保数据处理活动符合适用的法律和法规，并及时更新合规措施以应对变化的法律环境。数据出境评估内容中，明确了评估所需包含的内容，包括合法正当必要原则、场景说明、接收方责任及义务、事件权益维护渠道要求、数据出境合同要求等。

出境数据保护要求中，明确了需要严格保密的数据类型以及对应出境场景，并对数据安全提出了严格保护要求。

3. 用户隐私管理

用户隐私的保护是关乎智能化、数字化进一步发展的重要因素。为加强用户隐私安全保护，奇安信制定了《奇安信集团个人信息安全管理细则》《奇安信集团数据脱敏作业规范》《驻场运营服务安全生产管理要求》

《售后服务行为规范管理办法》等一系列文件，通过严格把控安全生产、保障用户知情权、加强员工隐私意识培训等方式，切实保护用户个人隐私数据，持续提升用户体验。

全面落实安全生产，为保护用户隐私，降低业务风险，奇安信从安全意识、安全行为和安全保密等方面对安全生产做出要求并进行管理，并对公司全体成员提出了明确要求。

保障用户知情权，用户享有个人信息所有权、控制权和公司对用户信息数据处理的知情权。奇安信产品全部制定了清晰的用户隐私政策，并向用户明确且详细地说明数据收集范围、使用场景和用途以及保护用户隐私的控制措施，不断提高安全性和透明度，保障用户的知情权。

加强隐私意识培训，通过“现场、线上视频 + 在线考试”的模式，以基层一线管理团队组织为单位，每月开展一次全员安全生产学习与分享会议，每季度进行一次安全生产考试，覆盖全部服务人员。并且，在此基础上，确保全体服务人员 100% 通过隐私保护考核，不断加强员工信息安全和隐私保护意识。图 6 – 2 为客户服务培训现场的照片。

图 6 – 2　客户服务培训现场

4. 实现安全事件与风险运营双闭环

数据跨境流动是未来国际数字贸易发展、数字经济合作中最基本也是非常重要的内容，为响应国家发展的号召，迎接时代发展的机遇及数字化社会的到来，奇安信建立并实现了安全事件与风险运营的双闭环，双闭环有效控制了数据安全风险，形成健康可循环的国际数据安全与合规管控。

安全事件与风险运营双闭环处置机制是一种综合性的安全管理方法，包括预防、发现、应对和修复等环节，以全方位地保障数据安全。

首先，预防阶段通过制定安全策略、建立安全规范机制和加强员工培训，提高员工的安全意识和技能，从源头上减少数据安全事件的发生。同时，加强系统安全设置，采用合适的加密、脱敏和访问控制技术，防范外部攻击和未经授权的访问。安全事件与风险运营管理措施的双闭环有助于降低数据泄露和风险发生的概率，如图6－3所示。

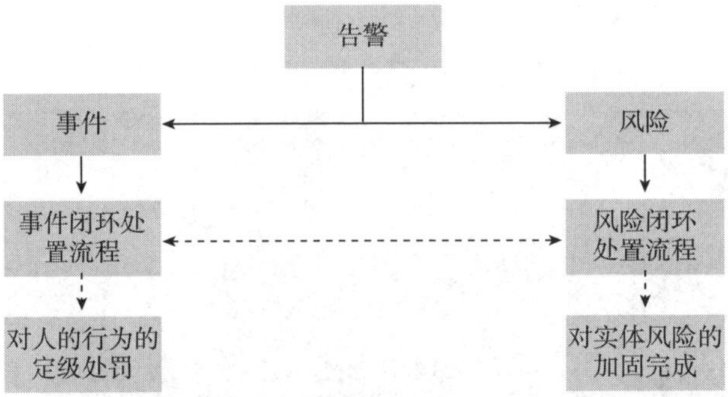

图6－3 奇安信安全事件与风险运营双闭环

其次，通过建立监控和检测机制，及时发现数据安全事件的发生，通过报警和响应机制，确保数据安全事件及时上报和处理。

双闭环机制中的创新点在于事件闭环处置流程中对人的行为进行定级处罚，在风险闭环处置流程中对实体风险进一步加固，实现双向闭环机制的有效运行。

5. 国际数据安全与合规的进阶培训机制

奇安信内部建立了一套系统化的进阶培训机制（如图6－4所示），旨

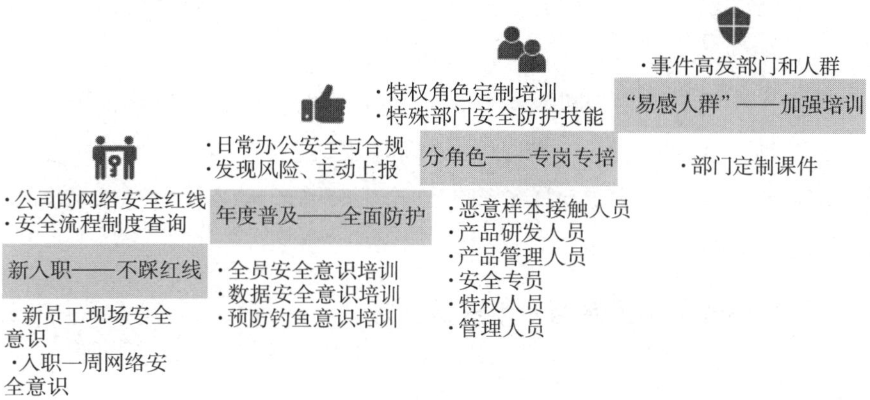

图6-4　奇安信进阶培训机制

在提升员工的数据安全意识和技能，使其主动参与和推动数据安全工作。这种培训机制能够帮助员工深入了解数据安全的重要性，掌握数据安全管理的方法和技巧，从而有效应对日益复杂的安全威胁。

首先，针对新入职的员工，公司在普及安全意识的基础上，提供了安全流程制度查询的入口，方便新入职员工快速融入企业，在日常工作中不踩红线。培训内容包括数据安全的基础知识、法律法规和行业标准、安全意识和行为规范、数据安全管理方法和工具等。

其次，制订年度培训计划。根据自身业务特性和数据安全管理要求制定了一套涵盖日常办公安全与合规、数据安全意识风险防范等培训计划，培训课程紧跟数据安全领域的最新发展。定期评估培训效果。企业应该建立培训效果评估机制，通过问卷调查、知识测试、实操演练等方式，评估培训的效果和员工对数据安全的理解和掌握程度。根据评估结果，及时调整培训计划和内容，提高培训的针对性和实效性。

再次，分角色开展培训。根据职能定制数据安全培训课程，按实际工作定制化开发培训内容和形式。例如，对涉外业务人员开展跨境合规培训，对技术人员开展更为深入的技术培训，对特殊部门开展安全防护技能培训等。

最后，针对“易感人群”开展强化培训，按照部门分级定制课件，采用在线学习平台、研讨会等形式进行。针对不同职能和层次的员工，可灵活选择合适的培训方式。此外，可以结合实际工作场景进行模拟演练和案例分析，帮助员工将培训知识应用到实际工作中。

数据安全的进阶培训机制包括制订培训计划、全面覆盖培训内容、采用多种培训形式和方法、定期评估培训效果以及建立持续学习和提升机制。通过这些措施，企业能够不断提升员工的数据安全意识和能力，为数据安全建设提供有力支持。

（三）国际数据安全与合规关键任务

1. 梳理国际数据隐私法律

梳理目标国家、地区市场的数据隐私法律法规，包括《数据安全法》《隐私保护政策》等。确保企业在采集、传输、存储、使用等数据处理环节符合相关地区合规要求。

2. 跨境数据传输安全

了解目标市场对跨境数据传输的要求，包括是否需要获得用户授权、是否需要进行数据安全评估、是否需要满足特定的合规标准等。确保在收集和使用个人数据时取得用户的明确授权和同意，并遵循适用法律和法规的规定。包括提供明确的隐私政策和条款，让用户了解数据的使用目的、共享情况和安全措施等。

3. 明确数据资产范围

通过明确国际数据安全管理的资产范围，包括数据库、文件系统、应用程序、云服务等。了解企业的数据存储和处理情况，确定需要进行数据定级和分类的数据源。

4. 制定数据分类和定级标准

按照国家对于核心数据、重要数据和一般数据的定义，以及一般个人信息、敏感个人信息的分类方式，并结合相关法律法规、业务需求、行业标准，制定公司的数据分类和定级标准。从数据的敏感性、机密性、重要性和业务价值等维度进行分类和定级，将数据分为机密级、重要级、一般级。

5. 开展跨部门调查与分析

与各相关部门和团队合作，开展数据安全与合规的调查分析工作，了解每个数据资产的属性、特征和价值。包括了解数据的来源、用途、访问权限、存储位置、传输方式等方面的信息。

6. 实施数据分类与定级

根据数据分类和定级标准，对已调查的数据资产进行分类和定级。遵守国家有关数据定级的标准，根据数据的敏感性和重要性，为每个数据资产指定适当的分类和定级级别。使用奇安信设计的数据分类分级工具，辅助数据分类和定级。

7. 数据安全保护措施实施与落地

奇安信实现了根据不同的数据分类与定级结果，实施相应的数据处理和保护措施。不同级别的数据通过不同的访问控制、加密、脱敏、备份和灾难恢复措施，确保了数据处理和保护措施符合数据安全标准和合规要求。

8. 第三方数据处理

涉及将数据提供给第三方进行处理的场景时，确保与第三方签订适当且有效的数据处理协议（DPA），明确数据保护责任和义务，并要求第三方适用相应的数据保护法律法规和标准规范。

9. 建立数据分类和定级管理流程

通过制定数据分类和定级的管理流程和程序，明确责任和权限，确保数据分类和定级工作的持续性和一致性。包括数据分类和定级的流程、相关文件的管理和更新、定期审查和更新数据分类和定级等。

10. 国际数据安全事件与风险运营双闭环

实施双闭环机制管理数据安全与合规风险，应对数据泄露、违规处理或其他相关安全事件。包括通知相应国家或地区的相关方和数据主体，进行调查和修复，并采取双闭环机制以预防同类事件的再次发生。

（四）国际数据跨境合规关键任务

1. 明确数据跨境业务及范围

通过了解客户需求，奇安信明确了所需出海产品及业务场景。业务场景包含产品功能、用户类型、数据类型、产品运营地区以及数据需要存储的地区等需求。

2. 建立数据跨境业务合规体系

根据产品运营地区、数据存储地区，明确合规要求。结合业务特点以及合规要求，成立“出海产品数据合规项目组”，项目组成员包括一线对接海外客户的销售人员、了解产品功能和数据收集情况的产品技术人员以及具备出海合规经验的法务合规人员。

3. 跨境业务风险评估及整改

结合技术核验以及产品运营地区、数据存储地区的最佳合规实践，梳理数据合规风险。整合法务、业务、产品以及技术人员的专业意见对产品进行改进，确保产品符合运营地区合规要求。

4. 修订协议文件

参考当地国际化企业的成熟经验，起草满足符合法律法规和实践需求的用户协议和隐私政策等相关配套合规文件，保证新业务顺利完成出海。

三、数据安全合规建设的成效

（一）组织有力有序

1. 共同目标与价值观

国际数据安全与合规建设为组织提供了一个共同的目标和价值观，即管理和保障数据的安全与合规性。这将促使组织成员在数据安全方面达成共识，凝聚在保障数据安全的共同目标下。

2. 企业文化塑造

国际数据安全与合规建设需要全员参与和配合，使得组织内部形成一种注重数据安全的文化。通过持续的宣传、培训和意识提升活动，使员工树立数据安全的保护意识，将数据安全纳入日常工作中。

3. 跨部门协作与沟通

国际数据安全与合规建设涉及各个部门之间的协作，例如安全、法务、IT、人力资源等部门。在推进数据安全合规建设的过程中，各部门之间需要加强沟通和协作，共同解决数据安全合规的问题，促进部门间的密切合作与协调，从而提升组织内部工作的有序性和效率。特别是跨境业务场景，通过成立“出海产品数据合规项目组”，各部门通力协作，保障业务合法合规运行。

4. 规范流程与操作

国际数据安全与合规建设要求组织制定明确的政策、制度和流程，明确各部门和个人的责任与权限，规范数据处理和保护的流程与操作。这将有助于优化工作流程，减少人为错误和违规行为的发生，提升工作的有序性和效率。

5. 内部监督与纠正措施

国际数据安全与合规建设强调监督和纠正机制，通过内部的自我监督和自我纠正，加强对数据安全与合规的监督与管理。内部监督与纠正措施的实施可以规范组织成员的行为，约束违规行为的发生，增强工作秩序的规范性与稳定性。

（二）及时整改与问题闭环

1. 问题发现与报告

建立健全问题发现和报告机制，鼓励员工积极报告数据安全与合规问题。包括设立专门的举报渠道、匿名举报机制、内部审计等。同时，加强员工培训，提高员工对数据安全合规问题的识别能力。

2. 问题评估与分类

对于报告的数据安全合规问题，进行评估和分类。根据问题的紧急程度、影响范围和风险等级，进行优先级排序，确保重要问题得到及时处理。

3. 制订整改计划

针对发现的数据安全合规问题，制订详细的整改计划。整改计划应明确问题的具体描述、整改措施、责任人、完成时间等关键要素，确保整改措施具体可行。

4. 资源调配与支持

为整改工作提供必要的资源和支持。这可能涉及调配专业的技术人员、安全工具和设备、培训资源等，以支持整改工作的顺利进行。

5. 监督与检查

建立监督和检查机制，确保整改计划的执行。通过定期的检查、内部审计、自查等方式，验证整改措施的有效性和符合性。同时，监督机构可以与相关部门进行协作，确保整改措施得到及时执行。

6. 整改效果评估

对已经完成的整改措施进行评估，验证问题是否得到有效解决。包括进行安全漏洞扫描、数据安全评估等测试，确保问题不再存在，数据安全合规要求得到满足。

7. 反馈与总结

及时反馈整改结果，并对整改过程进行总结。将整改的经验教训进行总结和归纳，为今后的国际数据安全与合规工作提供参考和改进的方向。

（三）合规保护自动化程度高

1. 提高效率与减少人为错误

奇安信通过不断迭代，更新数据安全与合规管控平台（如图 6 - 5 所示），加强自动化数据安全保护，降低数据安全与合规管控对人工干预的依赖，减少人为错误的发生。自动化工具和系统能够以更高的速度和准确性执行各种安全操作，包括实时监控、漏洞扫描、日志分析等，从而提高工作效率，减少人为疏漏所导致的安全漏洞。

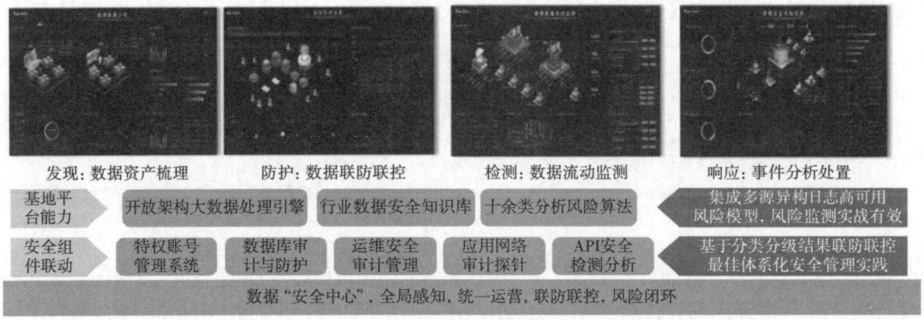

图6－5　奇安信数据安全与合规管控平台

2. 统一管理与可视化展示

自动化的数据安全保护工具可以集中管理和监控各种安全控制措施，例如身份认证、访问控制、加密、脱敏等。通过统一的管理平台和可视化展示，企业可以更好地了解整个安全状况，快速发现潜在的风险和漏洞，并做出相应的调整和改进（如图6－6所示）。

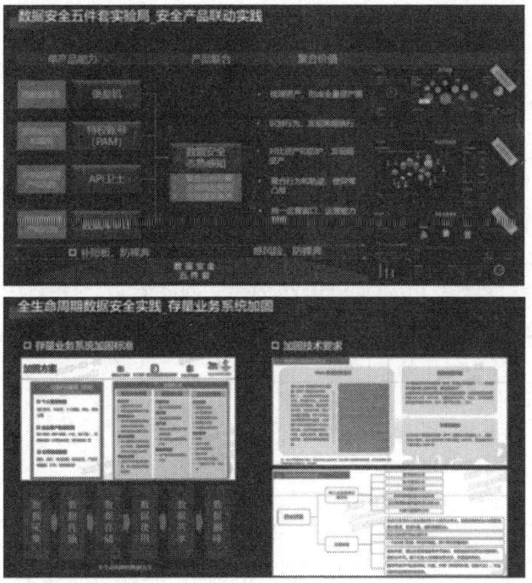

图6－6　奇安信国际化数据安全产品联动实践示意图

3. 强化合规性和规范性

自动化数据安全保护可以更好地确保导入的合规性、规范性配置的有效执行，更好地覆盖目标国家、地区的要求。通过自动化的安全策略和控制措施，确保数据的保密性、完整性和可用性符合法律法规和业界标准的要求。同时，自动化的审计和日志功能可以帮助企业满足数据安全合规性审计以及跨境场景监测需求。

4. 节约成本与资源

数据安全能力的自动化保护可以减少企业在人力、时间和成本上的投入。相比于手动操作和监控，自动化工具能够更高效地完成任务，并且可以根据需要进行灵活扩展和调整，减轻了企业的负担和成本压力。

（四）数据泄露和滥用风险大幅降低

通过加强访问控制、数据加密和数据脱敏措施和建立数据安全监测机制，有效地降低了数据泄露和滥用的风险。只有经授权的人员能够访问敏感数据，并且异常访问行为能够及时被监测和识别，从而降低了数据泄露和滥用的可能性。

（五）树立良好的合规形象

通过数据安全合规的实施，企业在客户和合作伙伴中树立了良好的合规形象。客户对企业的数据安全性和合规性更加放心，合作伙伴对企业的信任度提高，为企业带来了更多的业务机会和合作可能。

（六）员工数据安全意识提升

通过定期开展数据安全培训和意识提升活动，网络安全管理部门主管成功提高了员工对数据安全的认识和重视程度。员工更加谨慎地处理和存储数据，养成了良好的数据安全习惯，降低了意外泄露或错误处理数据的风险。

（七）行业内多次荣获优秀支撑单位

2022 年，由工业和信息化部、四川省人民政府主办的中国网络和数据安全产业高峰论坛在成都开幕。奇安信获 2022 年首届数据安全大赛——赛道三“数据安全治理方案”金奖（如图 6 - 7 所示）。

（八）数据安全人才培养基地

在建设国际数据安全与合规的基础上，奇安信也专注于数据安全与合

图 6－7　奇安信获 2022 年首届数据安全大赛——赛道三“数据安全治理方案”金奖

规的人才培养，致力于安全运营与服务。截至 2022 年底，奇安信虎符基地累计开班 62 期，培养人才 3756 人。在研发课程的基础上，奇安信也在持续开发分层级建立安全人才能力素质画像模型，筛选出“技术达标、服务规范、响应迅速、保密可靠”的安全人才，助力国际数据安全与合规的发展。2022 年，奇安信虎符基地获评数据安全人才培养基地（如图 6－8 所示）。

图 6－8　电信和互联网行业数据安全人才强基计划——数据安全人才培养基地

第七章 中国企业“走出去”之商贸专项合规案例

在国际贸易中，虽然民商事合同纠纷不会直接导致行政或刑事制裁的严重后果，但是一些重要项目、重点合同的失利，也会造成企业资金、声誉、信誉的巨大损失。基于此，许多企业围绕商贸活动开展税务合规、财务合规、合同合规、商业伙伴合规管理等专项合规建设，许多举措虽然没有形成完整的合规管理制度体系，或者已经被传统的法务管理系统、财务管理系统所涵盖，但也能够发挥制度功能，降低商贸活动所带来的纠纷类法律风险。本章选取多家上市、知名企业，集中呈现制造、工程、服务等行业的商贸合规经验。

富士康工业互联网股份有限公司是知名上市企业，业务已实现对数字经济产业五大类——云及边缘计算、工业互联网、智能家居、5G 及网络通信设备、智能手机及智能穿戴设备的全覆盖。公司合规部借助公司现有法务线上体系的流程控制节点，将联合国、中国以及世界其他组织或国家（地区）有关的各类监管名单的筛查纳入公司合同审核流程，以确保对潜在的、正在进行的及已经成交的商业伙伴进行充分的身份核实与比对。

山东电力工程咨询院有限公司隶属国家电投，拥有火电、新能源、电网等七大业务板块，规划、咨询、勘察等八大业务领域。在境外工程建设项目的合规建设方面，其发布《境外工程建设项目合规风险管理指南》，分级应对综合类商务风险、财务风险、工程进度风险等。在境外工程承包项目的合规建设方面，公司注重境外工程承包项目合同履约风险管理，通过开展交底培训、细化项目风险控制、设立变更程序等实现商贸活动的规范化。

中智国际商务发展有限公司是中智集团的二级全资子公司，主营商事服务，其中的签证服务业务最具声誉。为保障签证服务的运行，在财务合规方面，其严控海外投资评审流程、严格执行采购审批流程、建立货币资金监管体系、健全财务管理制度体系、建立财务报告管理体系。在税务合规方面，其开展税务风险尽调和识别、聘用属地税务顾问、对外派人员开展税务培训。在信息保护合规方面，其对个人信息风险进行尽调和识别，并建立客户个人信息保密制度。

中国建筑股份有限公司埃及分公司作为中国建筑在埃及地区的前方分支机构，承建了许多政府性重点房建工程项目。中建埃及分公司结合当地会计和税务法规制度、公司管理规定和管理需求，建立健全了中建埃及分公司属地财务管理体系。成立了多层级管理架构的属地财务管理团队，结合中建股份公司会计制度及埃及会计核算规则，因地制宜地制定了属地会计制度，并匹配了属地财务信息系统，提高了财务信息化水平，通过制定中建埃及分公司属地财务管理内部控制制度定期对属地财务进行审计和稽查。

中国能源建设集团浙江火电建设有限公司是中国特大型中央企业的骨干企业，公司主营业务包括传统电力能源、新能源及综合智慧能源、生态环保、水利等多个领域。公司建立了税务专项合规管理体系，开展翔实周全的前期财税调研、吃透双边税收协定、选择合理的投资架构、完善法人治理结构、规范日常财税管理，并聘请资信优良的会计师事务所作为审计和税务咨询单位，充分规避了国际商贸活动中的税务风险。

中国能源建设集团湖南省电力设计院有限公司隶属中国能源建设集团有限公司，主要业务涵盖特高压电网、智能电网、核电、火力发电、新能源、储能、智慧综合能源以及化工、医药、市政、建筑、环保等领域的勘测、设计等方面。其基于世界银行诚信合规的要求，对标 ISO 国际标准，着重对业务伙伴开展合规管理，加强控制市场开发、业务承揽、招标采购、合同签署、现金管理等关键环节。例如，在进行合同签署时，将与相对方就合规事项签署《廉政合规协议》作为合同附件，以达到双方就合规事项进行对等承诺的目的。

第一节　富士康工业互联网股份有限公司

企业简介：富士康工业互联网股份有限公司（以下简称“工业富联”）2018 年 6 月于 A 股上市，坚持“数据驱动、绿色发展”战略指引，当前业务已实现对数字经济产业五大类——云及边缘计算、工业互联网、智能家居、5G 及网络通信设备、智能手机及智能穿戴设备的全覆盖，在产品、技术以及全球市占率方面极具优势。工业富联始终坚持“深耕中国、布局全球”的经营策略，发挥国内国际双循环的桥梁和纽带作用，大力推动 ICT 全产业链的数字化转型，已发展成为全球数字经济领军企业。根据《2021 年中国全球产业领军企业分析》描述，工业富联居全球电子制造服务产业第二位，持续为数字经济高质量发展贡献力量。在 2022 年，工业富联营收连续攀升，营收达 5118.5 亿元，同比增长 16.4%。自 2023 年以来，跟随着全球火爆的人工智能风口，身为全球重要的 AI 服务器供应商，公司的营收及股价均呈现了稳健的成长态势。工业富联拥有前瞻的全球化布局及供应链能力，公司在智能制造及供应链管理方面，已实现全球化布局，在中国大陆、中国香港、中国台湾、匈牙利、捷克、越南、墨西哥、美国、新加坡、印度、日本等多个国家及地区，建立高端智能制造基地及开展经营业务，并不断拓展产能。公司的全球数字化管理系统，可高效、迅速地满足客户全球交付需求，通过对半导体、工业软件、机器人等领域的投资布局，为客户提供更优的一站式供应链服务，有效服务全球顶尖客户，为业务持续增长保驾护航。

一、贸易合规建设的背景

由于业务需要，当前工业富联贸易合规范围需覆盖海内外。当前国内各领域立法越来越规范和成熟，执法节奏也非常快，这对企业的合规能力提出了很高的要求。与此同时，随着海外业务不断拓展，工业富联在海外面临的合规挑战也在不断增大。作为跨国企业，为更好应对由地缘政治引发的制裁合规风险，工业富联需审慎选择合作对象。美国近年来越发频繁地加强对外出口管控，使用各种手段来确保其制裁能在全球范围内得到较好执行。中国政府也陆续同步出台了相关的反制裁措施，发布相应的中国政府制裁名单，作为中国大陆的上市企业，工业富联亦重点关注和优先遵循。然而，随着各国制裁项目数量增加以及复杂程度的日益加深，对于企业而言，需采取相关手段，评估其风险并通过有关的贸易合作对象监管，从而更好地管理合作风险。同时，由于企业面临的合规监管要求越来越严格，出于风险的考虑，企业合作的客户往往会将相关监管要求传递给企业，缺乏完善的内部合规监管机制将影响企业与客户的合作。作为全球供应链的重要成员，工业富联意识到为加强供应链管控能力，必须有效管控合作上下游对象带来的风险，因此，决定搭建内部贸易合规系统，及时对合作对象风险进行识别，以迅速高效实行定制化方案和合规举措。

二、贸易合规建设的做法

（一）确认需要监测对象的类型

除了需监测联合国安理会制裁名单、中国公安部涉恐组织和人员名单、中国外交部制裁名单等世界组织及主要国家和地区发布的金融制裁和出口管制名单，同时需要监测含有负面新闻和执法记录等类型的数据，包括涉及洗钱、金融欺诈、武器扩散、贩毒、集团犯罪和恐怖主义以及其他高风险行为的高风险实体数据。具体包括因洗钱行为正被调查者，因此被起诉者和被判决者；或因金融欺诈行为正被调查者，因此被起诉者和被判决者；或因贿赂正被调查者、因证券欺诈正被调查者，因此被起诉者和被判决者，皆为企业合作监测对象。

（二）确认贸易合规清单产品使用方案

考虑到监测名单数量庞大，企业更倾向调研市面现有产品，以选择适合自身的方案，进一步节省内部人工监测的成本以及提升监测的效能。因此，工业富联合规部对市面主流供应商提供的贸易合规清单检测产品进行了深入调研，发现主流产品主要为：①在线查询系统，即使用邮箱注册账号，用账号密码登录供应商产品的网页端，手动输入查询对象进行查询；②应用程序接口（API）查询，即使用者自有业务系统，通过 API 信道发出查询要求，与供货商数据服务器对比后返回查询结果；③采购贸易合规数据包，主要包含全球执法类名单及全球监管类名单等，并嵌入公司现有内部系统进行及时查询。经对比，若使用在线查询系统，其优点为公司采购后即可马上使用，不需要 IT 系统开发，起步成本低，且可以生成 PDF 版的查询结果报告，作为尽职合规的证据，由于不绑定 IP 地址及计算机，亦适合出差移动办公。但毕竟需人工输入查询，其自动化程度和效率较低。若使用 API 接口查询，可实现一定程度的自动化及批量检索等，但该方案的技术基础是使用者需要将自己的客户、供货商信息以 Excel 文件、API 形式经互联网发送至外部数据服务器查询比对，然后把相应结果再返回用户自有操作页面，存在数据安全隐患。因此，经对比各类产品，公司决定采用采购贸易合规数据包并接入公司内部系统实行自动及时查询的方案，尽管产品成本较高，但自动化程度高，可满足国际上对风险为本的高科技、自动化实施的管理要求，且可降低人为干预和工作疏漏的可能性，其落地效果及对公司合规风险管理的提升作用显著。

（三）系统搭建方法

在贸易合规监测数据包采购完成后，公司合规部及时与公司信息技术部门开展合作。合规部主要提出系统搭建方案，公司信息技术部门主要负责方案的落地。具体为：借助公司现有法务线上体系的流程控制节点，提出具体方案给信息技术部门，将联合国、中国以及世界其他组织或国家（地区）有关的各类监管名单的筛查纳入公司合同审核流程，以确保对潜在的、正在进行的及已经成交的商业伙伴进行充分的身份核实与比对，加强工业富联贸易监管合规管控。

三、贸易合规建设的成效

（一）实现对交易对象自动与被动筛查的功能

在完成系统搭建后，工业富联的法务审核系统便具备了主动与被动两种筛查合作对象名单的功能。针对主动筛查功能，该业务在法务审核系统提起审核案件的过程中，需填写案件信息，其包括填写交易对象。在输入交易对象后，系统会自动就输入的主体与贸易合规数据包中的实体进行匹配，若匹配成功，则会在系统中出现交易风险提示。此时，业务需协同法务，评估交易风险。这样可确保每次业务的交易合作对象，都是经过系统主动筛查过的。这样极大降低了每次人工监测全球被监管对象更新的烦琐性，提升了内部人员的工作效率和公司内部整体合规管理的效果。针对被动筛查功能，主要是为了让业务人员在每次与合作对象进行沟通前，可提前通过系统，即输入合作对象的名称等相关信息，查询该合作对象的相关风险信息。这样可有效让业务人员在是否进行交易前，主动了解合作对象的相关资讯，更好做好风险预防。

（二）提升工业富联风险管控能力

在每次建立新的商业合作关系时，即在与新的客户、供应商、投资对象等建立新的商业关系以及雇用新员工时，工业富联合规部都鼓励业务人员主动在系统上进行合规筛查，提前确认合作方是否存在被监管的风险。同时，由于外部监管名单变更的频繁性，现存的已签署的合作对象亦可能被列入监管对象名单，因此，通过现有机制的设置，工业富联内部各部门可自动将名单与现有合作对象进行回溯筛查，及时识别出风险，提升公司风险管控能力。

第二节　山东电力工程咨询院有限公司

企业简介：山东电力工程咨询院有限公司（以下简称“山东院”），隶属国家电投（以下简称“集团公司”），拥有行业最高的工程设计综合甲级资质、电力工程总承包施工一级资质，拥有火电、新能源、电网、核电、智慧能源、水利水电、生态环保七大业务板块，规划、咨询、勘察、设计、EPC 总承包、寿期服务、技术研发、投资八大业务领域，具备为客户提供全产业链服务的能力。目前，山东院加快向清洁能源、国际、寿期服务、智慧能源、水利水电、数字化转型，着力打造高端规划咨询服务商、先进能源技术集成商、一流工程建设承包商、优质项目投资开发商，向国内领先、国际知名工程公司持续迈进！

一、境外工程建设项目

（一）境外工程建设项目合规建设的背景

1. 国家层面背景

2001 年，党的十五届五中全会首次明确提出“走出去”战略。我国工程企业响应国家“走出去”战略的号召，加大国际市场开拓力度，对外承包工程业务量逐年增加。近年来，国际环境日趋复杂，不稳定性、不确定性明显增强，新冠疫情影响广泛深远，经济全球化遭遇逆流，世界进入动荡变革期。日趋复杂的国际社会环境给境外工程项目实施带来更大挑战，如何沉着应对、趋利避害、积极作为，值得我们深思。

2. 集团公司层面背景

集团公司所属单位深入参与共建“一带一路”走深走实，持续推动国际化发展，积极涉足境外电站服务业领域。集团公司所属单位不同程度存在境外工程建设项目合规风险管理体系不完善、部门职责不清晰和制度文件不完备等问题；个别项目实施中存在对境外工程建设项目的特点不了解，风险分析不到位或缺乏有效对策等问题。现阶段，全球经济震荡下行、贸易保护主义抬头、企业成本优势下降，给企业带来更大的风险和考验。

（二）境外工程建设项目合规建设的原则

1. 坚持典型性与普遍性结合原则

《境外工程建设项目风险管理指南》（以下简称《指南》）对境外工程建设项目的主要、典型风险点进行识别，对集团公司主要境外产业板块，如火电、水电、新能源项目的建设管理，具有普遍适用性。

2. 立足境外工程建设项目本身原则

《指南》从境外工程建设项目本身出发，分析项目建设中的客观风险，对境外工程投资建设单位和工程承包单位均适用。

3. 重点突出、聚焦境外原则

《指南》对风险进行识别时，充分体现风险点的境外特性，对于不会受境外环境影响而发生实质性变化的风险点，如建设项目安全风险等，不做重点描述。

4. 聚焦工程建设期原则

《指南》主要对工程项目建设期涉及的主要风险进行识别，对项目前期、运营期和退出期的风险，不做重点描述。

5. 提炼经验，形成标准原则

《指南》充分借鉴内外部境外工程建设项目风险管理案例，提炼总结、引以为鉴。对境外工程建设项目风险管理提出指导性内容和工作标准，便于相关人员使用。

（三）境外工程建设项目合规建设的内容

1. 境外工程建设项目合规建设的框架

《指南》共分为两大部分，第一部分为理论部分，包括前言、第一章总则、第二章工程建设项目风险管理介绍与第三章境外工程建设项目风险管理机制；第二部分为实务部分，包括第四章境外工程建设项目主要风险论述和应对措施、第五章境外工程建设项目 EPC 合同风险审查要点以及附录（如图 7－1 所示）。

其中，第四章为重点章节，该章节介绍了建设项目主要风险论述和应对措施。按照境外工程建设项目风险类别，划分为 14 大类风险，分别是政治环境风险、经济环境风险、自然环境风险、社会环境风险、政策风险、财税风险、设计风险、采购风险、施工风险、职业健康风险、环保风险、保险风险、合规风险以及知识产权风险。这 14 大类风险又细分为 57 小类，此处举例说明。例如，设计风险细分为设计标准风险、设计人员风险、设计精度风险、设计输入风险、设计分包风险、设计未充分考虑当地文化风险。采购风险细分为进出口管制风险、强制认证风险、供应商寻源风险、

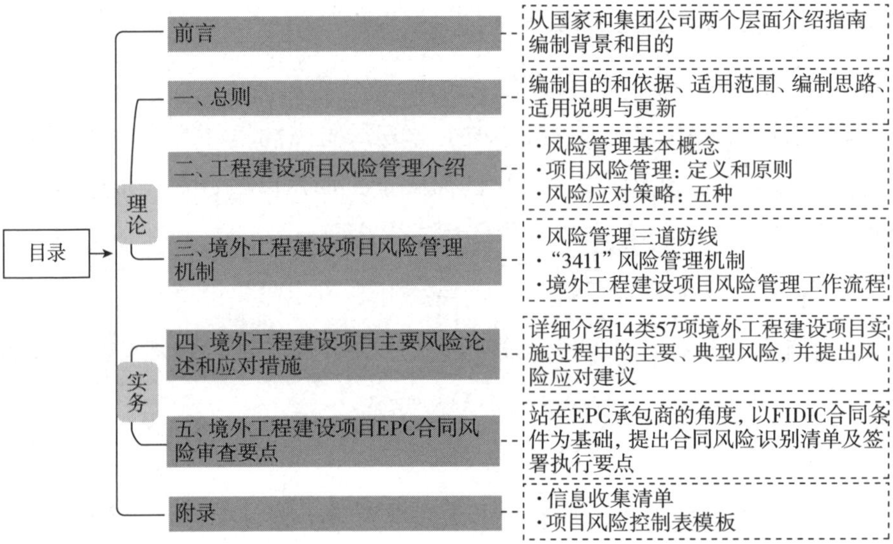

图 7－1　《境外工程建设项目风险管理指南》内容框架

采购合同风险、货款支付风险、设备材料标准风险、供货缺漏件风险、工代服务风险、清关报关延误风险、物流运输风险、第三国发运风险等。同时，针对每一类风险，均编写风险应对建议。

在进行风险分析和制定应对建议过程中，充分吸取以往工程的经验教训，并结合国内外其他工程承包企业的良好实践，力争风险识别充分，应对建议到位、可执行。

对于 EPC 总承包商而言，EPC 总承包合同风险是主要的风险来源之一，也是项目风险管控的主要依据和重要内容。所以，《指南》的第五章，在 FIDIC 合同的基础上，对 EPC 合同的风险审查要点进行了分解。按照合同条款规定的事项，将 FIDIC 合同条款归为 13 类，分别是业主资信、与场地有关条款、与环境有关条款、与时间有关条款、与价格有关条款、变更、索赔、暂停与终止、业主风险和不可抗力、责任与限制、保函、保险、争议解决。针对上述条款，分别提出风险识别清单。

2. 境外工程建设项目合规建设的做法

（1）聚焦工程建设项目合规风险管理

聚焦工程建设项目合规风险管理，全面总结概述项目风险管理的基本概念、管理原则、风险应对策略和常用工具。通过结合以往的境外工程项目管理经验，境外工程项目风险管理要素分为四个基本概念，即风险、风险管理、项目管理以及项目风险管理；四个管理原则，即风险预防和控制相结合原则、全面性与重要性相结合原则、成本与效益相结合原则以及社会性原则；五个应对策略，即风险承担、风险降低、风险分担、风险回避以及风险对冲；六个风险的特征，即客观性、突发性、多变性、相对性、无形性以及多样性。

（2）境外工程建设项目风险管理机制

结合国内外较为成熟的风险管理体系、集团公司风险管理的要求和工作标准，概述境外工程建设项目风险管理的组织体系和工作流程。《指南》首创性地建立了“3411”风险管理机制，即三类风险（年度重大风险、重大决策风险和重大风险事件）；四个工具（专项风险分析、风险提示函、风险管理对标和风险管理年度考核）；一个规范（制度标准规范化）以及一个创新（不断创新管理方法）。同时，结合“3411”风险管理机制，《指南》也同步建立了完整的境外工程建设项目风险管理工作流程，即信息调研→风险管理计划→风险识别→风险评估→风险应对→风险监控。

（3）建设项目主要风险论述和应对措施

《指南》通过梳理、总结境外工程建设项目实施过程中的主要、典型风险，将其归纳整理为 14 类，即政治环境风险、经济环境风险、自然环境风险、社会环境风险、政策风险、财税风险、设计风险、采购风险、施工风险、职业健康风险、环保风险、保险风险、合规风险以及知识产权风险。上述 14 大类风险进一步细分为 57 小类，均为建设项目本身所面临的主要风险，对业主、总承包商、分包商均适用。针对每一类风险，均编写风险应对建议。

针对典型风险，《指南》列举了部分实例：

例如，经济环境风险中的资源供应风险。该类风险通常表现为在欠发达国家或较发达国家开展业务，最直接的问题就是水电供应（生产生活用电、用水）保障能力低下，当地地材、施工机具等欠缺，或者大量欧美日韩淘汰的二手车和机具充斥当地设备市场。部分项目所在国（地区），机械加工能力、通用配套（件）供应以及交通、货运能力非常有限。部分发达国家则存在市场规模小、价格敏感的风险。当有类似规模的大项目同时执行时，往往会对当地地材、机具设备租赁价格等形成冲击。针对此类风险的应对建议：一是项目前期，充分调研项目当地的资源供应情况，包括但不限于水电供应、地材、施工机具、物流运输等，制定切实可行的实施方案。二是对于合同金额达到一定规模的境外工程建设项目，制定实施方案时，可统筹考虑项目所在国（地区）及周边国家和地区情况。三是承包合同中明确界定水电相关的责任划分，并严格要求业主方落实。如，属于承包商责任，施工期间应按照最稳定、安全的标准执行，并在合同价格中予以考虑。

又如，设计风险中的设计输入风险，该类风险通常表现为选用非国产设备时，国外设备供应商的设计习惯同国内区别较大。设备供应商对设计、安装有特殊要求，设计单位未将其要求落实进设计图纸，仍按照国内常规思路进行设计，造成重新设计、重新施工的风险。针对此类风险通常的应对措施为设计期间往来提供资料过程中，加强对设备供应商提供资料的审核，特别是不同国家设备供应商往来的资料。设备供应商设计文件有特殊要求的，必须写入设计图纸。

（4）EPC 合同风险审查要点

对于 EPC 总承包商而言，EPC 总承包合同风险是主要的风险来源之一。《指南》的第五章，在 FIDIC 合同的基础上，将 FIDIC 合同条款按涉及事项分类，并提出相应的合规风险识别清单。例如，业主资信风险以及与场地有关的风险，详见图 7－2、图 7－3。

（四）境外工程建设项目合规建设的成效

海外工程建设项目投资规模大、建设周期长、参与主体多元化、合同管理难度大、影响因素广。面对海外工程建设过程中的诸多问题，《指南》颁行实施后，公司有效识别了境外工程建设的合规风险类型与风险项，从工程建设前端有效防范了境外工程项目合规风险，整体提升了公司境外项目工程建设的风险应对能力。

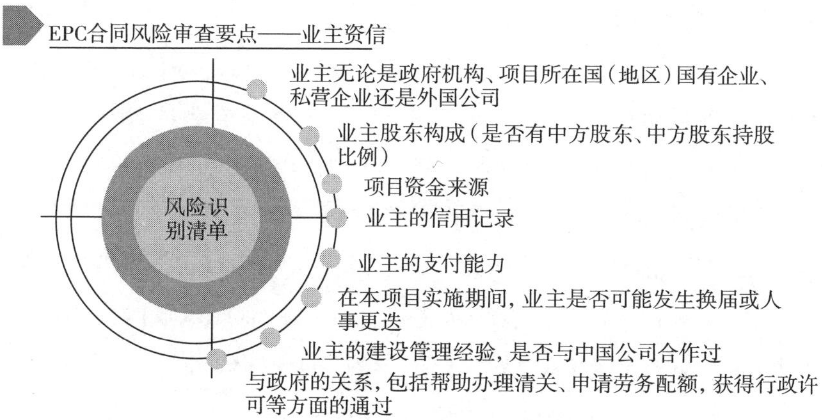

图 7－2　EPC 合同风险识别清单

EPC合同风险审查要点——与场地有关的风险

现场提供	现场进入和现场通路	现场条件	现场放线
·现场是否充足 ·是否明确规定业主提供现场供承包商占用的日期 ·该日期必须与下列事项保持一致…… ·如果截止到该日期未提供现场，承包商是否有权获得延期和追加费用 ·提供的现场是否供承包商单独占用	·承包商进入现场是否需要办理任何特殊通行权，是否有具体进场通路 ·视项目具体情况，确定是否需要其他通行权 ·确认通行权是否通过私人土地，地役权和许可是否需进行谈判和付费，由谁承担费用 ·承包商是否有加强进场通路、复原/清理的义务	·确认现场条件…… ·对于地下公共设施，考虑要求业主与相关主管部门和公共设施供应商确认其设施的位置	确认承包商不对合同规定或业主提供的原始基准点、基准线和基准标高负责，而仅负责就这些原始基准点、基准线和基准标高对工程的正确定位、标高、尺寸或定线

图 7－3　EPC 合同风险审查要点

二、境外工程承包项目

（一）境外工程承包项目合规建设的背景

为满足国际化发展的需要，山东院在 2010 年就成立了统管商务法律的部门——商法部，其主要职能之一就是建立、修订和完善国际项目执行的合同履约管理体系，组织、指导、协调和监督参与国际项目执行阶段的商务管理工作，为国际工程承包项目执行提供商务法务专业支持，保障项目商务风险可控。在后续国际项目的执行过程中，商法部开始试行派驻部门人员常驻项目现场的做法，派驻人员主要接受项目部和商法部双重领导，在全面参与项目执行的同时，保持一定的独立性，成为项目部和商法部的桥梁，为保证项目决策科学、合同完全履约提供了组织保障。

本成果通过山东院某国际工程承包项目（以下简称“A 项目”）的实施过程、山东院和项目管理团队（以下简称“甲项目部”）恪守合同契约精神以及高度重视合同履约管理等方面，就项目前期风险研究提出了有针对性和创造性的管理举措，收到了值得推广的良好效果。

（二）境外工程承包项目合规建设的做法

1. 开好头起好步，抓好合同交底和培训

（1）项目部成立后要第一时间接受交底培训

总承包合同交底和培训是指由谈判团队负责向总承包项目实施团队，就总承包合同的谈判、合同架构、合同核心条款、主要风险点及防范措施、索赔点及索赔程序等内容进行讲解的过程。交底和培训是向项目团队传授其完成本职工作所必需的正确思维认识、基本知识和技能的必备过程。A 项目核心组成人员到位后，甲项目部即邀请原谈判组商务及技术负责人为项目部全体人员实施交底和培训，确保了项目团队清晰、全面地掌握已有风险分析资料和数据。

（2）交底培训应贯穿项目执行过程

在日常培训中，项目合同管理部门应对项目部员工进行日常培训，日常工作文件的审核、把关，在控制商务风险的同时，逐渐增加项目团队的合同意识。在项目执行过程中，需要相关问题所涉及部门负责人或外聘专家对项目执行中遇到的问题，有针对性地组织合同专题培训和交流。在项目的关键节点或里程碑之前，关键节点或里程碑所涉部门应依据合同和相关法律规定，对项目全员宣贯里程碑节点需要注意的问题。在项目结束后，项目部应针对项目基本情况介绍、项目合同管理、风险控制、变更管理、索赔管理、费用管理、争议解决等，总结项目执行过程中的经验和教训，为相关部门提供借鉴，为能力建设和能力提升积累经验。

（3）交底和培训内容应联系实际工作执行

充分利用培训对合同项下的工作内容、责任和义务进行讲解，使项目团队在短时间内对总承包合同有较快的理解和认识。这样有助于增强项目部员工的合同意识，加强合同管理的效果，提高项目团队的工作效率。通过借助合同培训的过程，对合同风险进行识别，对工作责任进行界定，使得项目团队在合同执行过程中注重防范合同风险。

通过实践总结，培训内容主要包括：①合同背景介绍；②合同架构；③合同条款及解读、风险分析及防范措施；④合同附件；⑤合同中业主引用的文件；⑥索赔点及索赔程序要求（将法律语言转化为一个个具体的事例，使项目人员了解遇到什么样的情况需要向什么级别的人汇报，及时发出索赔通知）；⑦合同文控（在项目执行过程中应记录的内容，哪些内容将来可能成为证据，哪些内容在写的时候应当慎重等）。

2. 全员全覆盖，推进风险识别和应对

项目风险管理是合同执行期间的重要工作之一，为此，甲项目部根据“全面管理，预防为主”的原则，结合公司规章制度《国际工程前期风险管理程序》及《危险源识别及风险评价控制程序》，制订了项目部的《项目风险控制计划》，规定了项目各部门风险管理工作的具体职责，规范了项目风险管理的程序。

在合同交底和培训的基础上，甲项目部组织召开了风险专题会，要求各部门梳理了风险管理标准化表格——《项目风险控制跟踪检查表》，使各部门在项目风险管理中可形成标准文件，便于对接管理。基于形成的项目风险管控模式、程序文件进行风险管理，使风险管理有章可循，得到了甲项目部各部门的支持，并吸取了公司职能部门的意见，具有很好的操作性；形成了详细的风险清单，可以作为风险管理人员风险识别管理的常备表格，避免常见风险遗漏，并对于国际项目投标的风险识别有很好的参考性；在甲项目部得到了很好的贯彻，有效地减少了风险成本，提高了项目效益。《项目风险控制跟踪检查表》如表 7－1 所示。

表7－1　项目风险控制跟踪检查表

风险识别及描述	风险发生概率	风险影响程度	风险应对策略	风险控制措施（时间）	落实情况（时间）	责任部门/责任人	备注
如果对风险点的描述内容太多，可以适当简略一些	按照发生概率高低打分，分值范围1～5分，最高为5分，最低为1分	按照影响程度大小打分，分值范围1～5分，最大为5分，最小为1分	1. 回避风险； 2. 转移风险； 3. 减轻风险； 4. 接受风险	分条分行列明	对应每条风险控制措施，如已落实，请注明落实结果或成果，以及支撑材料文件及编号、名称等；如落实后又产生新的风险点，请在该风险项下单独列行，形成新的风险控制项，如此循环	对应每条风险控制措施，落实到个人	其他情况说明（如有）
1. 通过对电厂噪声源的实测调查，设备噪声达到90dB（A）较为困难，一次风机、送风机、高压流化风机等普遍存在超标现象 2. 一、二次风机没有调速装置（液偶或变频），这将会导致机组在正常运行时，风机负荷偏低，进而噪声偏大 3. 另外，高压流化风机采用罗茨风机也是控制噪声的难点	5	4	转移风险	在各相关辅机设备的招标规范书中提出明确的噪声指标要求，并要求相关厂家出具噪声实测证明	三大风机和高压流化风机已经在技术协议中要求厂家做隔音包覆层	EN/×××	
			减轻风险	在关键的高噪区域采取必要的降噪措施（如加隔音罩等）	已完成方案调研报告，估算费用为30万元，待落实，××时间落实	CO/×××	
			减轻风险	考察上湾的风机噪声控制情况较好，主要是三大风机均设置了变频器，高压流化风机采用离心式另加了变频器	需增加费用；××时间落实	EN/×××	
			减轻风险	高压流化风机采用离心式风机，以使电厂在更经济工况运行的前提下，更好地控制噪声	已落实，流化风机满足要求	EN/×××	

3. 优化变更流程，提升变更管理能力

工程变更是指工程实施过程中鉴于工程项目自身的性质和特点，或设计图纸的深度不够，或不可预见的自然要素与环境情况的改变，对第三方的干涉和要求或合同双方当事人出于对工程进展有益着想，对合同中一些工程项目内容、数量、进度、施工工艺或顺序、工程质量要求及标准等方面的变更。

根据变更产生的原因，可以归结于由业主/工程师提出的变更和承包商提出的变更两种，故甲项目部的变更管理的工作流程主要从这两个角度出发，对雇主变更、承包商变更和内部变更进行了梳理。基于总承包合同，参考《甲项目部变更管理办法》的规定，变更管理的具体工作流程如图 7－4 所示。

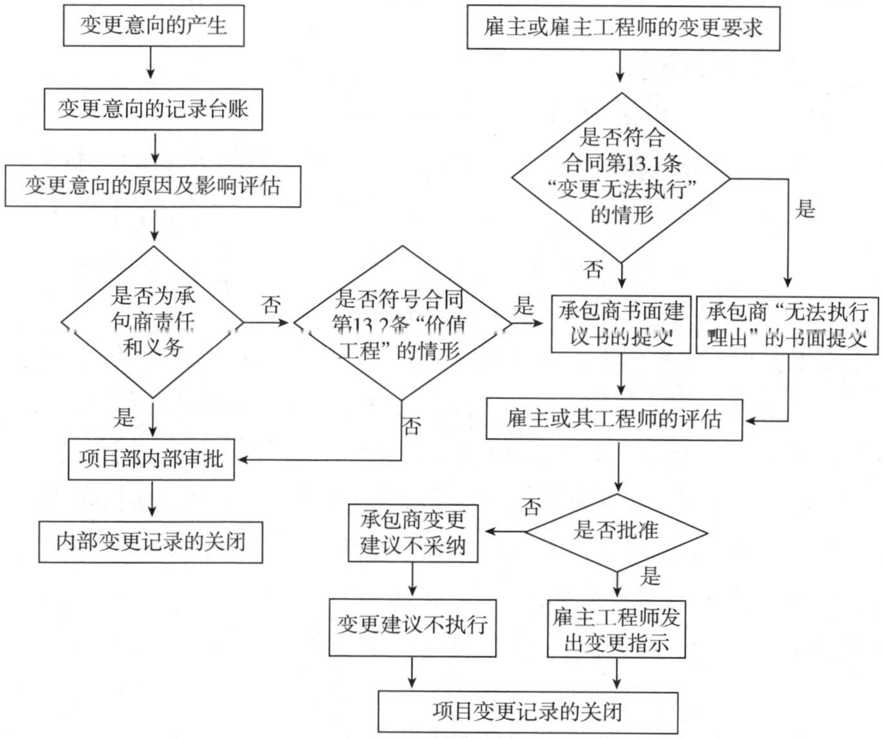

图 7－4　变更管理工作流程

以承包商变更为例，项目设计部、项目工程部和项目采购部如发现相

关变更建议，将有助于：①加快竣工；②降低项目业主的工程施工、维护或运行的费用；③提高项目业主的完工工程的效率；④给项目业主带来其他利益时，应对变更意向进行登记备案，列入“变更意向记录台账”，并经部门审核后，报项目经理批准后，可向项目业主提出书面的变更意向和书面变更建议书。项目商务部负责组织变更建议书的编制工作，其中技术部分的编写工作，应按照甲项目部部门分工原则，由变更意向所涉及工作的负责部门来编写，其他相关部门补充；项目商务部应负责完成最终确定的工期和费用，同时要对技术部分进行审核，提交项目经理审批后正式提交雇主。

在雇主及雇主工程师评估我方建议书时，项目各部门应在项目经理的安排下，对雇主的评估意见进行澄清和商谈，最后实现对承包商变更建议的关闭，并将澄清和商谈期间形成的文件和纪要等进行归档。

4. 深挖索赔潜力，保护承包商利益

索赔产生于当利益被侵犯的一方主张另一方未履行其合同义务或阻止前者履行合同义务，或出现了某些合同可以规定索赔的风险事件之时。项目索赔的目的是得到工期的延长或费用的补偿。执行过程中，根据对外合同相关约定，及项目部《索赔与反索赔管理工作程序》，甲项目部按照如图7－5所示程序向雇主提出了相关索赔。

在索赔中，甲项目部充分注重两个基础：合同基础和事实基础。

合同基础：合同文本、招标文件及附件、投标文件和中标通知、规范和图纸等合同原始文件，往来信件、会议记录、现场施工记录、进度计划、工程费用记录、工程照片、录像资料、现场气象记录等项目执行期间的文件，市场信息政策法令资料、案例、国际惯例等项目执行期间的其他依据。事实基础：承包商必须详细分析相关的合同条款，罗列预期的履约义务和实际需要履行的义务。除了说明业主实施或代表其实施的相关可诉行为或不作为，承包商必须证明业主的行为或不作为与损失或损害之间的因果关系。同时承包商也必须证明负有的义务、因果关系和承包商遭受的损害。缺少三项中的任何一项都可能导致索赔失败。

甲项目部编制索赔报告时，坚持描述全面、逻辑严谨、计算准确、证

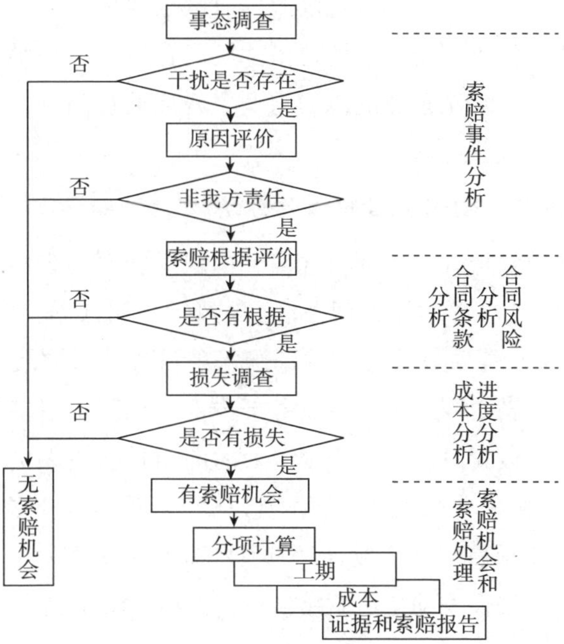

图 7－5　工程索赔流程

据充分可靠原则。编写索赔报告时要周密、审慎地论证与阐述，充分地提供证据资料，对索赔款计算反复校核，必要时，对于款项巨大或技术复杂的索赔事件聘用合同专家、律师或技术权威人士担任咨询顾问，以最大限度保证索赔报告说服效力，这也是国际工程索赔与反索赔管理的通行和普遍做法。甲项目部编制的索赔报告一般应包括总论、合同引证、索赔金额计算、工期索赔计算和证据五大部分。

5. 字斟句酌，加强沟通文件质量管控

在项目执行过程中，甲项目部所有重要的事情都会通过函件的形式与雇主进行沟通。留下文字依据，是海外项目的特点之一。因此，把握住信函的内容和质量，就可以对整个项目的进度、难点、缺陷、尾工等问题有详尽的掌握。

在审核函件时，项目商务部用职业化的精神，通过向一线工程师咨询、现场查看、查验图纸等方式，对除纯技术函件以外的所有函件，给出回函意见，对工程师的回函进行修改，以深入浅出的文字语言逐步形成自己的表达方式，力求客观、准确地描述问题让业主工程师理解我方，体现出一种客观、中立甚至善意的态度与业主沟通处理问题，也展现我方商务化、国际化、职业化的素质。

6. 制度先行，创新标准化工作方法

针对合同履约管理，甲项目部商务部根据合同约定和实际需要，制定了《变更管理办法》《索赔管理办法》《风险控制计划》《项目报告制度》《信函管理办法》等项目程序文件，确保项目各项合同履约管理相关工作按照体系正常运转。同时在项目商务部内部，创新了诸多可以推广的工作方法，例如：①设置月度商务简报，及时向项目全体人员通报项目商务事项；② 按计划编写“东道国法律环境分析”“项目移交条件分析”“交货延误分析”等专项事件分析报告，为项目部提供决策支持；③ 发起变更索赔通知单工作方法，发动全员索赔力量，为项目索赔奠定事实基础。

7. 优化人力配备，重在组织落实

项目部应当设立专职商务经理，负责发现变更索赔机会，及时提交变更和索赔通知，收集、整理并提交索赔和争议解决所需的支持性文件资料，及时掌握索赔和争议处理的进程，以及与外部专家的协调配合等。项目部应当建立以商务经理为核心，以合同为纽带的索赔和争议解决小组，实现各职能部门和相关管理人员之间的信息畅通和工作协调。

（三）境外工程承包项目合规建设的成效

1. 境外工程项目合同履约需要做到组织有序

行业内普遍认为，科学的内部组织和管理体系，是承包商有效进行争议解决的基本保障。针对项目合同履约管理，山东院构建了完善的矩阵式组织管理模式，山东院商务法律部门适时派驻商务和法务人员进驻项目组建项目商务部（可以与项目费用控制部门组合办公），保证了甲项目部和总部之间能够及时、准确地就合同履约情况进行信息传递，山东院商务法律部门能够及时对争议做出反应，不因不了解、迟疑或拖沓而丧失争议解决的有利时机，这在对时效通常有很高要求的国际工程总承包项目争议解决过程中尤为重要。

2. 境外工程项目合同履约需要做到全员参与

EPC 海外工程风险管理是复杂的，仅仅靠项目经理，以及核心团队成员往往是不够的，需要全体项目团队成员以及支持项目的公司各职能部门、发起人、利益相关方、项目管理办公室成员等所有人员的参与。只有培养全员项目风险管理思想，才能更好地识别风险，落实风险应对措施，并监控旧的风险和应对新的风险。因此，必须树立全员风险管理的思想，让法治思维和风险管理文化内化于心，外化于行。

3. 境外工程项目合同履约需要做到技术商务的融合管理

在合同履约风险管理过程中，需要正确处理商务法律部门与业务部门之间的协调配合关系。项目执行过程中，商务法律人员不可能时刻在现场见证所有事项，因此，商务法律人员应在事前防范、事中控制、事后补救中做好服务保障和业务支持，例如，甲项目部商务法律人员通过参加各种会议获取项目进度各项信息，及时对可能存在的索赔点和争议点进行关注，做到了有为有位。同时，技术部门应当成为解决争议的主体部门，正确处理生产经营与风险防范之间的关系，满足决策要求与业务需求。总之，尽管看起来浪费资源，但是，良好的操作应当确保所有技术谈判有商务人员参加，商务谈判有技术人员参加。

4. 境外工程项目合同履约需要做到善用外部资源

更加专业的社会化分工，是国际工程总承包项目的基本特征之一。与此特征和市场需求相适应，在国际工程的不同专业领域，活跃着一系列专业顾问机构，分别为投资人、融资机构、承包商等相关主体提供专业顾问服务。甲项目部聘请了国内外知名律所、税务咨询机构、工期延误分析专家、保险顾问等外部资源，针对争议预防、现时争议解决、日常咨询，实现了决策的科学化，避免“拍脑袋”式的盲目决策方式。同时，甲项目部预先建立适合于国际工程争议解决需要的外部专家库，并把该项工作作为项目全面风险管理体系建设工作的一个重要组成部分。

在国际化道路上坚持底线思维，增强忧患意识，充分认识防范化解境外工程项目履约风险的重要性和紧迫性，山东院依托境外工程承包项目的执行，创新工作思路、不断积累经验，在境外工程项目合同履约风险管控方面进行了有益的探索和实践。

第三节　中智国际商务发展有限公司

企业简介：中智国际商务发展有限公司（以下简称“中智”）是中智集团的二级全资子公司，主营商事服务。自 2005 年 3 月成立以来，逐步发展为集团国际业务板块的重要力量，业务涵盖在境内 9 个中心城市运营法国、荷兰、塞浦路斯签证申请服务中心，在境外新加坡、印尼、尼泊尔三个国家运营中国签证申请服务中心，为各类客户提供出入境签证咨询和代办服务，外籍人来华工作证件办理服务，以及涵盖国际国内机票、酒店、车辆预订的商务差旅服务和会议会奖服务。公司现拥有成员单位 13 家，其中境内子公司 4 家、分公司 6 家，境外子公司 3 家。中智成员单位如图 7 –6 所示。

2007 年，中智经法国外交部授权，开设了中智法国签证申请服务中心。此后，经德国、荷兰、瑞士、匈牙利、塞浦路斯和哈萨克斯坦外交部授权，在全国 9 个中心城市设立了签证受理中心，为中国公民和常驻在华的外国人提供签证申请服务。2011 年，中智经沙特驻华使馆批准，开始提供签证代理服务，目前已发展成为全国 10 家代理机构中最大代理，深受沙特使馆信赖。2019 年以来，中智先后在尼泊尔加德满都、新加坡、印尼雅加达、印尼泗水、印尼棉兰、印尼登巴萨等城市建立和运营中国签证申请服务中心。在过去的 15 年，中智签证中心累计办理签证量超过 700 万人次，在申请人意见调查中获得 98% 以上的好评率；在使馆意见反馈中，充分肯定了中智签证中心的工作成绩。

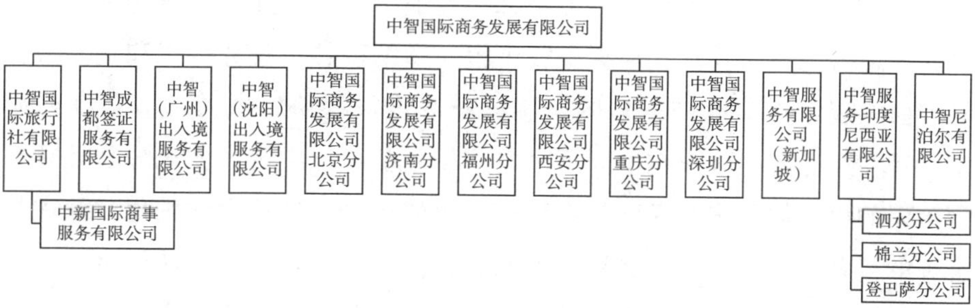

图7－6　中智成员单位

一、签证服务海外业务合规建设的背景

（一）中智签证服务出海现状

中智顺应国家战略导向及行业发展趋势，积极推进国际化业务布局，紧抓“一带一路”倡议和构建国内国际双循环新发展格局孕育的国际业务发展机遇，全力布局海外签证服务中心。中智2019年开始入局海外中国签证申请服务中心的建设运营。2019年投资运营位于尼泊尔加德满都的中国签证申请服务中心，2022年投资运营位于新加坡、印尼雅加达、印尼泗水、印尼棉兰、印尼登巴萨等城市的中国签证申请服务中心。中智年服务外国人入境的中国签证申请达52万人次。中智境外运营的中国签证申请服务中心，是外国人来华申请签证的窗口单位，关系国家形象，其合规建设的成败具有十分重大的影响。

（二）海外签证中心运营面临的合规挑战

1. 财务合规挑战

海外签证中心的投资运营，不同于常见的工程和贸易类业务运营。海外签证中心是为驻在国居民提供签证办理服务，面对的客户数量更加庞大，全年累计服务人次达50多万，单笔交易额小，交易数量大，对资金管控和财务合规要求更高。中智海外业务分布的各个国家会计准则各不相同，对境外和总部财务管理人员的要求和挑战大。

2. 税务合规挑战

不同国家或地区有各自的税法体系和税务规定，各国税务主管部门执法力度、行事风格各不相同。中智海外签证中心需要充分调研和遵守目标国家或地区的税法要求，包括税收申报、缴纳税款、税务合规和税务报告等方面的规定。中国与许多国家签订了双重征税协定或避免双重征税协定，旨在避免同一收入在不同国家之间重复征税。中智需要充分掌握驻在国国内的税务规定和驻在国与我国的税收协定，以确保合法纳税，并进行合理的税务筹划。同时，必须详细调研目标国税务机关的执法风格，有针对性地应对税务机关的检查工作。国内总部财务和审计管理人员，也需要同时掌握各国不同的税务规定。

3. 客户信息保护

海外签证中心运营过程中，需要收集签证申请人个人信息资料，采集申请人指纹信息，部分个人信息还需跨境传输。中智海外业务所在国的立法机关均设立了个人数据保护相关法律。中智需要逐一研究各国个人数据保护法律，根据驻在国的法律调整业务流程，制作相关授权文件，必须保证在申请人授权同意的前提下，合法收集、使用、存储和传输申请人客户的个人信息。申请人客户个人信息的跨境数据传输，必须满足跨境数据传输的合规要求，以确保数据传输的合法性和安全性。中智还需制定相应的内部保密制度和业务文件保管销毁制度，确保客户个人信息的安全得到保护。

二、签证服务海外业务合规建设的做法

（一）财务合规流程建设举措

1. 严控海外投资评审流程

根据《中智集团投资管理办法（试行）》（智发投〔2021〕162 号）、《中智集团投资计划工作规范指引》（智发投〔2022〕291 号），项目投资前详尽调研，审批流程完整无缺。中智严格按照中智集团制定的投资战略和目标进行投资，对潜在的海外投资机会进行初步筛选和评估，包括市场前景、竞争情况、财务状况、投资汇率、地理位置等。项目评审前，必须雇用驻在国的专业机构或顾问进行详尽的尽职调查，包括财务审计、法律

合规性、商业模式评估、风险评估等，提供专业意见和报告。公司内部相关部门、总经理办公会、董事会、党委会遵循透明、严格和一致的标准和程序，根据项目团队提供的尽职调查报告、可行性研究报告、财务测算等资料，严格按照国务院国资委项目投资审批流程完成内部评审。项目投资获得审批同意后，总部各相关部门密切关注项目的执行进展、定期报告和审计等。定期进行投资项目的风险评估和管理，制定适当的退出策略，以便在必要时能够退出投资。

2. 严格执行采购审批流程

中智根据国务院国资委和中智集团公司的相关规定，严格确定资产采购的审批层级结构，包括不同金额或重要性级别的审批权限。制定明确的采购政策和程序，规定资产采购的要求、审批流程、授权限额和责任。审查采购申请，严格明确所需资产的描述、数量、预算、供应商选择过程等，确保申请符合公司的需求和预算要求。对于超出某一级别审批权限的资产采购，必须由总部提级审批。在提级审批过程中，总部职能部门和管理层应对资产采购申请进行评估，并考虑其对公司的影响、预算可行性、战略目标等因素，以便做出决策和授权。每一笔资产采购申请和审批决策都提供翔实的记录和文档，包括审批意见、决策依据、授权人签字等。中智总部定期对资产采购审批的过程进行检查和评估，确保合规。

3. 建立货币资金监管体系

详细调研法律法规，严格挑选开户银行。中智组织专业机构和财务人员，仔细研究目标国家的金融法规和监管要求，包括外汇管制、资金流动性、资金监管、现金支付等方面的规定，确保货币资金的监管体系符合驻在国的法规要求，要求境外公司选择在驻在国的中资银行开户，在无中资银行可选的情况下，则选择当地规模最大的银行开户。

严格收支两条线，实现国内总部对海外资金的监管。海外公司严格执行收支两条线管理，将公司收入账户和支出账户严格分离。公司收入账户，由国内总部财务部管理和控制。海外公司按月制订资金需求计划，经海外公司和国内总部联签后，由国内总部将资金从海外公司收入账户划拨至海外公司支出账户。同时，超过海外公司授权金额的付款事项，均实行海外公司和国内总部联签审批制度。

每日系统核对收入，确保应收与实收一致。海外公司会计根据签证中心业务系统每日核对当日收款金额，确保实际收款金额与系统记录的应收款金额一致。定期进行内部审计和外部审计，通过审计检查现金管理工作的执行情况。

4. 健全财务管理制度体系

中智在项目投资前，通过翔实的税务尽调工作，深入了解目标国家的财务法规和会计准则，包括会计原则、报表格式、报告周期等，以确保公司总部为海外公司设计的财务制度符合当地的法规要求。

根据海外公司业务规模和分支机构数量，设计合适的财务组织架构。确定财务部门的职责和权限，明确财务流程和报告路线。海外公司建立完整的财务制度，包括会计政策、财务报告流程、内部控制制度等。确保财务制度符合会计准则，并考虑公司的特殊需求和管理要求。制定财务制度手册，明确各项制度和流程的执行规范。为海外公司设计财务流程，确保资金的收付、报销、结算等环节的规范和控制，建立适当的内部控制措施，预防和发现错误、欺诈等问题，确保财务信息的准确性和可靠性。

海外公司根据驻在国财务软件的使用情况，根据公司规模和需求，选择功能完善、适用性强的财务软件，确保财务数据的及时和准确录入、处理和报告。按照当地的会计准则和报告要求，准确编制财务报表和其他财务报告。确保财务报告的及时性和准确性，遵守当地的税务和审计要求。海外公司聘用驻在国的会计师事务所，进行外部审计和报告。

5. 建立财务报告管理体系

在各海外公司与总部之间，建立明确的报告流程，财务数据由各海外公司财务经理（或会计）直接报送至国内总部财务部，财务报告的内容包括数据收集、数据处理、报表编制、审计和验证等环节。确保每个环节的责任人和时间表，协调各个部门和人员之间的工作关系。确保报告流程中的内部控制措施，建立报告监督和审计机制，确保报告的质量和合规性。

定期进行内部审计和自查，验证报告的准确性、经济事项的合规性，形成内审报告并落实整改措施。

（二）税务合规流程建设举措

1. 税务风险尽调和识别

中智通过投资前税务尽调，深入了解目标国的税法和税务管理制度。了解当地的税收法规、税率、报税要求、披露要求等方面的规定。特别关注涉及签证服务行业的税务规定，基于签证服务中心特许授权运营的业务模式，详细分析该业务模式下跨境支付、定价规则、关联交易、利润汇回等相关交易活动的税务风险。同时，中智十分重视研究目标国家的税务环境和实施情况，了解税务机关的组织结构、执法力度、监管重点等信息，尤其研究税务部门对于特定行业和跨境交易的关注程度。

2. 聘用属地税务顾问

根据驻在国税务机关的执法力度和清廉程度，确定与驻在国税务机关的合作模式。在绝大部分国家，中智海外公司将报税工作全部外包给税务咨询机构，由其全权负责海外公司的税务申报，并就税务问题与税务机关协调。

中智严格筛选为海外公司提供服务的税务咨询机构，要求税务咨询机构必须具备团队实力和专业资质，团队成员应具备相关的税务背景和资格认证，例如注册会计师、税务律师等。合作税务咨询机构必须具备广泛的驻在国税务知识和经验，熟悉目标国家或地区的税法和税务规定，并对跨境税务事务有深入的了解。同时，海外公司从外部调查税务咨询机构的客户群构成，了解其与客户的合作历史。

3. 外派人员税务培训

对外派中方人员，中智组织外派人员进行行前税务培训，培训内容包括税务法规、税务申报程序、纳税义务、税务合规要求等方面的知识，目的是强化外派人员的税务合规意识，建立基础的税务合规逻辑和常识。外派人员抵达常驻地后，由当地的税务培训机构基于其对驻在国税务的专业认识，进行针对性的培训。通过以上培训，使外派人员全面熟悉驻在国的税务规定，在海外公司管理过程中保证税务合规性。

（三）信息保护合规建设举措

1. 个人信息风险尽调和识别

签证中心运营过程中，需收集申请人的姓名、护照号、联系电话、家庭成员等信息，需采集申请人生物指纹信息，还需将部分申请人个人信息和指纹信息跨境传输至国内。上述信息，均属于个人敏感信息，中智业务分布的各海外国家，均已对上述个人信息进行立法保护。中智详细分析各目标国的个人信息保护法律法规，研判签证服务过程中涉及的各个环节，根据驻在国法律法规规定，结合中智运营签证中心的专业经验，梳理服务全流程中的风险点。

2. 建立客户个人信息保密制度

根据目标国个人信息保密法的相关规定，结合签证中心服务流程特点，中智在相关的服务节点，增加申请人同意单或申请人授权书。业务受理员工必须在申请人签署同意单或授权书后，才能进行该环节的受理和服务，以确保采集个人信息均获得客户同意或授权。

海外公司制定明确的保密政策和程序，明确规定客户个人信息的保密要求和措施。包括数据收集、使用、存储和处理的流程，以及相关的安全控制和权限管理。根据客户个人信息的敏感程度和保密级别，对数据进行分类和标记。确保敏感信息得到额外的保护和访问控制，限制只有授权人员能够处理和访问这些信息。采取物理安全措施来保护存储客户个人信息的设备和文件，包括安全门禁、视频监控、安全存储设备等。为海外公司本地员工提供关于客户个人信息保密的培训，包括数据保护原则、保密政策和程序、安全意识培养等。员工入职必须签订保密协议。制定文件销毁制度，根据业务需要，对不同文件的留存期限进行分类，聘请专业的文件销毁公司定期销毁到期文件。

三、中智海外业务合规建设的成效

（一）管理水平显著提升

海外业务合规建设降低了潜在的法律风险。合规建设有助于识别、评估和管理海外签证中心运营面临的合规风险。通过建立有效的合规制度和控制措施，大大降低了违规行为和法律纠纷的风险，从而降低中智海外签证中心的潜在损失和法律责任。

海外业务合规建设规范了员工行为。合规建设涵盖国内海外全部相关员工。通过合规培训和沟通，加强了员工对合规的理解和重视，形成合规意识和文化。员工将更加注重遵守规章制度、识别和报告潜在的合规问题，从而为组织的合规建设提供有力支持。

海外业务合规建设帮助总部准确决策。合规建设为国内总部提供了更多、更准确的信息和依据，支持管理层做出更明智和合规的决策。合规数据和报告可以提供对业务运营、风险管理和合规执行情况的全面了解。国内总部可以基于这些信息做出更准确的决策，降低不确定性和风险。

（二）有效保证经营效益

海外业务合规建设提高了员工效率。合规建设规范和改进海外签证中心的服务流程，避免了服务中的纠纷和争执，提高了服务流程的运作效率，提高了员工处理签证接案的效率，提升了海外签证中心的整体效率。

海外业务合规建设杜绝了腐败。海外签证中心既是服务单位，在一定程度上也是拥有一定权限的窗口单位。合规建设强化了外派人员和海外员工在服务过程中的廉政意识、强化了外派人员在采购过程中的行为规范，从流程上防范了采购流程中的腐败问题。

（三）树立高效廉洁形象

海外业务合规建设明确的合规政策和流程，确保员工了解公司的合规要求。这包括制定行为准则、反腐败政策、礼品接受规定等。合规政策涵盖了海外签证中心运营过程中有关的个人客户、员工、供应商、旅行社代办机构的交往。中智运营的海外中国签证服务中心作为外国人来华的窗口单位，通过一系列的合规建设，确保签证业务办理和公司采购流程中的高效和廉洁，树立了良好的国家形象。

第四节　中国建筑股份有限公司埃及分公司

企业简介：中国建筑股份有限公司（以下简称“中建”）是我国专业化发展最久、市场化经营最早、一体化程度最高、全球规模最大的投资建设集团之一，经营业绩遍布国内及海外一百多个国家和地区，是我国第一批“走出去”的企业之一，2013 年至今积极响应国家“一带一路”倡议，抢抓“一带一路”机遇，不断拓展、巩固和加强海外业务。埃及政府于 2016 年提出“2030 愿景”，与中国“一带一路”倡议相互交融，高度契合，中建埃及分公司作为中国建筑在埃及地区的前方分支机构，承建了许多政府性重点房建工程项目。其中 2016 年 1 月，在习近平主席和塞西总统的共同见证下，中建与埃及住房部签署了新首都项目总承包框架合同，2017 年 10 月，签订了金额为 30 亿美元的埃及新首都中央商务区项目总承包（一期）合同，2021 年 2 月签署了合同额为 19.2 亿美元的阿拉曼新城超高综合体项目总承包合同。2018 年至 2022 年，中建埃及分公司营业额持续增长，埃及区域成为中建集团海外业务发展的新焦点。

一、加强属地财务管理的背景

境外项目往往存在忽视属地财务管理的现象，这是因为很多企业在境外项目的开展过程中，往往重视项目的实施和经营管理，而忽视了财务管理的重要性。另外，境外项目往往面临语言、文化和制度等多方面的挑战，导致企业难以在短时间内招聘到足够的属地专业财务人员，从而只能由少数中方财务人员或外部事务所进行属地财务核算和税务管理，这样做存在财务风险和税务风险。此外，由于中国和项目国会计准则和会计制度存在差异，属地核算和财务报告存在不匹配的情况。这为境外项目的财务管理带来了挑战，可能导致财务报告的准确性和真实性受到影响。由于缺乏属地财务管理制度，属地员工不能理解和适应中方财务管理制度，导致属地财务人员不能准确依据制度开展工作，产生合规风险。由于对属地人员管理和人文情况缺乏充分了解，没有专门的属地员工考核机制，导致属地人员管理过程中存在粗放管理现象，不能调动属地员工积极性，导致其缺乏对公司的认同感。

为了规避财务风险和税务风险，提高属地财务的合规性，调动属地员工的积极性和工作热情，增强属地员工对公司的认同感和责任感，需要加强属地财务管理，提高公司整体财务管理水平。

二、加强属地财务管理的做法

（一）成立专业的属地财务团队

成立专业的属地财务团队是提高属地财务管理的基础，这可以确保企业在当地的财务管理与税务管理符合当地法规和管理要求，因地制宜地管理属地财务工作。中建埃及分公司于成立初期，开始规划属地财务人员团队的建设，首先制定属地财务团队的初步方案，由财税经验丰富，外语能力水平高的中方财务人员担任属地财务团队负责人，进行团队建设和属地财务管理体系的完善，有效地指导和管理属地财务团队的日常工作。

由人力资源部门通过校园和社会招聘以及外部猎聘公司招聘等多种方式进行多层次的属地财务人员的筛选，由人力资源总监、财务经理、财务总监组成考核小组，通过面试、笔试、考核等方式对候选人进行评估，充分了解候选人的专业能力、工作经验、思维能力和语言能力等方面的情况，以便更好地判断其是否适合担任财务职位。分层次进行高级、中级和应届生候选人员的筛选，其中专业能力、工作经验和英语能力作为主要考核内容。招聘两名高级财务人才，除了要求具有成熟工作经验，还需具备一定的外部资源和对外经验，例如在当地银行机构、税务机关和业主监理等单位有从业经历，熟悉当地行业规则和税务法规，能快速帮助公司处理对外事宜，除此之外招聘具有一定工作年限的财务人员和应届毕业生，进行具体会计核算和税务稽核工作，并作为公司培养和发展对象。在过程中建立属地财务人才储备库，预先筛选并储备符合条件的财务人才，当后续公司承接新项目，需要招聘财务人员时，可以直接从人才储备库中挑选候选人，提高招聘效率和成功率。

属地财务管理团队的架构如图 7－7 所示，由中方财务人员担任负责人，直接向公司财务总监汇报工作，总体负责属地财务管理团队的各项事宜。下属由两名当地经验丰富的财务人员担任高级经理，一名高级经理直接负责公司会计核算和税务稽核的工作，组织和管理属地财务人员日常工作，另一名高级经理负责涉外事宜，对接银行机构、业主监理和政府机构，协助公司财务领导处理重大对外事项。

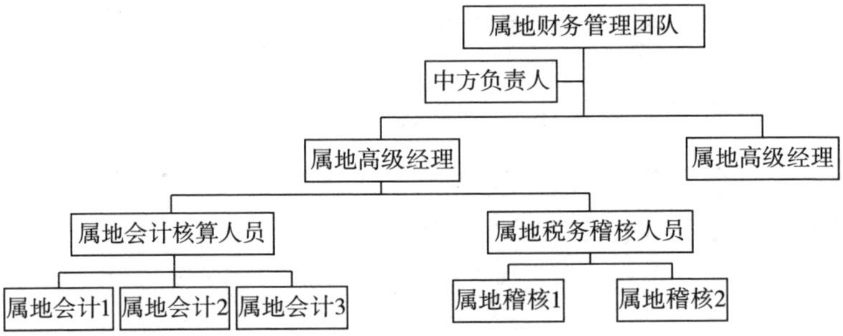

图 7－7　属地财务管理团队的架构

（二）制定属地会计制度

首先由公司中方财务人员与埃及财务人员，一起厘清埃及会计核算体系的框架和基本原则，研究核算标准和方法，比较埃及会计准则、中国会计准则和国际会计准则的差异，以确保公司属地会计核算符合国际通行的会计准则和标准，制定符合国际财务报告准则（IFRS）或国际会计准则（IAS）等标准的公司会计核算制度，制度包括会计政策、会计核算方法、财务报告编制、内部控制制度等方面。埃及的会计准则和财务报告的指南和规定由埃及会计师公会（ESAA）制定和发布，涵盖了财务报告的各个方面，包括财务报表、会计政策、会计处理方法和报告格式等要求。这些标准基于国际会计准则，包括 IFRS 和 IAS，并融合了本地的要求和法规。在了解和熟悉埃及会计准则的基础上，进行公司属地财务会计制度的制定。

依照中建会计制度和境外财务管理办法要求，结合埃及当地的会计制度和公司管理需求，编制属地会计制度，这是建立健全内部控制体系的重要环节，它直接关系到公司财务管理的规范化和透明度。在编制初稿时，考虑到当地法律法规的不同，聘请当地律师事务所、会计师事务所等专业机构进行检查验证，以确保会计制度与当地法律法规不冲突，同时借鉴专业机构的经验和意见，提高初稿的质量。在初稿完成后，对会计制度在公司财务内部系统进行会审，发现制度中存在的问题并及时进行修正，确保会计制度的合理性和可行性。最终定稿发布后，定期组织宣贯和培训，让属地员工了解企业的会计制度，提高其执行的效率和准确性。在执行会计制度的过程中，还应该根据当地会计法规和公司管理需求的变化，定期进行会计制度的修订。这可以保证企业会计制度与时俱进，符合当地法律法规和公司内部管理要求，从而提高企业的财务管理水平和效率。

对于会计制度中会计核算进行了标准化规定，制定了标准的会计科目。在制定会计科目时，需要结合会计准则和管理需求，对明细科目进行细化，以符合公司管理统计需求，并与公司预算管理、数据统计管理和财务报告管理相适应。建立框架式会计科目体系，有效地规范会计核算流程和报表编制，提高会计核算的准确性和有效性。在会计科目的添加、新增或变更方面，制定了相应的申请和审核制度，确保明细科目的添加或修改符合管理需要，并经过审核后方可添加或修改，避免不必要的错误和风险。为了规范会计核算的操作和流程，制作统一的会计核算入账手册，要求新入职的会计核算人员进行学习并考核，以确保属地会计核算人员熟练掌握会计核算入账的流程和规范，从而提高会计核算的准确性和可靠性。

根据会计制度要求和核算需求，公司通过询价招标，比较埃及市场上的财务信息系统，根据公司管理需要和运营特点，结合当地实际情况，选择适合公司的财务系统，选择财务信息系统时，需要考虑多个方面，包括财务系统的国际化程度、操作便捷性、自动化程度和可靠性，能够提供准确、及时的财务数据，方便对外审计和检查，方便企业管理层进行数据统计分析和决策。

（三）加强属地财务工作合规性

由于境外市场环境的复杂性和多变性，相较于国内，公司面临的政治风险、税务风险和汇率风险等更加明显且难以控制，由于文化制度差异性使属地人员的管理更加具有难度，使得加强属地财务工作合规性成为公司管理的重点和难点。

建立健全中建埃及分公司属地财务管理制度，加强财务管理内部控制，这是加强财务工作合规性的重要组成部分。通过制定标准化的工作流程，规范属地财务工作流程，减少财务工作的错误，降低合规性风险的发生概率，提高财务工作的准确性和可靠性。属地财务管理制度包括部门规章制度、流程控制、会计核算、财务报告等方面。制定完善的部门规章制度，明确各岗位职责和工作内容，确定管理层级和岗位责任人，确保各岗位职责的落实和工作的顺利进行；制定标准化的工作流程是规范属地财务工作流程的关键，定义各流程环节的内容，确定各环节人员管理权限，确保财务工作的准确性和可靠性；制定标准英文版本的会计入账手册，要求入账和审核非同一人，并进行会计凭证稽核，确保入账的及时性和准确性，避免人为原因导致的财务错误和风险，提高会计核算的准确性和可靠性；制定清晰的财务报告流程以确保财务报告的准确性和及时性，同时规范财务报告的编制和审核流程，避免财务报告错误和风险的发生。同时加强对属地财务的集中管控，属地财务人员常驻办公地点为公司总部，集中办公统一管理，每周固定 2 天派驻属地财务人员前往项目部，进行集中税务审核、资料收集和税务咨询等工作。

除此之外，中建埃及分公司财务部加强对属地财务的审计和稽查，定期开展财务工作的审计和稽查。对财务工作的审计包括当地年度审计，出具审计报告，也包括内部审计人员开展的公司内部审计，出具内部审计问题清单和整改报告。公司层面强化审计工作的重视程度，在外部审计之前先进行内部审计，由经验丰富的中方和埃及财务人员组成审计小组，编制问题清单，进行问题通报和宣贯，对于发现的问题，由属地财务管理团队中方负责人监督审计问题的整改，定期向财务总监汇报进度。审计整改方案倒排整改时间表，责任到人，实施审计整改奖惩措施，提高属地员工的积极性，保证在年度外部审计前问题清零。在年度审计时，公司聘请专业外部审计事务所，组织全部财务人员积极应对审计，确保及时有效地出具公司年度审计报告。财务稽查分为外部稽查和内部稽查，外部稽查指的是埃及税务部门、社保局和建筑协会等政府机构对公司的检查，其中涉及财务工作的稽查，属地财务管理团队制定专项应对方案，指定由中方财务人员和埃及高级财务经理组成的应对小组，检查期间优先处理稽查工作，尤其针对突发性检查，制定应急方案。定期开展内部稽查，跨岗位和跨项目进行内部互查，编制和完善内部稽查问题清单，形成标准化检查项目和检查流程，制定内部检查奖惩措施，公布检查结果，并跟踪整改进度，提高全体人员的合规意识，及时发现和纠正内部管理中存在的问题，避免因违规导致的财务风险和法律风险。

（四）属地财务人员培养及考核

属地财务人员的培养和考核是属地财务管理的重要组成部分，可以提高属地财务人员的专业水平和素质，确保属地财务数据的准确性和可靠性。中建埃及分公司重视属地财务人员的培养和考核，采取了多项措施来提高属地财务人员的专业水平和素质。

首先，中建埃及分公司通过内部培训和外部培训相结合的方式，提高属地财务人员的专业水平。内部培训根据公司的业务特点和实际需求，制订培训计划，制定内部讲师培训机制，设置培训津贴，鼓励员工积极参与培训，争当讲师，通过内部培训形式，提高属地财务人员的专业知识和技能；外部培训是通过聘请埃及当地的专业培训机构、会计师事务所或者与公司长期开展业务的政府机构人员，对属地财务人员进行专项指导和培训，可以让属地财务人员接受更为广泛的财务管理知识和经验，拓宽属地财务人员的视野，提升管理和决策能力。

其次，中建埃及分公司建立了完善的属地财务人员考核制度，制定了中建埃及分公司属地财务员工手册和员工警告制度，确保考核的公正性和客观性。考核内容包括业绩考核、专业能力考核、岗位职责考核等，考核方式包括针对考勤和日常工作计划完成度的日常考核，多维度对行为规范、业务能力和工作业绩评分的月度考核，内部考试和外部培训考试相结合的定期考试，最终年终汇总绩效考核。区别于中方员工，针对属地财务员工制定专门制度，设置工作效率和工作能力奖励，以基本工作为考核底线，属地财务团队中方负责人和属地高级经理根据员工的日常表现进行酌情奖励，并设置加班奖。同时，充分考虑属地财务员工深层次需求，构筑上升途径，给予属地财务员工必要的成就感。通过考核，评估属地财务人员的工作表现和专业能力，为其提供个人成长和发展的机会，优秀的员工提供到中国国内总部参观学习的机会，提高属地财务员工公司归属感。

最后，需要注重属地财务人员的激励和奖励，营造轻松的工作氛围，提高属地财务人员的积极性和工作热情。激励和奖励方式包括薪酬激励、晋升机会、荣誉表彰等，激发属地财务人员的工作热情和积极性，提高其工作效率和质量。做到充分尊重文化多样性以及不同习俗，将属地化管理意识充分体现出来，根据实际情况畅通属地财务人员诉求沟通渠道，体现公司人文关怀，提升人员归属感，加速理念“融合”。加强中方员工与属地员工联谊活动，定期组织员工聚餐、家庭走访和生日聚会等，将“导师带徒”活动拓展至属地员工中，树立优秀典型，培养人才的同时也提升了积极性。

三、加强属地财务管理的成效

通过完善属地财务管理体系，建立健全属地财务管理团队的模式，加强属地财务人员的培养和考核，提高了属地财务人员的专业水平和素质，培养出一批成熟的专业属地财务人才，能够为公司提供高质量的属地财务管理服务，提高了公司的财务管理水平和效率，规避了财务风险和税务风险，为公司的境外可持续发展提供了人才保障。

完善的属地会计制度和标准化的会计核算手册，提升了公司属地会计核算的质量，及公司财务数据的真实性和准确性，便于公司进行数据核对和统计，更有利于为公司运营决策提供可靠数据支撑。

建立健全属地财务管理制度，完善内部控制制度，提高财务工作的合规性，标准化的工作流程规范了属地财务工作流程，降低了财务工作的风险和错误，提高了财务数据的准确性和可靠性。通过财务稽查及时发现和纠正管理中存在的问题和风险，避免了因违规操作导致的财务风险和法律风险，使公司在埃及当地政府机构和社会获得了良好的口碑。

第五节 中国能源建设集团浙江火电建设有限公司

企业简介：中国能源建设集团浙江火电建设有限公司（以下简称"浙江火电"）成立于1958年，是中国特大型中央企业的骨干成员企业，公司主营业务涉及传统电力能源、新能源及综合智慧能源、生态环保、水利、综合交通、市政、房建、房地产（新型城镇化）、装备制造等多个领域，具有较强的工程总承包和融资带动总承包能力。具有施工总承包资质10项，累计完成大型电力装机总容量超过103750兆瓦，施工地域遍及我国二十余个省区市，承建了印尼、埃及、越南、土耳其、孟加拉国、老挝、缅甸等电力工程，以及钢结构制造、电厂运维检工作，并荣获业内多个重要奖项。

在传统电力基建行业逐渐饱和的局面下，浙江火电一方面加强内部转型升级，大力拓展新能源和非电领域市场，另一方面积极响应上级集团（股份）公司"走出去"号召，积极拓展海外市场，在当地注册成立子公司并通过它承接工程，实现了从"借船出海"到"造船出海"的转变，通过不断强化税务合规管理，实现了扎根、深耕印尼市场的目标，扩大了品牌影响力。

一、国际税务合规建设的背景与关键

（一）流转税与所得税

流转税：纳税人商品生产、流通环节的流转额或者数量以及非商品交易的营业额为征税对象的一类税收。流转税包括增值税、消费税、关税等，是政府部门财政收入的重要来源。

所得税：以所得额或者财产额为课税对象，一般分为企业所得税与个人所得税，在印尼以预扣税（PPH）形式体现，包括PPH21、PPH22、PPH23 、PPH26/29及PPH4. 2等，而施工企业面临的最大税务争议就在于PPH4. 2。

针对两大主要税种，要分清并深刻理解其税种、课税对象、对应税率、纳税时效等关键点，在合法基础上做好纳税筹划工作。

（二）国际税收协定

国际税收协定是指两个或者两个以上主权国家，为了协调相互间的税收分配关系和解决重复征税问题，经对等协商和谈判所缔结的一种书面协议或条约，在协定有效期内，缔约国各方必须遵从协定中的条款并承担相应的义务。中国已与国际上一百多个主权国家签订了双边税收协定，中国与印尼于2015年签订避免双重征税协定，这些协定的签订避免了“走出去”企业面临因双重征税而产生的高额税负。

（三）居民身份与非居民身份

居民身份与非居民身份，基本上会涉及两个或两个以上税收管辖权。一般来说，属地国对居民企业或个人有全球税收管辖权，对非居民企业或个人仅拥有收益来源于当国的税收管辖权，且对于两种身份的企业或个人，往往采用的征税政策不一样。“走出去”中资企业在海外经营初期，往往为非居民身份；但随着业务的开展，会选择在当地注册公司，进而拥有税收居民身份。选择居民身份或非居民身份在项目初期的税务筹划中是不可或缺的一部分，这也是两国之间税收纠纷的主要起因。

二、国际税务合规建设的做法

（一）进行翔实周全的前期财税调研

浙江火电最早于20世纪90年代进入印尼市场，采取“借工”的形式开展业务，先后参与了多个常规电源项目的建设和检修工程，这也是大多数中资企业开展海外业务采取的形式。后在中标了某大型EPC项目后，着手落实印尼子公司的搭建工作，实现了由“借船”到“造船”的跨越。主要采取了以下几个措施：①从中国政府驻外机构获取投资指南、国别税务指南、驻外中资企业资源，并进行初步学习，初步了解东道国的投资环境、税制大环境，东道国投资、税收法规与实操的差距；②与中国企业商会、前期进入该国的中资企业进行沟通和交流取经，了解属地公司日常运营需要关注的相关税务管理、属地用工、人员签证、资质取证、进口环节等日常方面的合规问题；③聘请专业的中介机构，提供详细的税务咨询、企业执照资质办理、人员签证代理等，为公司在印尼市场平稳运行保驾护航。

（二）吃透双边税收协定

因双边协定内容的表述极其专业化，比较晦涩和抽象，以及享受双边协定的前提条件，极其不容易被理解和掌握。双边协定的谈签和修订是两国利益博弈和协商的过程和结果，甚至个别条款是相互妥协、交换的体现。在公司执行的某大型燃煤电站 EPC 工程中，充分学习了解协定相关内容，包括进口环节及跨境支付是否产生预提税，实现利润后如何回归，东道国对于该笔所得如何征税；由于该电站项目完全采取中国标准制造，因此充分运用东盟自贸协定的约定，对部分设备和材料的进口申请了税收饶让，降低了项目建造成本。另外，对于 EPC 合同组价进行合理的拆解，优化合同签约形式，将合同主体由一个拆成两个分别执行，既满足了属地化成分的要求，又保障了项目利润及税源的合法转移，通过该合同拆解降低整体税负超千万元。

（三）选择合理的投资架构

目前，一些“走出去”企业为尽快实施境外中标的工程，往往寄希望于采取最容易、最迅速、最简便的方式，主要有三种形式，一是直接由国内公司签订合同，国内公司直接收款，此形式主要应用于合同工期短于 6 个月的工程；二是直接由国内公司签订合同，并在东道国设立分支机构——代表处，履行当地纳税义务，此形式下会存在代表处有 3 年有效期限制以及受分支机构利润税的影响，而且需要在取得中国纳税居民证明并按规定格式提交申请后，才能享受双边协定的优惠税率；三是投资注册实体子公司，按照东道国属地公司管理，这也是最受东道国欢迎的投资方式，同时也能享受再投资带来的税收饶让，但是，对于实体公司需要达到当地持股的最低比例要求。公司在东道国优选了知名爱国华侨企业签订投资合作协议设立子公司，用于该 EPC 项目和后续开发项目的执行。而这个模式解决了代表处存在时效性的问题，保障了公司的可持续经营。

（四）完善法人治理结构

设立子公司需要满足当地持股最低比例要求，而设立建筑施工类的子公司当地持股比例不得低于33%，在董事会、监事会中各拥有一个席位，依法享有分红的权益。与此同时，仍不同程度存在按年收取管理费的情形。因此，公司主要采取了以下措施：一是在东道国法律允许范围内尽可能压缩当地持股方的权利；二是按照东道国法律要求建立董事会、股东会，对公司年度重要经营决策事宜依法过会审议，满足东道国对于依法治企的要求；三是由国内母公司派驻主要经营负责人及业务骨干，保障了国有企业对境外子公司的绝对控制。

（五）规范的日常财税管理

境外子公司不同程度存在内账、外账的现象，这也是大多数境外中资企业的常规做法。“外账”采用当地政府部门要求的语言或通用的语言进行账套簿记，按照当地会计制度进行核算，以满足所在国对纳税申报、中介审计以及其他监管要求；“内账”按照中国企业会计准则的要求进行核算，用以满足母公司合并会计报表、集中财务管理，以及税务审计部门检查等要求。但内外账并行容易出现较多的差异，特别是运行时间久远后，该差异将越来越大，尤其在现金上面的差异。因此浙江火电综合评估并结合国内母公司的管控要求，采取了以下几种做法：

第一，根据东道国税务法规要求，保证公司在东道国合法合规运营、诚信纳税，结合母公司内控要求，制定了《税务管理规定》，具体包括组织体系、税务登记、发票和税票管理、纳税申报、涉税业务管理等内容，在制度上保障税务行为合规。

第二，综合东道国对会计准则的要求，选择国际会计准则作为核算依据，同时采购用友双语核算软件，既满足了中国员工、属地员工的使用习惯，又满足了国内对报表合并及财务监管的要求，减少合并报表重分类计算的工作量。内外“一本账”的运行规避了现金差异衍生的其他风险。

第三，聘请实力雄厚、资信优良的会计师事务所作为审计和税务咨询单位，保障了报表数据的公允和各项税务数据、资料的合规，抑制了税务风险。

三、国际税务合规建设的成效

第一，完善的法人治理结构，保障了党对国有企业的绝对统一领导，保障了国有企业对境外子公司的绝对控制；形成了一面可靠的风险阻隔墙，既保证了境外子公司有序可持续经营，又有效规避了境外经营对国内母公司的连带风险责任。

第二，积累了重要的 EPC 项下的合同拆分税务实践，为拓展其他海外国别市场提供可复制的模式。

第三，项目中标后合同签订前多部门协同的税务筹划，有效降低了企业的整体税收经营成本，也实现了税源的跨境转移。

“走出去”企业要持续做好在境外长期、持续合法、合规经营，特别是要管控好税务风险，降低纳税经营成本，就必须建立和完善一系列相应科学、系统的税务风险管理制度、流程和操作办法。更需要根据东道国当地及中国相关税务法规、境外业务开展的实际情况，以及国内企业集团内部的相关规定，不断补充、更新、完善相关的境外税务管理制度、规定、流程和办法，其税务管理越合规，“走出去”企业对境外税务风险的管控就越可行、有效。

第六节　中国能源建设集团湖南省电力设计院有限公司

企业简介：中国能源建设集团湖南省电力设计院有限公司（以下简称“湖南院”）隶属中国能源建设集团有限公司，具有电力行业、化工石化医药全行业、建筑行业（建筑工程）专业、市政行业（给水、排水、城镇燃气工程）专业、工程勘察综合、工程咨询、工程造价咨询、电力工程监理等甲级资质。主要业务涵盖特高压电网、智能电网、核电、火力发电、新能源、储能、智慧综合能源以及化工、医药、市政、建筑、环保等领域的勘测、设计、咨询、总承包、运营管理，是湖南省高新技术企业、中国建设系统信用商誉 AAA 级单位。

一、海外诚信合规业务伙伴管理的背景

（一）企业建立合规管理体系是时代需求

2018 年 11 月 2 日，国务院国资委发布的《中央企业合规管理指引（试行）》，从合规组织和职责、合规管理重点、合规管理运行、合规管理保障四个方面指明了全面构建合规管理体系的方向。12 月 26 日，国家发展改革委等七部委印发《企业境外经营合规管理指引》，就对外贸易、境外投资、对外承包工程、境外日常经营等方面，对我国开展“走出去”业务的企业提出合规管理要求。两个指引的发布标志着中国企业全面合规管理的时代已经到来。

（二）企业自身发展需要有效的合规管理

近年来，湖南院以国际工程公司为目标，逐步进行转型升级，海外市场蓬勃发展，国际工程项目营业收入在公司所占的比重日益提高。随着企业国际化与多元化发展，一方面与不同领域、不同国别的更多业务伙伴产生合作需求，另一方面面临越发严格的国际合规监管压力，在与有不同市场规则、法律、文化背景等业务伙伴合作时，也面临较大合规风险。因此，基于企业自身健康经营发展的需求，需要对业务伙伴进行有效合规管理。

二、海外诚信合规业务伙伴管理的做法

（一）理论基础

1. 世界银行诚信合规要求

世界银行要求所有贷款项目参与者在前期招投标及后期履行项目的过程中都必须遵守最高诚信合规要求，对违反合规要求的行为进行调查和制裁，以此杜绝腐败，保障项目的公平公正以及目标地区的可持续稳健发展。《世界银行集团诚信合规指南》及《世界银行反腐败指南》《世界银行制裁程序》等文件对合规的具体要求以及调查制裁的程序进行了详细规定。

2. ISO 合规标准

主要用于指导未进行合规管理的组织确定、运行、评价和改进合规管理体系，也可对已建立合规管理体系的组织改进合规管理提供指导，目的是建立有效的合规管理体系。虽然不能杜绝违规的发生，但是能够降低违规发生的风险。ISO 37301：2021《合规管理体系　要求及使用指南》在指导组织确定、运行、评价和改进合规管理体系方面提供了基本的体系框架。

（二）主要管理措施

湖南院对标国内外合规监管要求，识别企业主要合规风险，并结合企业实际情况修改内部制度、完善内控流程，通过加强控制市场开发、业务承揽、招标采购、合同签署、现金管理等关键领域、环节对业务伙伴进行合规管理。

1. 市场开发

湖南院在与业务伙伴接洽过程中，将进行有适当记录的、基于风险的尽职调查工作。根据尽职调查结果，避免同从事不当行为或被怀疑从事不当行为的业主方、承包商、供应商和其他业务伙伴发生关联（除非是在特殊情况下并且需要采取适当的缓解措施）。湖南院通过书面形式将合规要求告知所有业务伙伴，并声明期待业务伙伴在所有同公司进行的业务活动中都遵守该要求。

对于那些与湖南院存在重要业务联系，或湖南院能够施以影响的业务伙伴，应尽最大努力鼓励其做出对等合规承诺，以预防、发现、调查和补救违规行为。业务伙伴包括业主方、代理人、顾问、咨询专家、代表、经销商、承包商、分包商、供应商、合资方以及其他第三方。

2. 业务承揽

湖南院在做出承揽重大项目的决策前，要求进行专项风险评估，编制了专项风险评估报告。风险评估报告收集与战略风险、财务风险、市场风险、运营风险和法律风险等相关的内外部风险信息，其中包含了主要客户、主要供应商等相对方的合规及信用情况。对于存在涉嫌刑事或重大行政处罚、失信被执行、高管限高、被申请破产重整、被主要国家或国际组织制裁的相对方，湖南院将审慎评估与其的合作关系，确认在合作事项中合规风险较小后才进行后续合作。对于多边银行项目等涉外项目，湖南院在专项风险评估工作时尤其重视合规风险。

在投（议）标过程中，需使用联合体或分包方等合作方相关资信文件（包括但不限于合作方的资质、业绩、证书等）时，湖南院均要求合作方提供文件资料的真实性承诺书，进行风险隔离，降低公司因使用业务伙伴提供虚假资料而受到违规处罚的风险。

3. 招投采购

湖南院在供应商准入流程中，将审查其资格资质、认证许可、授权委托等必要资料，对注册信息资料的真实性、完整性、符合性进行核实，查证其企业信用、股权关系、司法裁判以及是否存在公司领导干部的直系亲属任职情况等，确保不存在违规或利益输送等违规风险。对于存在弄虚作假、违法或严重违规等情况的供应商，湖南院均按流程将其纳入"黑名单"进行管理。

对于情况特殊、未经招采程序的少量项目现场采购，湖南院要求执行现场采购申请审批程序，说明原因、物资名称、规格数量、技术要求、需求时间（紧急程度）等内容，经项目经理签字后由项目部报公司相关部门审批、备案，确保对任何业务伙伴所支付的任何款项都是对该伙伴合法提供的货物或服务的适当和正当的报酬，而且款项支付渠道是合法的。

湖南院在完成招采程序，与分包商或供应商签署合同的过程中，视实际情况通过当面、电话等沟通手段对业务伙伴进行简要合规培训，说明公司合规要求，并签署告知书，完成对合作伙伴的合规告知义务。

4. 合同签署

湖南院规定所有合同均须进行合规评审，对合同的依法合规性进行审查，降低合规风险。合同签订前，签约责任部门应当将合同草案、合同相对人资信情况等资料一并送交业务归口管理部门或主管部门、法律部及其他相关业务部门评审 。

凡对外签订合同（仅表达合作意向的战略合作协议、意向协议等非实质性合作协议除外)，原则上需要同时与对方签订《廉政合规协议》作为合同附件，双方对于合规事项进行对等承诺。

所有签署的合同，湖南院均对其履行过程进行监督，以尽可能地杜绝履行过程中的不当行为。作为对业务伙伴关系定期检查的一部分，同时对供应商、分包商的合规要求和履约情况进行监督。

5. 现金管理

针对不同业务方必要的业务招待，设置了三级接待标准，并建立业务招待申请审查机制，对每一笔业务招待申请在招待对象、事由、人均额度、陪同人数方面进行合规审查，对于超规格接待或招待事由不当（如在投标期间招待发包方人员）等行为进行主动截停、不予通过，降低违规风险。

备用金管理方面，规定了项目部及个人备用金限额，要求备用金的借支必须明确借款事由、金额、报账还款期限等。备用金借款必须做到专款专用，借款人不得假借备用金名义用于办理借款以外的事项，并严禁以任何名义因私借款。借款人旧的借款未还或未依规审查核销，不再批准新的借款。

6. 违规举报

在进行合同签署时，将与相对方就合规事项签署的《廉政合规协议》作为合同附件，以达到双方就合规事项进行对等承诺的目的。《廉政合规协议》中规定了合同各方人员均具有及时向本方（或对方）相关部门反映、报告违反任何合规精神的事件、风险和问题的义务，并公布了各方的举报受理部门及渠道。通过打通举报渠道的方式鼓励内部外人员对公司与业务伙伴的合作进行第三方监督，压缩违规现象的生存空间。

三、海外诚信合规业务伙伴管理的成效

（一）获得了世界银行认可

世界银行对于企业合规管理体系是否满足其要求，主要基于以下三点判断：企业建立了合规管理体系；合规管理体系被认真地执行；体系运行被证明有效。

湖南院合规管理围绕世界银行合规指南的 11 个要点进行，制定了较为完整的工作方案和计划，建立、执行完善有效的诚信合规管理体系，并不断提升改进，成立合规相关机构，持续做好合规自查、制度提升、落实执行、资料留存、合规承诺、培训宣贯等相关工作，确保合规管理体系能够有效执行，并注意在过程中保留执行记录，最终得到了世界银行的认可。

（二）有效降低企业合规风险

合规体系流程建立并执行后，湖南院配置了完整的合规组织机构与人员，明确了主要业务过程中的合规风险节点，通过各层级、多批次培训宣贯，强化员工合规思维、意识，强调合规是全体员工应尽的义务。此外，湖南院定期在全公司范围内开展合规检查考核工作，以此为抓手，确保制度、流程得到落实执行，实现了将合规风险控制在前端、源头，切实有效降低了企业经营过程中的合规风险。

第八章　中国企业“走出去”之合规法律服务案例

中国企业探索建立合规管理制度，离不开专业法律和咨询机构的支持和帮助，特别是在那些法律风险较大、合规难度较高、组织结构复杂、经营地域复杂的案件中，公司内部的合规人员难以完成复杂的合规建设、合规整改、合规升级工作，需要合规顾问团队提供专业服务。在实践中，律师事务所、会计师事务所、咨询公司都是常见的合规服务提供者，其以进驻企业、进行访谈、发放问卷等方式，帮助企业落实其设计合规规章制度、识别合规风险、设计合规组织体系、优化合规培训等合规要素。当企业已经因合规危机而被执法机关关注和制裁时，这些合规顾问团队也能够协助企业应对危机，通过合规整改消减风险事件的负面影响。本章选取三个合规服务案例，以合规专家顾问的视角呈现企业合规建设的经验。

广东能源集团天然气有限公司是能源集团天然气业务的专业平台公司，开展天然气国内国际贸易，**泰和泰（广州）律师事务所**（以下简称“泰和泰”）为公司与美国某世界500强公司、某民营企业关于某地液化天然气（LNG）接收站项目合资合作事宜提供全程专项法律服务，妥当处理该项目相关合规事宜。泰和泰在项目合资合作中提示公司的违约风险，帮助实现项目的反垄断合规，还帮助其防控增资股权重组事项的合规风险，最终促使总投资超100亿美元的LNG接收站项目顺利落地。

北京大成（上海）律师事务所是上海知名的法律服务机构，其在中国某纳斯达克上市公司被爆财务造假事件中提供合规服务，该所专家律师受聘为特聘合规专员，协助公司进行合规危机管控、配合监管部门的调查并积极整改，帮助公司争取合规红利。具体来看，律师团队运用 ISO 合规管理体系标准帮助公司识别、评价并控制风险，帮助公司查找以往业务流程中的漏洞，审查关联交易合同中的合规风险，检查公司 App 中的数据合规问题，还对公司管理层进行了合规培训等，帮助公司尽可能减少损失。

北京中天恒管理咨询有限公司为某集团搭建合规管理体系，该集团由某市政府办公厅、市发展改革委、市财政局所属的 17 家“三产”企业重组而成，职工人数 3.6 万余人，开展生态环保、城市发展、金融服务等业务。公司对该集团的合规问题进行深入分析，发现其合规重视不足、合规组织体系不健全等问题，进而提出全面整改方案，整合优化内部管理资源，降低管控成本，提高管控效率和全面风险管理水平，实现为集团高质量发展长效赋能。

第一节　广东能源集团天然气有限公司、泰和泰（广州）律师事务所

企业简介：广东省能源集团有限公司（以下简称“能源集团”）成立于 2001 年 8 月 8 日，其前身广东省粤电资产经营有限公司是全国第一家因“厂网分开”电力体制改革而组建的发电企业。

能源集团核心产业涉及火电、水电、风电、太阳能发电、生物质发电、核电、天然气等，上下游产业涉及煤矿、航运、港口、金融业、综合能源服务等，遍布广东全境并延伸至省外和海外，已形成以能源产业为核心、上下游产业链协同发展的产业格局。截至 2022 年底，公司资产总额超 2200 亿元，在职员工 1.5 万人，可控装机容量超 4400 万千瓦，可控航运运力近 190 万载重吨；全年实现营业收入约 740 亿元，上网电量超 1400 亿千瓦时，售电交易电量和用户规模连续 7 年居全省第一，年采购天然气量近 27 亿立方米、煤炭供应量近 5000 万吨；拥有全资、控股、参股单位

503家，控股1家A股上市公司（粤电力）。在2022年中国企业500强位列第343。

广东能源集团天然气有限公司（以下简称“天然气公司”）作为能源集团天然气业务的专业平台公司，代表集团对天然气板块的发展规划、建设、生产经营进行全过程管理；开展天然气国内国际贸易，为集团所属燃气电厂提供优质、稳定、可靠及有竞争力的燃料；积极进行省内天然气市场开发，逐步扩大对外销售业务，为集团创造新的业务增长点，并逐步发展成为广东天然气市场的一支重要力量。

在本项目中，泰和泰（广州）律师事务所张吕主任作为项目负责人，受广东省能源集团（中国500强企业）天然气平台公司的委托，为其与美国某公司（世界500强）、某民营企业关于某地LNG接收站项目合资合作事宜提供全程专项法律服务，为该项目整合了合规、国资、金融、公司商务、诉讼仲裁、刑事、劳动人事、国际业务等领域的不少于10人的专业律师团队，张吕主任带领团队亲自参与合同谈判、文件审查、重大事项研讨等专业服务工作。在长达三年的服务过程中（从2019年初至2022年），张吕主任带领团队参加了上百次的三方谈判，为天然气公司论证合作方式、审查法律文件、开展合规建设、指导监管应对等，尤其在反腐败反贿赂等涉及“长臂管辖”条款方面为天然气公司提供指导与建议，并为其开展合作项目法律风险防控及合规管理等专题培训，指导天然气公司完成美国某公司对其进行的合规尽职调查。

本项目极具创新性：在中美贸易磨擦的大背景下，张吕主任在本次法律服务中有效平衡大型国企与外企、民企在开发液化天然气接收基础设施以及天然气供应方面的合作利益，既维护国有资产的合法权益，又促成友好合作，为天然气公司实现在天然气行业自上而下的全链条式布局、进入广东省城镇燃气市场的重大战略愿景打下坚实的基础，为广东省大型天然气清洁能源重大民生项目做出法律人应有的贡献。

一、某地LNG接收站项目合资合作事宜的背景

为满足亚太地区不断增长的市场及技术需求，全球知名的国际能源石

化上市公司美国某公司一直在亚太区包括中国寻找建立大型化工项目的机会。2017 年，美国某公司决定在中国加大投资力度，计划建设一个世界级石化综合体项目，经过综合考量，最后选定某地区。2018 年，广东省某地 LNG 接收站项目被列为全国第一批标志性的重大外资项目，并被列入国家石化产业规划布局方案。

广东省某地 LNG 接收站项目是美国企业在华独资建设的首个重大石化项目，总投资超 100 亿美元，分两期建设。一期项目建设 160 万吨/年乙烯裂解装置，以及中下游高端聚乙烯、聚丙烯等生产装置和与之配套的设施，生产的多种高端化工产品可满足包装、汽车、工业、消费品以及卫生和个人护理产品等多种应用领域的需求。这是世界级企业与世界级湾区的强强联合、同频共振，也是双方共同为经济全球化的未来投下的信心之票。

广东省某地 LNG 接收站项目不仅涉及国企、民企、外企合资经营的复杂情况，还需针对投资决策、保密、反垄断等方面对项目进行全方位的合规审查与监控，具有难度大、类型新、跨度长的特点。

在投资决策方面，由于投资方有国企、民企、外企，成立合资公司涉及复杂的法律和合规要求。通过开展本项目，可以对合资协议、股权结构、资金流动、合规要求等方面进行尽职调查，充分运用服务机构提供的专业法律意见，帮助各方评估投资决策的合法性和可行性。在保密方面，本项目涉及大量的商业机密和敏感信息。通过本项目服务机构提供的专业保密咨询和服务，确保相关的商业秘密得到妥善保护，确保各方的商业机密不被泄露给竞争对手或第三方。在反垄断方面，我国的《反垄断法》《经营者集中申报办法》《关于经营者集中申报的指导意见》《国务院关于经营者集中申报标准的规定》等规定较为繁杂，本项目可以帮助各方了解并遵守我国的反垄断法规，以避免违反反垄断法律带来的法律风险和罚款。

鉴于上述情况，为了确保该项目运作的合法合规，聘请专业的服务机构为项目保驾护航势在必行。

二、某地 LNG 接收站项目合资合作事宜的做法

泰和泰（广州）律师事务所接受天然气公司的委托，以张吕主任为负责人，为天然气公司提供某地 LNG 接收站项目合资合作事宜的合规专项法律服务。

目前“一带一路”日益成为能源合作之路，其中，中国与其他各国之间的合作不断深化，不仅促进了中国与其他各国在国家层面上的能源合作，也带动了中国企业与各国能源企业的战略对接。为促进天然气公司与本项目中合作方之间的贸易合作，张吕主任团队在尊重不同国家法律规定的情况下，识别分析潜在的合规风险，为该项目的企业间诚信、友好合作助力。

经检索，主要存在以下问题，天然气公司与泰和泰一道采取了相应改善措施。

（一）合资合同风险及合规工作亮点

1. 违约责任

（1）一般赔偿责任

违约方应向合营他方及/或公司赔偿由于其违约而给履约方及/或公司造成的直接损失、责任、成本和费用（包括合理的调查、维权、律师、诉讼及/或仲裁费用）。任何一方均不应就其在本合同项下的违约而对合营他方承担因其违约而造成的任何间接性或后果性损失的赔偿责任（不需对间接损失负责）。

（2）其他违约责任

包括表决权限制、股权转让、优先购买或认购的限制等。

（3）违约致使合同无法继续履行

违约方应无条件同意守约方的股权购买要求。

2. 严重违约

严重违约指该违约行为可直接导致合同目的无法实现。根据相关内容，签订合资合同的目的主要包含三方面：①共同出资设立广东省某地液

化天然气公司；②为广东省某地液化天然气公司的后续发展、建设提供必要的支持；③保障广东省某地液化天然气公司权益不受损害。

（1）严重违约行为

在本合资合同履行中，足以妨碍合同目的实现的行为可视为严重违约行为，包括但不限于拒绝履行出资义务、拒绝符合约定条件的增资等。

（2）违约条款及违约责任

拒绝履行出资义务、拒绝符合约定条件的增资等。

3. 一般违约

一般违约指不会直接导致合同目的无法实现的违约行为或可补救的履约瑕疵。在本合资合同中，主要包含三方面：①未按期履行合同义务但及时补救的；②未充分履行合同义务但及时补救的；③承诺、保证和陈述存在瑕疵但及时补救的。

（1）一般违约行为

本合资合同的履行中，一般违约行为包括但不限于以下行为：一方未按期出资，但在合理期限内履行出资义务的行为；因汇率或一方过错导致未足额出资，但在合理期限内补齐出资义务的行为；签订合同时，一方存在相应审批流程或审批手续未完成，但在合理期限内完成的；一方因故意或重大过失隐瞒重大诉讼、行政处罚、政府调查等事宜，但该事宜不会导致合同无法履行的。

（2）违约条款及违约责任

违约条款：若一方没有履行其在本合同项下的任何义务，则该方（以下简称“违约方”）即属违反本合同。在这种情况下，未违约的两方（以下称“履约方”）可书面通知违约方，指出本合同已经被违约而该违约应自通知之日起的一定合理期间内予以纠正。具体的合理期间由履约方于通知中指定。违约责任：通常适用违约责任（一），在该违约行为影响未消除前可适用违约责任（二）。

综合上述问题，天然气公司与泰和泰一道，制定了合同风险审查表单、思维导图和违约条款梳理，确保最大限度地减少合同风险。

（二）反垄断领域风险及合规工作亮点

根据我国反垄断相关的法律法规及政策性文件要求，该项目的合作极有可能需要向市场监督局进行申报。基于此，天然气公司希望了解申报反垄断审查的法律依据、申报反垄断审查的主体及反垄断审批的用时。

结合目前天然气公司需求，泰和泰与天然气公司合作，初步梳理了相关问题的法律依据，并根据法律依据作出相应的初步分析，例如：

1. 经营者集中反垄断审查的法律依据

《中华人民共和国反垄断法》《关于经营者集中申报的指导意见》《国务院关于经营者集中申报标准的规定》。

2. 由谁申报经营者集中

《关于经营者集中申报的指导意见》《经营者集中申报办法》。

3. 经营者集中反垄断审查批准的用时

《中华人民共和国反垄断法》、《关于经营者集中简易案件适用标准的暂行规定》（商务部公告 2014 年第 12 号）、《关于经营者集中简易案件申报的指导意见（试行）》。

综上，简易申报程序下，假定不存在第三方在 10 天公示期内提出反对意见，则自市场监管部门受理后，取得批准预期用时 1 个月，较迟则一般为自首次申报提交后 2 个月至 3 个月。普通申报程序下，自首次申报提交后，取得批准预期用时 4 个月至 5 个月。

在该事项下，天然气公司结合合规管理“三道防线”，明确各部门合规管理职责，确保反垄断合规。“第一道防线”为天然气公司业务部门及为业务工作开展提供支持的职能部门，其工作人员应当承担职责范围内的首要反垄断合规责任。“第二道防线”为天然气公司合规管理牵头部门，其主要合规责任是为反垄断合规管理相关事务提供专业知识、支持、监督并提出合理质疑。“第三道防线”为天然气公司内部审计和纪检监察部门，其独立于第一、二道防线的各项职能之外，根据职责就合规反垄断管理工作的准确性和有效性进行独立客观的监督检查。

（三）增资股权重组事项风险及合规工作亮点

针对本项目在增资股权重组方面的合规问题，泰和泰与天然气公司合作，发现以下合规义务：①本次增资尚需经广东省人民政府国有资产监督管理委员会批准；②本次增资尚需通过国务院反垄断执法机构经营者集中审查。

此外，根据天然气公司反馈的情况，美国某公司和其他合作方将通过其关联方进入项目公司，若以其关联方作为出资主体的，应及时核查其主体是否适格。

根据议案，项目公司将来的股东股权比例分别为4∶3∶3，任一股东不具有单方控制项目公司的表决权，在具体表决事项上可能出现股东会、董事会表决僵局，天然气公司关注并据此拟定相应风险防控措施。

另外，天然气公司依法开展审计和资产评估工作，并依据审计报告或资产评估报告确定增资价格并签订增资协议，增资协议应明确约定增资方式、双方的权利和义务、违约责任、争议解决方式等条款。

最后，天然气公司依据规定备妥相关文件，用以取得广东省国资委对采取非公开协议增资行为的批准。

（四）增资适用国有资产交易流转政策的风险及合规工作亮点

2021年10月8日，天然气公司与美国某公司等相关合作方签订关于合资经营项目公司的《合资合同》，并签订《增资认购协议》，其中《合资合同》约定于国资委批准日生效，《增资认购协议》约定在国资委公开交易豁免出具之日生效。

各方订立《合资合同》《增资认购协议》时，主要适用《企业国有资产交易监督管理办法》（国务院国资委、财政部令第32号，以下简称“32号令”），32号令并未对主业处于关系国家安全、国民经济命脉的重要行业和关键领域，主要承担重大专项任务的子企业能否因增资而失去国有资本控股地位进行明确规定。

2022年5月16日，国务院国资委印发《关于企业国有资产交易流转有关事项的通知》（以下简称“39号文”），39号文第二条规定“主业处于关系国家安全、国民经济命脉的重要行业和关键领域，主要承担重大专项任务的子企业，不得因产权转让、企业增资失去国有资本控股地位”。

为此，天然气公司就项目公司本次增资是否适用39号文、是否因此导致失去国有资本控股地位开展合规审查，并得出以下结论：

一是39号文发布后，企业国有资产的交易流转应按照39号文的规定执行，但鉴于项目公司增资的特殊性，天然气公司与广东省国资委做进一步沟通，争取适用订立协议时的企业国有资产交易流转政策，即32号令的相关规定。

二是若适用39号文，结合目前项目公司拟增资后的股东会、董事会表决机制，如合作方对表决事项不予赞成，项目公司的意见则不能有效贯彻，存在因企业增资失去国有资本控股地位的风险。

三是鉴于《合资合同》《增资认购协议》尚未生效，建议及时与外企、民企协商，使天然气公司的意见在项目公司股东会、董事会决策中能够有效贯彻，对公司具有实际控制权。从而天然气公司考虑调整股东会及董事会的表决机制，增加公司在重大决策事项中的一票否决权。同时，考虑与合作方签订一致行动人协议，通过协议安排达到实际支配项目工作的目的。

（五）其他工作亮点

1. 积极、高效的审查效率

春节期间，天然气公司发出项目公司章程与合资合同。张吕主任带领团队规范地按照“初审—复审—重大事项集体讨论—合伙人审核”的工作模式紧急、优先对两份法律文件进行审阅修改，为天然气公司提供法律咨询意见。年后，又到天然气公司开会沟通，再次对两份法律文件进行审阅、调整，并及时反馈天然气公司。

2. 严谨、优质的审查质量

泰和泰致力为天然气公司提供优质、高效、专业的法律服务。在法律文件审查时，先指派至少2名律师共同对同一法律文件进行审查，多角度防控法律风险，除了对文件涉及的法律条款进行审核，还从文件的格式、文字表述等细节方面进行审查，力求以最严谨、审慎的态度对法律文件进行尽可能的全面审查及修改。张吕主任带领团队均按照“初审—复审—重大事项集体讨论—合伙人审核”的工作模式，在与天燃气公司沟通反馈的基础上，反复修改，力求实现天然气公司利益的最大化。

3. 规范、审慎的参会准备与高质量的现场法律咨询服务

目前，张吕主任带领团队已参加多次会议，同时积极响应天然气公司需求，为天然气公司与美国某公司的第一次谈判指派5名律师、为天然气公司内部会议指派3名律师，以及为天然气公司与美国某公司的第二次谈判指派3名律师，为天然气公司的商务谈判保驾护航，提供即时、专业的谈判法律意见。

4. 专业、及时的会后反馈

泰和泰在会后均会给予天然气公司专业、及时的反馈。对于天然气公司会后需要加急审理的合同或出具的法律意见书，张吕主任带领团队能第一时间予以配合并及时反馈。对于重大、紧急及特别事项，在与天然气公司沟通联系后，能及时到达约定地点与经办人员会谈，提供法律咨询意见。

三、某地LNG接收站项目合资合作项目的成效

作为国家重大外资项目，某地LNG接收站项目是美国企业在华独资建设的首个重大石化项目，总投资超100亿美元。项目分两期建设，一期项目建设160万吨/年乙烯裂解装置，以及中下游高端聚乙烯、聚丙烯等生产装置。

某地LNG接收站项目的成功落地，将助力该项目地高质量建设世界级绿色石化产业高地，为该项目地发展万亿元级石化能源新材料产业集群注入强劲动力，也为广东打造世界级绿色石化产业集群提供有力支撑。

从产业上看，项目包括160万吨乙烯装置和中下游茂金属聚乙烯、高端聚丙烯等生产装置，可以减少中国市场对高性能聚烯烃产品的进口依赖，粤港澳大湾区作为重要的石油炼化基地的地位得到进一步巩固。

从规划上看，项目的年炼油规模接近1亿吨，乙烯年生产能力将超过1000万吨，均占2019年全国规模的相当比重，广东也由此成为全国乃至全球重要的石化产业中心。

目前，这个投资达百亿美元的“巨无霸”一期项目提前完成重型塔器吊装，其大亚湾研发中心也正式动工，将为广东绿色石化产业高质量发展注入新动力。

通过开展本项目，能有效促进某地 LNG 接收站项目在设立、运营方面符合国家法律法规和监管要求、遵循行业标准、遵守商业伦理等方面的要求，为某地 LNG 接收站项目的稳健运营打下坚实基础，避免不必要的经济损失。

这种高质量发展不仅聚焦打造“万亿级”，更聚焦走向“世界级”，以创新引领“世界级”产业发展。美国某公司大亚湾研发中心将于明年完工，启用后有望助力该项目乃至广东形成“产学研用”深度融合的技术创新体系，为粤港澳大湾区科创中心建设和后续重大外资项目引进产生积极示范效应，进一步促进国际人才和技术的交流合作。

大平台联动，助力大产业崛起。近年来，广东坚持把绿色石化作为重点培育发展的 10 个战略性支柱产业集群之一，布局建设揭阳广东石化一体化、该项目地中海壳牌、茂名石化和东华能源、湛江巴斯夫和中科炼化等一批重大石化项目，全省石化产业规模超万亿元，高端化、集聚化、绿色化发展步伐加快。该项目地大亚湾开发区已集聚中海油、恒力、壳牌、美国某公司、巴斯夫等 13 家世界 500 强企业，引进了 20 多个国家和地区的 65 家化工企业，国企、民企、外企同台竞技，连续四年位列“中国化工园区 30 强”榜单第一名，加速迈向世界级绿色石化产业高地。2022 年，该项目的石化能源新材料产业集群规模达 3450 亿元。产业集聚是石化行业的重要特点，国际巨头青睐广东，说明广东绿色石化产业具有独特优势、形成集聚效应，具备与国际先进地区同台竞争的能力。广东绿色石化产业区域跨度大、产业链长，要进一步发挥好产业“乘数效应”，通过龙头项目带动产业链从上游往下游延伸，利用好广东的广阔市场，发挥绿色石化产业的最大价值。

如今，广东正不断完善政策体系、优化政府服务，制定实施全国首个地方版外商投资权益保护条例，推动“外资十条”等多项激励政策发挥效应，着力构建国际一流营商环境，对全球高端经济要素的“引力”持续增强。

第二节　北京大成(上海)律师事务所

企业简介：北京大成(上海)律师事务所(简称"大成上海分所")成立于2001年，作为上海成立最早的一批合伙制律师事务所，其本土化优势、律师执业水平不断凸显和提升，已成为上海律师界的一支重要法律服务团队。大成上海分所目前拥有员工700余人，包括专业人士500多位，其中近一半毕业于海外知名法学院或拥有海外工作经验，可多语言工作。凭借优质的法律服务及出色的专业实力，大成上海分所被上海市律师协会评为"2015—2018年上海市十佳律师事务所"；荣膺《商法》杂志2020年度、2022年度"上海地区卓越综合实力律所"。作为一家综合性的律师事务所，大成上海分所的服务覆盖19个专业、18个行业。依托大成全球法律服务网络，大成上海分所能够为客户提供卓越的全球资源和本土知识相融合的法律服务，帮助客户应对全球各地最为复杂的法律和商业环境，为客户提供一站式的综合法律服务。

纳斯达克上市的中国某公司被爆财务造假，受到全球关注，特殊时期，陈立彤律师受聘为特聘合规专员，协助公司进行合规危机管控，协助公司配合监管部门的调查并积极整改，帮助公司争取合规红利。陈律师带领团队运用ISO 19600合规管理体系标准帮助公司识别、评价并控制风险，帮助公司查找以往业务流程中的漏洞，审查关联交易合同中的合规风险，检查公司App中的数据合规问题，还对公司管理层进行了合规培训等，帮助客户尽可能减少损失。

一、某纳斯达克上市公司财务造假案件合规的背景

(一)起因

2020年上半年，某赴美上市的中国公司被爆财务造假，引发了社会舆论的广泛关注。公司高层立刻组织开展内部调查，很快锁定了主要的涉案人员并予以处置，但本案也暴露了公司在快速发展过程中在内部控制以及

风险管理等方面的不足，并且引发了国内各监管部门对公司各经营业务线条是否存在其他风险事件的关注及调查，因此公司同时面临着内外危机，既有对自身亟须加强合规管理水平的发展需要，也有做好监管应对、妥善化解此次危机的现实需要，因此公司聘请了陈立彤律师作为其特聘合规专员，协助公司开展合规危机管控及监管应对工作。

（二）工作原则

为了更好地落实合规管理实施方案，我们确定了如下工作原则：与监管机构加强沟通、夯实底线合规基础、加强诚信合规文化建设。

1. 对标合规标准与监管机构的合规要求

如何合规、是否合规既有一定的主观判断，也有一定的客观标准。

客观标准既有国际/国家标准，也有美国执法机构所颁布的合规指引性文件，包括但不限于：

· 萨班斯 - 奥克斯利法案（Sarbanes - Oxley Act）；

· 公司合规方案评估（Evaluation of Corporate Compliance Program）；

· ISO 19600：2014 合规管理体系指南（ISO 19600：2014 Compliance management systems - Guidelines）；

· GB/T 35770—2017 合规管理体系指南；

· 其他相关标准。

2. 夯实底线合规基础

通过符合性测试做好差异分析，及时拾遗补阙，确保算无遗策。通过穿行测试和控制测试对风险控制措施进行设计和有效性测试，确定该措施能否防止和发现违规行为的发生以及其执行是否有效。

3. 加强诚信合规文化建设

取其中，得其下，取其上，得其中。

诚信合规评估与咨询项目光做好差异分析和拾遗补阙还不够。换言之，合规诚信不能仅仅 60 分及格，还必须在道德与诚信文化建设上下功夫，在夯实底线合规的基础上，还得在道德与诚信的企业文化建设上力争满分。

（三）获得合规红利的路径

要获得减免处罚的合规红利，一般要做到如下几点：

· 自我调查（self－policing），包括发现不当行为之前的自我监督，包括建立有效的合规程序和从高层自上而下的合规宣贯；

· 自我举报（self－disclosure），包括发现不当行为时进行自我报告，包括彻底审查不当行为的性质、程度、来源和后果，并及时、全面、有效地向公众、监管机构和自律组织披露不当行为；

· 补救措施（remediation），包括解雇或适当惩戒相关违法违规人员，修改和改进内部控制和程序以防止不当行为再次发生，并适当补偿那些受到不利影响的人；

· 与执法机关合作（cooperation），包括向监管部门工作人员提供与潜在违法行为和公司补救措施有关的所有信息。

美国司法部在相关执法文件中指出，如果及时、有效地采取补救措施并与执法机关合作，即使没有自我举报，也有可能获得25%的合规红利（处罚减轻25%）。

二、某纳斯达克上市公司财务造假案件合规的做法

（一）编制合规管理工作计划及实施方案

在受到委托后，陈立彤律师及其团队第一时间奔赴上述公司所在地，通过与主要对接及业务人员的访谈，快速了解整体情况，确定工作重点，并拟定了合规工作计划，对当前情况进行了概要分析，并确定了工作路径。在合规管理实施方案中，梳理了项目背景、明确了工作原则、工作方法、工作重点、主要工作成果以及整体时间安排，得到了公司管理层的认可和支持。

（二）开展合规培训

合规培训是合规管理中非常重要的一个环节，我们协助公司发起自上而下的全员培训，让合规培训全员化、常态化。公司所有高管、相关管理人员及其业务人员都接受了“风险防控与合规管理”专题培训。

对标案例：摩根士丹利高管因为违反美国相关法律被处以 9 个月的有期徒刑并处罚金，因为摩根士丹利建设有强劲的合规管理体系，而被免除处罚。摩根士丹利被免除处罚的原因之一是该高管被 7 次培训、被 35 次提醒不要违反该法律。

对标案例：中兴通讯从董事长开始不仅自身参加培训，还积极地主导培训、开展合规管理工作，让合规成为一把手工程。

（三）协助编制关联交易管理制度，审核关联交易合同

以此次危机事件为契机，公司业务部门也开始了相关业务合法合规性的自查与整改。对此，我们协助公司审核了多份关联交易合同，涉及采购、结算、设备租赁等多个重要业务环节，对公司起草的关联交易管理制度进行制度审查，并提出改进建议，此项工作也为公司税务合规整改工作打下了基础。

（四）确定调阅员工手机内容工作流程

公司海外实体成立了内部的调查工作组，并聘请了美国律师以及会计师事务所对国内经营情况进行自查，并提出要对多名员工的手机内容进行收集。对此，陈立彤律师团队帮助国内客户确定调阅员工手机内容的工作流程，确定拟调阅员工范围，并确定调阅前应当告知员工的内容；特别强调了调阅过程中，如果涉及访谈，应当由相关律师给出 UpJohn Warning；调查人员应当对调阅时间、地点、过程及范围予以记录，由调查人员和目标员工签字，视需要一式多份，由调查人员所在团队、目标员工、“人力资源部门”及“特聘合规专员”（如在现场）各执一份。

（五）配合对员工手机微信内容拷贝

在技术人员对员工手机微信内容进行收集的过程中，陈立彤律师及其团队全程线上或者现场陪同，观看全过程，确定拷贝微信中与工作相关的信息范围，并监督将选取日期内与工作相关的全部微信沟通记录导入另一部手机（专用于存储、下载镜像信息），记录相关沟通记录并附关键节点的截图，形成备忘录统一提交公司。

（六）对镜像相关的泄露国家秘密风险问题出具备忘录

陈立彤律师团队认为，公司所经历的调查虽然只是行政调查，而非刑事调查，但该行政调查仍然涉及大量的国家秘密。对于什么是国家秘密；国家机关在调查时，哪些事项可能触及国家秘密的规定；公司内部的调查委员会询问政府机构调查时已经询问过的问题，是否违反国家秘密等三个问题进行了重点分析，并就相关风险进行了提示并出具了备忘录。

公司除了接受中国证监会的调查，还接受了其他政府机构的调查，符合《保守国家秘密法》第九条中的第（一）项“国家事务重大决策中的秘密事项”，可能包括但不限于下列内容：

- 相关调查所涉及的相关领导和领导指示；
- 政府调查部门就其调查结论对公司专门下发的、需要其核实的调查报告；
- 有关政府部门对相关人员特别是公司董监高所做的访谈和指示；
- 其他涉密谈话、会议和活动等。

因此，国家机关在调查时，其调查流程（比如调查的目的、方法和级别）和调查内容（比如政府官员所问的问题、所给的意见、所得出的结论、所作出的报告等），因为其符合国家秘密的定义并且形成于调查活动中，属于国家秘密。

政府调查发起之前早就存在于公司的材料与信息，则不属于与调查流程和调查内容相关的国家秘密。

（七）对涉税交易事项出具法律意见书

针对税务机关发起的调查，陈立彤律师团队对公司发放消费券、有奖销售等经营行为进行了详细分析，理顺了其中的法律关系，对可能存在的潜在风险从《增值税暂行条例（2017 修订）》《增值税暂行条例实施细则（2011 修订）》《税收征收管理法（2015 修正）》等法律条文入手进行分析并给予了风险提示。

（八）对公司 App 个性化展示及隐私政策问题出具法律意见书

对于公司法务部门对目前公司 App 使用过程中的问题，从数据合规角度进行分析，对于申请精确位置权限、摄像头权限时，没有向用户同步告知目的所存在合规风险，用户不同意隐私政策的部分内容时的处理等角度回应了公司在 App 规范运营中的困惑。

（九）对加盟业务合规事宜出具法律意见书

针对公司进行了商业特许经营备案，开展该等业务是否还需要其他资质；相关法律法规是否对加盟合同的名称、内容有要求，例如：合同是否有必须体现的条款以及是否每次更新合同模板均需进行变更备案；相关法律法规对加盟业务运营中是否有特殊要求；加盟店由公司统一收款后向加盟商结算，此结算方式是否存在合规风险等问题进行法律分析，并进行风险提示。

（十）配合应对监管部门调查

相关危机事件发生后，国内多个监管部门都到公司进行了问询并要求审查公司相关资料。从合规管理角度而言，企业所面临的最凶险的危机可能莫过于政府调查。对此，陈立彤律师团队协助公司确定监管部门所需的资料中哪些必须提供、哪些非必要可以不提供，并协助公司准备、审核相关材料，避免与案件无关但属于公司重要商业秘密的信息被提供。同时，也协助客户与监管部门沟通，针对公司开展的自查以及合规整改情况进行汇报，做好不同监管部门的监管应对，争取“监管和解”（Regulatory Settlement），即政府作为追查一方在追查目标公司的同时，也借鉴谈判、协商等方式，在合理、合法的基础上达成一个双方都能接受的解决方案。

三、某纳斯达克上市公司财务造假案件合规的成效

（一）争取合规红利

良好的合规管理体系，可以帮助企业管控风险，降低企业所面临的风险敞口。虽然不能杜绝不合规的发生，但是，能够降低不合规发生的风险。合规工作做得好，能够让企业少被罚，不被抓，在很多国家或地区，当发生不合规时，企业以已经建立并实施了有效的合规管理体系作为减轻甚至豁免行政、刑事或者民事责任的抗辩理由，这种抗辩理由有可能被行

政执法机关或司法机关所接受，为企业打造合规的金色盾牌。同时，近年来检察机关推行的涉案企业合规改革，也让企业实实在在享受合规红利。

《中华人民共和国反不正当竞争法》第七条第三款规定：“经营者的工作人员进行贿赂的，应当认定为经营者的行为；但是，经营者有证据证明该工作人员的行为与为经营者谋取交易机会或者竞争优势无关的除外。”该规定可以理解为是一种合规红利，即如果公司有证据证明是个人行为而没有帮助公司争取到经营机会，此时不再被认定为经营者行为。换言之，公司如果建立了合规管理体系，防控相关风险的发生，在《反不正当竞争法》下，公司是可以去争取合规红利的。

《行政处罚法》第三十三条第二款规定：“当事人有证据足以证明没有主观过错的，不予行政处罚。”这一条对于合规管理来说意义非常重大，可以说是《行政处罚法》继《反不正当竞争法》第七条之后给合规管理带来了新的合规红利。囿于本条的第一款，这个合规红利也许只局限于“违法行为轻微并及时改正”，但毕竟第一次在《行政处罚法》这样高阶位的法律中对所有的违法行为（不像《反不正当竞争法》那样仅局限于商业贿赂）用白纸黑字的方式肯定了合规红利。而足以证明没有主观过错的证据就是，满足 ISO 19600 认证的标准。公司合规工作做得好可以在企业与员工之间建立有效的风险隔离墙，帮助企业获得实实在在的合规红利。

（二）为公司持续健康稳定发展奠定基础

合规能够创造价值，除帮助企业降低风险外，通过明确各部门管理边界与协调合作机制，可以避免职责重叠或推诿等现象，能够填补管理空白，形成管理合力。另外，以诚信、道德责任为核心的合规文化建设还能帮助企业进一步提升企业形象和美誉度，不仅让企业做大，还能让企业做强，为企业带来更多业务和商业机会。

经历了此次危机事件的应对以及整改，公司的合规管理工作迈入了新的发展阶段，也为公司业务的持续健康发展保驾护航，公司自 2020 年以来，业绩不断开创新高，已成为所在行业的头部企业。

第三节　北京中天恒管理咨询有限公司

企业简介：某集团于1995年由某市政府办公厅、市发展改革委、市财政局所属的17家“三产”企业重组而成。经过多年的发展，形成了以生态环保、城市发展、金融服务为主业，以文化体育为培育业务的“3+1”产业体系。在生态环保领域，打造了“水、固、气、能”完整环保产业链，覆盖全国100多个城市及新加坡等国家和地区。在城市发展领域，拥有市场化及政策性地产开发、城市基础设施建设、轨道交通、高速公路等业务，聚焦城市开发、城市运营、城市更新三大主赛道，致力服务城市发展、创造城市价值。在金融服务领域，坚持市场化金融和政策性金融协同并进，构建了证券、担保、基金管理和农村金融等多领域金融服务体系。在文化体育领域，业务涵盖文创园区经营、内容培育、文体产业运营等。

集团拥有3家上市公司和1家新三板挂牌企业，职工人数3.6万余人，资产规模达4000亿元，连续多年位列中国企业500强。

一、企业合规建设的背景

（一）中国企业合规管理的里程碑式事件——中兴通讯案例

中兴通讯因在2010年1月至2016年3月，向伊朗出口原产美国的通信装备，违反了《国际紧急经济权力法》（IEEPA）、《美国出口管理条例》（EAR）和《伊朗交易与制裁条例》（ITSR），被美国处罚。2017年3月，中兴通讯与美国政府就出口管制调查案件达成和解，支付约8.9亿美元的刑事和民事罚金。

2018年4月16日，中兴通讯再次被美国有关机构处罚，6月12日，中兴通讯发布公告，中兴通讯与美方达成和解，将支付14亿美元罚款。

中兴通讯事件暴露出中国企业管控合规风险的能力滞后、企业合规管理体系存在明显漏洞。合规风险已经成为中国企业参与全球竞争的一个核心风险。在全球化进入新阶段，企业竞争进入全球价值链竞争的时代，这是一个重大隐患。通过完善的合规管理体系和深入人心的合规文化抵御合规风险，已经成为现代企业的软竞争力。

（二）企业合规建设的问题

企业合规意识淡薄，合规管理不到位，则会造成违法违规情况或存在潜在合规风险，以致给企业带来重大损失。现以某集团合规评价中发现的重点、共性问题为例介绍如下。

1. 合规管理组织不健全

该集团2022年总法律顾问职责存在实际缺失，且部门职责中未规定合规管理牵头部门及相应的合规管理工作职责，以致合规管理相关制度和流程缺失，合规风险识别评估和应对等系列工作未开展。

2. 重点领域合规管理不到位

（1）工程项目应招标未招标

该集团所属3户子企业对依法必招工程项目违规采用议价方式进行采购。如：项目金额为796.59万元的某装修工程项目、项目金额为711.37万元的某总承包工程项目、项目金额为191.5万元的某施工设计项目，均为依法必招项目，应招标而未招标。此外，该集团所属企业存在违规拆分项目、规避招标的问题。如：E公司对项目金额为542.23万元的某维修工程项目，拆分成3项、金额为180.74万元的维修采购项目，通过拆分项目，达到议标采购的目的，以规避招标。

（2）未履行合同义务而引发法律纠纷

该集团所属2户项目公司在合同对方完成合同义务后，未按照合同约定条款履行付款义务而被合同对方诉至法院（仲裁委员会），最终法院（仲裁委员会）判决（裁决）结果为项目公司承担责任，造成合作关系破裂、额外承担经济损失。如：K公司欠付某合作设计公司设计费30.75万元，欠款时间长达1年半，仲裁委员会裁决K公司除支付设计费外，还需承担违约金、对方律师费、仲裁费共计8.79万元。

（3）违规提供担保，增加债务风险。

一是违规对金融子企业提供担保。截至2022年底，该集团对金融子企业提供担保金额 20 亿元，不符合上级监管单位“不得对金融子企业提供担保”有关管控要求。二是超股比提供担保，且未要求提供反担保。截至 2021 年底，该集团为控股子公司 7000 万元银行借款、15000 万元债券融资提供了全额担保。对超股权比例提供的担保额未要求小股东或第三方提供反担保，相关担保事项存在风险敞口。

（4）违规超比例预留工程质保金

该集团所属项目公司在与承包方签订合同时，存在擅自提高工程质保金比例，违反“保证金总预留比例不得高于工程价款结算总额的 3%”的有关规定，将质保金比例由 3% 提高至 5%。

3. 重点环节合规管理不到位

（1）“三会一层”运作不规范

该集团所属企业 B 公司未按《公司法》及公司章程规定召开 2021 年股东会、董事会定期会议；所属企业 C 公司的部分重大事项决策、重要人事安排以及涉大额资金的项目方案、借款补充协议等事项未按照“三重一大”决策制度履行决策和执行程序，且未执行重大事项报告。

（2）资金管理不相容岗位未分离

该集团某所属企业要求出纳人员负责核对银行账户余额并编制《银行存款余额调节表》，违反《会计法》“出纳人员不得兼任稽核、会计档案保管和收入、支出、费用、债权债务账目的登记工作”的规定。

（三）合规建设的政策背景

2015 年 8 月，中共中央、国务院印发《关于深化国有企业改革的指导意见》（中发〔2015〕22 号），要求强化企业内部监督，“进一步发挥企业总法律顾问在经营管理中的法律审核把关作用，推进企业依法经营、合规管理。集团公司要依法依规、尽职尽责加强对子企业的管理和监督”。合规第一次在银行或金融机构监管政策范畴外，被中央、国家政府所提倡，并面向各类型央企、国企。

2015 年 12 月，国资委印发《关于全面推进法治央企建设的意见》（国资发法规〔2015〕166 号），对中央企业加强合规管理提出明确而具体的要求：“加快提升合规管理能力，建立由总法律顾问领导，法律事务机构作为牵头部门，相关部门共同参与、齐抓共管的合规管理工作体系，研究制定统一有效、全面覆盖、内容明确的合规制度准则，加强合规教育培训，努力形成全员合规的良性机制。探索建立法律、合规、风险、内控一体化管理平台。”

2018 年 11 月，国务院国资委发布《中央企业合规管理指引（试行）》，要求中央企业推行合规管理，对合规管理的内容构成，实施合规管理的程序、重点和具体要求等作出了规定。该规定是中央企业推行合规管理的行动指针。

2019 年 10 月，国务院国资委印发《关于加强中央企业内部控制体系建设与监督工作的实施意见》（国资发监督规〔2019〕101 号），提出“建立健全以风险管理为导向、合规管理监督为重点，严格、规范、全面、有效的内控体系”。进一步树立和强化管理制度化、制度流程化、流程信息化的内控理念，通过“强监管、严问责”和加强信息化管理，严格落实各项规章制度，将风险管理和合规管理要求嵌入业务流程，促使企业依法合规开展各项经营活动，实现“强内控、防风险、促合规”的管控目标，形成“全面、全员、全过程、全体系的风险防控机制，切实全面提升内控体系有效性，加快实现高质量发展”。

2019 年 12 月，国务院国资委办公厅印发《关于做好 2020 年中央企业内部控制体系建设与监督工作有关事项的通知》（国资厅发监督〔2019〕44 号），要求以“强内控、防风险、促合规”为目标，进一步整合优化内控、风险管理和合规管理监督工作，按照一体化要求编制《2019 年度内控体系工作报告》，不再分别报送《中央企业内部控制评价报告》和《中央企业年度风险管理报告》。

2022 年 8 月，国务院国资委发布《中央企业合规管理办法》（国务院国有资产监督管理委员会令第 42 号），要求中央企业根据本办法，结合实际制定完善合规管理制度，落实全面依法治国战略部署，深化法治央企建设，推动所属单位建立健全合规管理体系，切实防控风险，有力保障深化改革与高质量发展。

随着国家和地方合规管理政策的不断出台，对中央、地方国有企业运行环境的监管要求越来越高，处罚力度越来越大，社会舆论对中央、地方国有企业社会责任的关注度越来越高，越来越严苛。这也意味着，如果出现合规风险事件，可能造成的损失会越来越大，负面影响将越来越严重，因此，中央、地方国有企业必须高度重视并推动合规管理。

二、企业合规建设的做法

（一）强化合规管理认识

1. 认识合规风险和合规管理

在企业的生产经营和管理过程中，企业及其员工的经营管理行为应当符合规则。一方面是来自外部的规则，包括：国家颁布的法律、法规、规章，相关部门的监管要求，行业的标准，国际通行的惯例，国际条约、规则；另一方面是来自企业内部的规则，包括公司章程、规章制度等。其中：内部规则是对外部规则的落实和具体化。如图 8－1 所示。

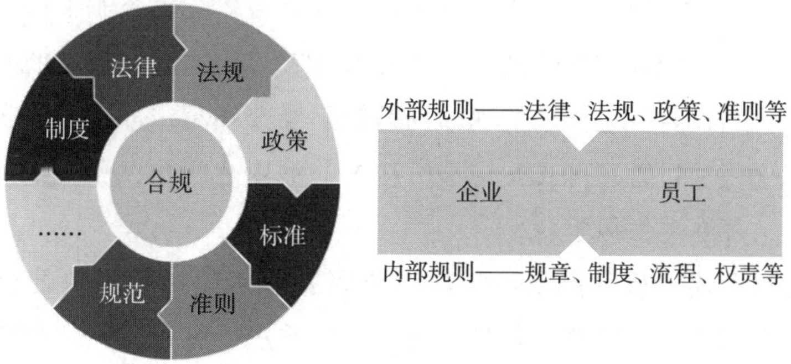

图 8－1　企业合规建设

不合规，或者说违规，是合规风险的起因；而违规的原因则可以分为两种：一种是不了解相关的规则要求而导致的违规，比如国家颁布了新法规而企业相关人员没有及时学习和掌握，又如有的企业到国外开展业务因不了解当地法规要求而违规；另一种是了解法规要求，但由于利益驱动、环境因素或者价值观，导致其违规，比如商业贿赂。

企业及其员工的不合规行为，很可能导致企业或员工个人为此承担法律责任，被政府部门处罚，带来经济损失，声誉受损或带来其他负面影响。为此需要以企业和员工经营管理行为为对象，以合规管理体系的建设与运行为手段，开展包括制度制定、风险识别、合规审查、风险应对、责任追究、考核评价、合规培训等有组织、有计划的管理活动，以有效防控合规风险为目的。

2. 从问题根源上探求解决思路

通过对该集团合规评价中发现的问题进行分析和总结，追根溯源，造成这些问题的原因主要包括以下几点。

（1）合规管理体系不健全

该集团合规管理组织不健全，且现有合规缺陷中有30%属于设计缺陷，如：合规管理机制设置不科学、重要制度缺失、合规流程管控和权责标准不明确等，导致所属企业在开展相关工作时缺乏有效工作依据和支撑，不利于合规管理工作实际开展和风险有效应对。

（2）对合规管理工作不重视

通过检查发现，该集团合规文化建设滞后，所属企业工作人员合规意识不强，不能严格按照外规、内规要求开展工作，对检查出的问题，未形成长效机制，导致近年来发现的问题缺陷屡查屡犯，如：采购实施、资金管理、工程项目管理等日常管理活动中的不规范问题，反复出现，造成风险累积，存在爆发风险。

通过上述分析，提示该集团及所属企业亟须构建有效的合规管理体系，结合识别出的合规风险高发事件，有重点、有针对性地细化合规管理体系建设工作，并通过强化合规认识，深入分析问题原因，搭建合规管理体系架构，进一步完善合规管理组织体系、制度与机制体系、流程管控体系、文化体系，开展合规风险识别及应对，对存在的问题进一步系统整改，全面执行落实合规管理体系等一系列举措解决以上共性问题、重点问题。

（二）搭建合规管理体系架构

企业合规管理体系的内容包括：合规管理组织体系、合规管理制度与机制体系、合规风险的流程管控体系、合规文化体系。

企业合规管理体系既要符合公司战略发展要求，反过来又对公司战略与经营目标的实现能力起提升作用。各个合规管理内部体系的主要内容及相互关系如图 8－2 所示。

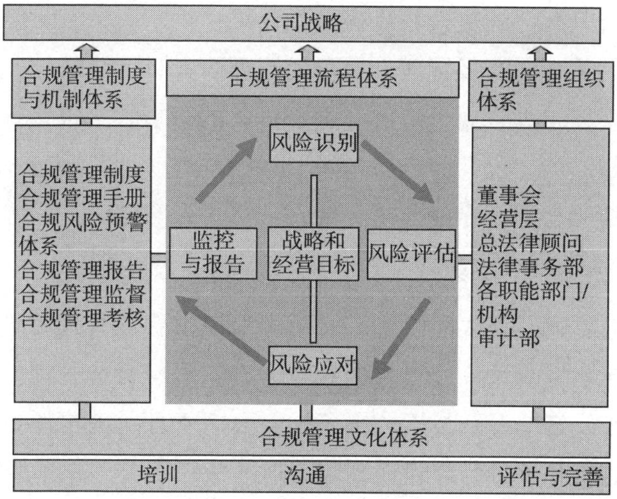

图 8－2　公司合规管理内部体系的主要内容及相互关系

（三）完善合规管理组织体系

企业应按以下机构全面完善合规管理组织体系。

1　董事会

董事会作为公司合规管理工作的治理机构，应当确定合规工作方向和方针，其职责包括：

（1）批准企业合规管理战略规划、基本制度和年度报告；

（2）推动完善合规管理体系；

（3）决定合规管理负责人的任免；

（4）决定合规管理牵头部门的设置和职能；

（5）研究决定合规管理有关重大事项；

（6）按照权限决定有关违规人员的处理事项。

审计委员会作为专门委员会为董事会合规管理决策提供支持。

2. 监事会

监事会作为公司合规管理工作的监督，应当加强对合规管理的监督力度，其职责包括：

（1）监督董事会的决策与流程是否合规；

（2）监督董事和高级管理人员合规管理职责履行情况；

（3）对引发重大合规风险负有主要责任的董事、高级管理人员提出罢免建议；

（4）向董事会提出撤换公司合规管理负责人的建议。

3. 合规管理领导小组

按照国务院国资委文件规定，公司应当设立合规管理委员会，与企业法治建设领导小组或风险控制委员会等合署，承担合规管理的组织领导和统筹协调工作，定期召开会议，研究决定合规管理重大事项或提出意见建议，指导、监督和评价合规管理工作。

4. 合规管理负责人

按照国务院国资委文件规定，中央企业相关负责人或总法律顾问担任合规管理负责人，主要职责包括：

（1）组织制定合规管理战略规划；

（2）参与企业重大决策并提出合规意见；

（3）领导合规管理牵头部门开展工作；

（4）向董事会和总经理汇报合规管理重大事项；

（5）组织起草合规管理年度报告。

5. 合规管理牵头部门

企业可以指定法律事务机构或其他相关机构为合规管理牵头部门，组织、协调和监督合规管理工作，为其他部门提供合规支持，主要职责包括：

（1）研究起草合规管理计划、基本制度和具体制度规定；

（2）持续关注法律法规等规则变化，组织开展合规风险识别和预警，参与企业重大事项合规审查和风险应对；

（3）组织开展合规检查与考核，对制度和流程进行合规性评价，督促违规整改和持续改进；

（4）指导所属单位合规管理工作；

（5）受理职责范围内的违规举报，组织或参与对违规事件的调查，并提出处理建议；

（6）组织或协助业务部门、人事部门开展合规培训。

牵头部门应当设立合规管理专岗，具体负责合规管理工作。

6. 业务部门

业务部门负责本领域的日常合规管理工作，按照合规要求完善业务管理制度和流程，主动开展合规风险识别和隐患排查，发布合规预警，组织合规审查，及时向合规管理牵头部门通报风险事项，妥善应对合规风险事件，做好本领域合规培训和商业伙伴合规调查等工作，组织或配合开展违规问题调查并及时整改。业务部门可设立合规管理联系人。

7. 其他相关部门

监察、审计、法律、内控、风险管理、安全生产、质量环保等相关部门，在职权范围内履行合规管理职责。

（四）完善合规管理制度体系与运行机制

企业要制定完善基本制度：《合规管理制度》。从总体上规定合规管理体系，包括合规管理组织体系、合规管理制度体系、合规风险管理运行机制和合规文化建设等，并提出合规管理的基本要求。其中，合规风险管理运行机制设计如图 8 –3 所示。

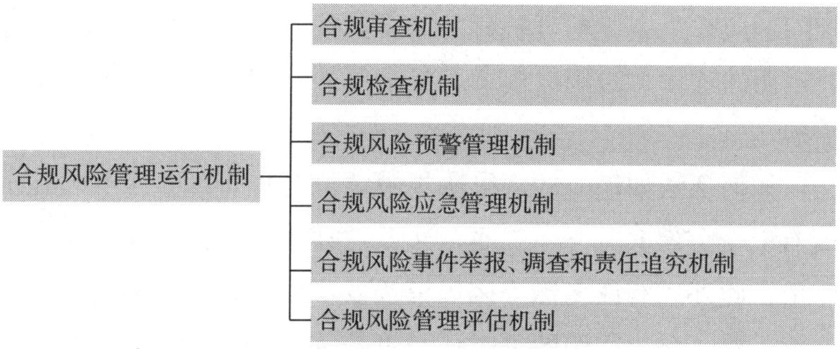

图 8 –3　合规风险管理运行机制

（五）完善合规流程管控体系设计

1．业务梳理

合规管理的核心是合规风险的防控，而合规风险与业务直接相关，因而业务梳理是合规风险管控的起点。某集团业务流程目录示例如图 8－4 所示。

流程编码	一级流程	二级流程	三级流程	四级流程
01	公司治理			
01.01		党总支委员会议事管理		
01.02		总经理办公会议事管理		
02	组织架构			
02.01		组织架构调整与撤销		
02.02		部门职责设置与调整		
03	发展战略			
03.01		战略规划管理		
03.01.01			战略规划的制定与发布	
03.01.02			战略规划的实施与调整	
03.02		经营管理		
03.02.01			年度经营计划管理	
03.02.01.01				经营计划编制与调整
03.02.01.02				经营计划执行与考核
03.02.02			月度经济运行分析管理	
03.02.03			经营业务承接管理	
04	安全管理			
04.01		危险源辨识		
04.02		安全管理计划编制		
04.03		安全检查管理		
04.03.01			公司级安全检查	
04.03.02			项目部安全检查	
04.04		安全教育培训		
04.04.01			年度安全教育培训	
04.04.02			三级安全教育培训	
04.05		应急管理		
04.05.01			应急预案的编制与调整	
04.05.02			应急演练	
04.06		消防安全管理		

图 8－4　某集团业务流程目录示例

2．规则梳理

合规问题应作为企业不可触碰的基本红线。在业务梳理的基础上，对业务需要遵循的法律、法规、规章、标准等外部规则和公司制定的内部规则进行梳理。

那么，如何从浩如烟海的法律法规中定位合规管理要求呢？比如《民法典》就有七个分编共计一千二百六十条法律条文，如果全部翻一遍只会徒增工作量，此外还有许多国务院国资委发文、上级监管要求等，因此定位工作尤其重要。解决问题的关键还是聚焦关键业务和重点领域，即与企业日常生产经营息息相关的经营管理事项以及上级单位的监管重点。一般而言，企业应关注的核心领域至少包括内控体系建设、重大投资、招标采购、收入分配、资金管理、担保管理、债务风险等，这样一来定位的范围就很有限了，例如：针对内控体系建设，需掌握国务院国资委和地方国资委在加强内控体系建设与监督方面的监管要求，重点关注内控管理体制机制不健全、内控制度体系不完善、风险防控工作不到位等相关问题；针对重大投资，需掌握国务院国资委在加强投资管理、参股企业管理以及违规责任追究方面的监管要求，重点关注违规投资、投而不管、国皮民骨、名股实债等相关问题；针对招标采购，需掌握国家在招投标领域的法律法规，重点关注围标串标、应招未招、虚假招标等相关问题，这些都是应当关注的合规管控重点。

【例】 某集团工程项目管理招标合规管理要求，梳理出的外部规则包括：

国家法律：《中华人民共和国招标投标法》

行政法规：《中华人民共和国招标投标法实施条例》

《必须招标的工程项目规定》（国函〔2018〕56 号）

部门规章：《工程建设项目施工招标投标办法》（7 部委 30 号令）

《建筑工程设计招标投标管理办法》（住房城乡建设部 33 号令）

《必须招标的基础设施和公用事业项目范围规定》（发改法规〔2018〕843 号）

地方性法规：《北京市招标投标条例》

《北京市建设工程招标投标监督管理规定》

（六）合规文化建设与完善

企业要加强合规文化建设，积极培育合规文化，通过制定发放合规手册、签订合规承诺书等方式，强化全员安全、质量、诚信和廉洁等意识，树立依法合规、守法诚信的价值观，筑牢合规经营的思想基础。

（七）开展合规风险识别及应对

风险防范是合规与内控管理的重要工作内容，企业应建立健全风险防控机制，做好风险识别和预警。结合评价工作中发现的管理缺陷和问题，综合评估企业内外部风险水平，有针对性地制定风险应对方案，并根据原有风险的变化情况及应对方案的执行效果，有效做好企业间风险隔离，防止风险由“点”扩“面”，避免发生系统性、颠覆性重大经营风险。

风险识别方法包括：问卷调查法、现场勘查法、推进式研讨法、财务分析法、流程图法、管理层访谈法、专家咨询法、情景分析法、事件树分析法。某集团公司层面合规风险清单示例如图8－5所示。某集团业务层面合规风险数据库示例如图8－6所示。

一级风险	二级风险	备注
工程项目管理风险	决策风险	
	设计风险	
	招标风险	
	合同风险	
	质量风险	
	进度风险	
	安全生产风险	
	投资控制风险	

图8－5　某集团公司层面合规风险清单示例

流程名称	风险事件	备注
招标	应当招标未招标	
	应当公开招标的改成邀请招标	
	招标公告没有在指定媒体上发布	
	招标文件澄清没有统一用澄清文件	
	现场踏勘没有统一公开进行	
	没有按照招标文件进行开标	
	评标专家没有按照规定从专家库中抽取	
	评标打分过程存在暗箱操作问题	

图8－6　某集团业务层面合规风险数据库示例

【例】某集团对招标风险的主要应对措施包括：

· 项目整体招标方案的制定与审批；

· 采购方式改变的审批流程；

· 招标的全过程监控；

· 全过程跟踪审计对招标的监督；

· 内部审计对招标的审计监督；

· 纪检监察委员会对招标的监督。

（八）有效整改并建立长效机制

在某集团2022年合规与内控缺陷整改工作中，要求整改责任单位注重“举一反三、由点及面”，将具体整改问题深入相关流程、业态及板块，放大整改工作成效，建立内控工作长效机制。具体措施包括：

1. 明确缺陷整改责任人

督促各企业健全整改责任制，明确整改单位的主要负责人作为整改第一责任人，切实抓好整改工作，对重大问题要重点关注。严肃整改考核，各企业要把内控评价结果及其整改情况作为绩效考核、实施奖惩的重要依据。

2. 强调专项整改落实

做到对以往年度出现风险事件、合规专项检查暴露问题的企业要重点关注，对风险事件及所暴露问题相关的合规内控缺陷要专项整改。对整改不力、屡审屡犯的缺陷要与整改责任单位主要负责人进行沟通，强调整改要求，必要时严肃追责问责。

3. 推动共性问题系统整改

要求各企业在阶段整改结束后深挖缺陷根源，在系统内共享学习，宣贯警示。认真对待整改工作，建立长效机制，杜绝同一问题、同类问题的重复出现。

三、企业合规建设的成效

首先，通过构建与公司实际相契合、具有充分可操作和高效运行的合规、内控、风险一体化管理体系，有效提升组织管控能力和战略与经营目标实现能力，在满足外部监管要求的同时，整合优化内部管理资源，减少由于合规风险导致的监管处罚、民事赔偿、商誉受损等不利影响，降低管控成本，提高管控效率和全面风险管理水平，实现为公司高质量发展长效赋能。

其次，合规管理帮助企业塑造一个信仰合规的价值观，合规意识渗透经营管理活动的多方面和全过程，成为公司的宝贵财富，吸引优秀的合作伙伴和客户，提升公司的品牌价值，成为公司可持续发展的动力和核心竞争力。

最后，通过将合规、内控、风险融为一体，使得合规内控管理专项工作深入细化，推动公司管理的规范化和精细化。

结 语

2019年2月，习近平总书记主持召开的中央全面依法治国委员会第二次会议时强调："法治是最好的营商环境。"在经济规模增大、企业活动增多、政府监管资源有限的当下，推动企业以合规加强自治，在日常经营中实现对违法违规行为的自我发现、自我调查、自我预防，是法治最好的体现。

如前述26个合规案例所示，我国中央企业、大型国有或民营企业，在经历"合规管理强化年"后，均已认识到合规管理的重要性，并在"大合规"和"专项合规"方面做出了努力。特别是那些"走出去"的涉外经营企业，其合规管理水平较高，既能兼顾域外法律和国际标准，也能符合国内法律和行业标准，切实创造了具有中国特色的合规经验。虽然不是所有的企业都要建立合规管理制度，但是，存在合规风险，选择建立合规管理制度的企业会越来越多。目前，我国的合规市场信誉体系正在形成中，未来，企业合规建设的好坏将更多地影响消费者、客户、商业合作伙伴、政府招标方、国际组织等的商业选择，合规对经营效益的正向影响将更为显著。与此同时，随着中国企业"走出去"的深度和广度拓展，会有更多的域外执法机关关注中国企业，合规对于防控国际法律风险的必要性会更加凸显。在这种动力和压力下，国家会更加重视合规的强制、引导、激励，企业的合规意识也会逐步增强。

在国际公认的合规管理制度要素中，"合规文化"是不可或缺的一项，而“宣导合规文化”也是其重要组成部分，这要求企业在建立合规管理制度之后，就其做法开展内部和外部交流，以便发现自身的不足，学习其他良性示范，进而改进合规管理制度。参与调研、展示企业合规建设的成果、与其他企业交流合规问题等都是“宣导合规文化”的有效做法，为本书的编写供稿、参与案例征集活动也不例外。可以认为，本书所涵盖的22家企业案例均体现了各个企业充分的合规努力和卓越的合规意识，3个律师事务所及咨询机构提供的合规服务案例也体现了这些机构的专业能力，标志着我国合规服务行业正在向规范化发展。

一直以来，我国缺乏以企业案例为基础呈现合规建设经验的书籍，本书开创性地填补了这一研究空白。但是，受限于案例字数以及文字表达的局限性，也基于保护商业秘密的需要，许多企业的合规创新做法和有效实践未能被本书案例内容予以完整涵盖。因此，作为中国企业评价协会牵头汇总的第一本代表性合规实践案例书籍，本书宏观地呈现中国企业国际合规的样态，为社会大众了解和监督企业合规的建设情况提供平台，为具有相似合规需求的企业提供经验借鉴。

特别鸣谢

郑重感谢以下企业和作者，提供企业“走出去”过程中的真实案例，以表单的方式列明为本书提供案例来源的企业及其案例写作者，如表1所示。

表1　本书案例企业及案例作者一览表

序号	案例来源企业	案例作者
1	中国华电海外投资有限公司	郑鸾、苏伽林、陈陶楷、张鹏、马天骄、李易璇
2	中国华电海外资产管理有限公司	马健勇、王建成、王金昭、陈玺如
3	国家能源集团国际发展有限公司	甘韶齐、王忠宝、唐旺、周光园
4	国能粤电台山发电有限公司	苏洁、郭淑君
5	中国葛洲坝集团国际工程有限公司	杨朋、邵保成、石璐璐、史立琦
6	湖北能源集团股份有限公司	王军涛、袁喜来、熊维祥、杨碧波、任建华、郑李玥琦
7	中国广核能源国际控股有限公司	蔡午江、吴云京、欧阳静蕾
8	国核铀业发展有限责任公司	许治林、王茂力
9	上海核工程研究设计院股份有限公司	黄炎、卢昉青、邓瑾
10	中国电力国际发展有限公司	贺徙
11	中国华电科工集团有限公司	张杨、高晶璇、王天钰、马欢、王蜜
12	长江三峡技术经济发展有限公司	杨祎、代彭梁、刘少华、张健、卢正阳、王嵬

续表

序号	案例来源企业	案例作者
13	中国大唐集团海外投资有限公司	刘雅然、陆俊
14	中国长电国际（香港）有限公司	艾思斯、姚舜禹、薛宁、陈立
15	中国南方航空股份有限公司	李若凡
16	奇安信科技集团股份有限公司	刘前伟、马兰
17	富士康工业互联网股份有限公司	康乃元
18	山东电力工程咨询院有限公司	李艳、王华、杨娜、刘昊燊
19	中智国际商务发展有限公司	郭会亮
20	中国建筑股份有限公司埃及分公司	姜大海
21	中国能源建设集团浙江火电建设有限公司	徐世健、李坤、嵇成能
22	中国能源建设集团湖南省电力设计院有限公司	秦舟、熊颖、李林、劳文、雷姣、洪灵
23	泰和泰（广州）律师事务所	张吕
24	北京大成（上海）律师事务所	陈立彤
25	北京中天恒管理咨询有限公司	师林、邢增权、许宏丰、王银、李三喜